KB140341

아르케
북스

002

이경미李京美

서울대학교 의류학과에서 「19세기 개항이후 韓日服飾制度 비교」(1999)로 석사를, 『대한제국의 서구식 대례복 패러다임』(2008)으로 박사학위를 취득하였다. 2011년 9월부터 2012년 7월까지 국립한경대학교 의류산업학과 전임강사로, 2012년 7월부터 국립한경대학교 의류산업학과의 조교수로 재직하고 있다.

주요 논저로 『한국학 그림과 만나다』(공저), 「갑신의제개혁(1884년) 이전 일본 파견 수신사와 조사시찰단의 복식 및 복식관」, 「19세기말 서구식 대례복 제도에 대한 조선의 최초 시각 – 서계(書契) 접수 문제를 통해」, 「대한제국 1900년[光武4] 문관대례복 제도와 무궁화 문양의 상징성」, 「조선후기 類書類에 나타난 服飾觀 – 『芝峯類說』『星湖僿說』『松南雜識』를 중심으로」, 「일본 메이지기[明治期]문관대례복의 성립과 형태적 특징」, 「사진에 나타난 대한제국기 황제의 군복형 양복에 대한 연구」, 「대한제국기 서구식 문관대례복 제도의 개정과 정체성 상실」, 「대한제국기 외국공사 접견례의 복식 고증에 관한 연구」 등이 있다.

관심분야는 조선후기 복식사, 한국 근대 복식사, 일본 근대 복식사, 서양 근대 복식사이다.

# 제복의 탄생

초판1쇄 발행 ┃ 2012년 12월 9일

지은이 이경미  펴낸이 홍기원

총괄 홍종화
디자인 정춘경
편집 오경희 · 조정화 · 오성현 · 신나래
　　　정고은 · 김정하 · 김민영
관리 박정대 · 최기엽

펴낸곳 민속원  출판등록 제18-1호
주소 서울 마포구 대흥동 337-25  전화 02) 804-3320, 805-3320, 806-3320(代)  팩스 02) 802-3346
이메일 minsok1@chollian.net  홈페이지 www.minsokwon.com

ISBN  978-89-285-0378-0
S E T  978-89-285-0359-9  94380

minsokwon archebooks  **002**  민속원 아르케북스

# 제복의 탄생
## 대한제국 서구식 문관대례복의
## 성립과 변천

| 이경미 |

민 속 원

# 책머리에

　필자가 한국복식사 연구에 첫발을 떼었던 1997년 가을, 가장 먼저 풀어 보고 싶었던 의문은 '우리는 어떻게 양복을 입게 되었을까?'였다. 필자는 복식사의 개설서들에서 조선시대까지는 전통복식의 체계적인 질서와 화려했던 복식문화를 서술하다가 개화기에 들어서부터는 시대적 대세에 의해 양복을 받아들여야만 했다는 이유를 들어 변화된 복식의 양식들을 설명하기 시작하는 과정이 쉽게 이해되지 않았다. 단순하게 생각했을 때 서양에 개항을 하였다고 해서 오랫동안 유지해 오던 생활방식을 갑작스럽게 바꾼다는 것은 누구에게나 쉽지 않았을 것이고, 각자의 처한 상황에 따라 달랐을 것이라는 가정을 갖게 되었다.

　이와 같은 단순한 의문과 가정으로부터 처음 양복을 접했을 때 조선인의 긍정적인 반응과 부정적인 반응을 모두 대상으로 하여 자료를 모으기 시작하였다. 그리고 이를 분명하게 보여주기 위해 일본의 경우와 비교해 보는 방법으로 정리해 본 것이 필자의 석사학위 논문인 「19세기 개항이후 韓日 服飾制度 비교」(1999)이다. 석사논문에서 양복도입이 조선과 일본의 근대 복식사에서 가장 중요한 이슈였다는 것이 드러났는데 양국의 차이를 이해하기 위해서는 복식의 양식적 특징 이면에 들어있는 서양과 동양 간 복식관의 차이, 각 국가가 처한 상황적 차이를 이해할 필요가 있었다. 그 결론은 조선의 경우 의관문물에 대한 강한 자부심과 내외 정세의 역학관계에 의해 양복을 도입하는 과정에서 도입과 철회가 반복되었던 것에 비해, 일본의 경우 메이지유신이라는 정체政體의 변화와 복식 개혁에 대한 대대적인 계몽을 통해 양복 도입이 순조로웠다는 것이었다.

　필자는 석사논문에서 절감하였던 자료 수집의 한계를 넘기 위해 2007년 4월부터 12월까지 일본으로 잠시 유학을 떠났었다. 일본 나라여자대학에서 이루어진 첫 번째 수업은 대학원 학생들을 대상으로 한 문양 수업이었는데 당초문양을 설명하기 위해 준비된 유물이 일본의 칙임관 대례복이었다. 검은색 모직으로 제작된 연미복형 코트의 전면에는 빽빽한 당초문양 사이에 오동문양이 금사로 자수되어 있었다. 그 순간 필자의 뇌리에는 '일본', '칙임관', '대례복', '오동문양' 등의 근대 복식 키워드가 또렷이 새겨졌다.

흔히 군인, 경찰, 소방관 등의 유니폼, 즉 제복에 단체의 상징, 국가의 상징을 부가하는 것은 당연한 것이기 때문에 별다르게 주목해 오지 않았지만, 눈앞에 있는 유물은 문관의 서구식 대례복, 즉 문관의 제복인 것이다. 문관들이 이러한 국가 상징 제복을, 더군다나 칼까지 패용한다는 것은 현대에는 상상이 잘 되지 않는 일이다. 서로 다른 국가의 외교관들이 회담을 한다면 각기 자기 나라의 대례복을 착용하였을 것이므로 더욱 흥미로운 상황이 된다. '일본은 오동, 대한제국은?, 영국은?, 프랑스는?, 독일은?, 미국은?' 이라는 의문이 마구 생겼고, 대례복을 착용하는 국가와 착용하지 않는 국가 간의 차별은 없었는지에 대한 의문도 생겼다. 19세기 중후반 서양의 세력 확장과 함께 시작된 복식의 변화는 군인, 경찰, 황제에 이어서 문관에 이르기까지 실로 양복을 중심으로 하는 '제복의 시대'를 열었던 것이다.

필자는 근대 복식사를 이해하기 위해서는 근대 제복의 성립과 변화를 이해해야 하며 특히 그 중심에 국가 관념이 가장 많이 반영된 문관의 서구식 대례복이 있었다는 사실을 일본의 대례복을 실물로 접하고 강력하게 인식하였다.

이후 일본에서의 유학기간동안 근대, 대례복, 메이지기의 일본 대례복 등을 중심으로 자료를 수집하였다. 귀국 후 본격적으로 조선의 개항이후부터 대한제국기에 걸쳐 문관 대례복 자료를 조사하여 『대한제국의 서구식 대례복 패러다임』(2008)이라는 제목으로 박사학위를 받았다. 박사논문에서 우리나라 복식사 연구에서 최초로 메이지기 『법령전서法令全書』를 번역하여 일본의 서구식 대례복 제도를 정리하고, 이를 대한제국의 서구식 대례복과 비교하여 서술하였으며 국내의 서구식 대례복 유물을 조사하여 실증하였다.

이 책은 필자의 박사논문을 근간으로 하고 이후 발표한 논문들을 더하여 구성한 근대복식사 연구서이다. 이 책에서 다루고 있는 서구식 대례복은 문관의 제복으로 산모양의 모자, 연미복형 코트, 조끼, 바지, 검을 착용함으로써 일습을 이룬다. 문관이 검을 패용하는 것도 특기할 사항이지만 이 복식의 가장 큰 특징을 꼽는다면 국가 상징 문양을 상의에 금사로 자수하는 데에 있다.

일본은 메이지 5년인 1872년에, 대한제국은 광무 4년인 1900년에 서구식 대례복을 문관의 예복으로 받아들였다. 일본은 오동과 국화를, 대한제국은 무궁화와 오얏꽃을 국가상징 문양으로 채택하였다. 서구식 대례복은 국가의 행사와 외교적 행사에서 황제가 참석하는 자리에 문관들이 반드시 착용하여야 하였다. 특히 각국의 외교관들이 서구식 대례복을 착용하고 국서를 봉정하거나 국제회의에 참석할 경우 오늘날의 올림픽에서 자국의 국기를 가슴에 다는 것과 같이 소속 국가를 복식으로 나타낸다는 점에서 훨씬 더 큰 가시적인 효과를 얻을 수 있었다.

서구식 대례복 속에는 유럽 중심적인 사고방식이 내포되어 있었기 때문에 이를 받아들이기 위해서는 그들의 사고를 먼저 받아들일 필요가 있었다. 이러한 문제의식으로부터 이 책에서는 서구식 대례복을 언제 처음 인식하게 되었는지, 최초로 착용 경험을 가진 사람은 누구인지, 받아들이는 과정은 어떠했는지, 받아들인 후 변화 과정은 어떠했는지 등에 대해서 서술하고자 하였다.

박사논문과 함께 이 책에서 참고한 연구들은 지금까지 필자가 학술지를 통해 발표한 내용들이다. 아직 부족한 내용이 많지만 독자들의 날카로운 지적을 바탕으로 새로운 논의들을 이끌어 내어 한층 더 보완하기 위해 일차적으로 이 책으로 갈음해

보고자 한다.

　여러모로 부족한 필자가 한국복식사 분야에 입문하여 이 책을 출간하기까지 많은
분들의 가르침과 도움이 있었다. 필자의 두 지도교수님이신 이순원 선생님과 남윤
자 선생님을 비롯하여 박사논문의 심사를 맡아주셨던 정옥자 선생님, 김민자 선생
님, 조우현 선생님, 박현정 선생님께 감사드린다. 선생님들의 예리한 지적과 자상한
격려가 논문이 바른 방향으로 가는데 밑거름이 되었다. 일본 유학기간동안 지도교
수님이셨던 나라여자대학교의 이와사키 마사미岩崎雅美 선생님의 따뜻한 보살핌에도
감사드린다.

　다음으로 귀한 유물자료의 조사를 허락해 주신 고려대박물관, 광주시립민속박물
관, 독립기념관, 부산광역시립박물관, 연세대학교 박물관의 관계자들과, 한국자수박
물관의 관장님께 고개 숙여 깊이 감사드린다. 박물관들의 협조가 없었다면 서구식
대례복을 주제로 한 이 논문은 반쪽짜리 논문에 지나지 않았을 것이다.

　또한 묵은 숙제로 남아 있었던 박사논문의 출판을 흔쾌히 허락해 주신 민속원 홍
종화 사장님, 사진이 많아 더욱 어려웠던 편집작업을 깔끔하게 진행해주신 신나래
선생님, 최기엽 선생님께도 감사의 말씀을 드린다.

　끝으로 오랫동안 공부하는 과정을 함께 지켜봐주시고 염려해 주시는 가족들에게
진심으로 감사드린다.

2012년 10월

필 자

# 차례

# 서론

## 01 ——————

연구의 목적 및 의의

연구방법

서론

## 1. 연구의 목적 및 의의

조선시대에는 국초부터 대외적으로 중국을 중심으로 하는 국가 간 예적 질서를 참고하고 유교적 봉건 국가로서 최고의 권위를 지니는 체계적인 복식제도(관복제도)를 정비하여 『경국대전經國大典』「예전禮典」에 성문화하였다. 그 내용을 살펴보면 국가적인 의례와 공무 수행시에 착용되는 관복을 관직의 품급별로 차등을 두어 제복祭服, 조복朝服, 공복公服, 상복常服 등의 종류로 나누고 있다.[1] 각각의 관복은 그 명칭에서도 알 수 있듯이 참석하는 의례의 성격에 따라 구분되었다.

이 같은 복식제도에는 중국을 중심으로 한 서계적序階的인 국가 관념이 반영되어 있었다. 즉 사대교린적인 국가 간 관계가 복식제도에도 그대로 투영된 것이다. 전통적인 유교 국가에서는 의례 기준에 맞는 복식제도를 성립시키고 그에 따른 전례가 잘 진행되면 스스로의 문화에 대한 자부심을 견지할 수 있었다. 조선은 주변국의 상황 변화에 따라 조선전기에는 소중화의식小中華意識을, 조선후기에는 조선중화의식朝鮮中華意識을 통해 스스로의 복식제도에 대한 자부심을 가지고 있었다.

이에 비해 서양은 유럽 중심적 세계관을 바탕으로 하고 근대적 국가 개념이 투영된

---

1_ 『經國大典』「禮典」儀章條.

복식 체계인 궁정복식[court costume, court dress]을 정하고 있었다. 유럽의 궁정복식은 19세기 서세동점의 시기에 비서구권 국가에 전파되었는데 조선과 일본의 경우에는 '대례복大禮服'으로 명명되어 복식제도로 수용되었다. 조선과 대한제국에서는 대례복이라는 용어가 같고 전통식과 서구식으로 다른 두 양식의 대례복이 있기 때문에 이 책에서는 이를 구별하여 전통식 대례복과 서구식 대례복으로 명명하고자 한다. 대례복은 황제를 알현하거나 외교활동과 관련된 공식적인 의례를 행하는 상황에서 반드시 착용하도록 규정된 관복으로, 넓게는 육해군인의 대례장大禮裝까지 포함한다면 명실공이 근대 국가의 관복제도를 이룬다고 할 수 있다.

서구식 대례복은 양모를 주재료로 하여 모자[bicorn], 상의, 조끼, 바지를 착용하고 검을 패용함으로써 일습이 이루어졌다. 중요한 특징으로는 상의 전면과 후면, 칼라, 소매, 단추는 물론이고 모자의 측장, 패검과 검대에 이르기까지 국가 상징 문양을 삽입한 것을 들 수 있다. 이는 근대 주권 국가의 상징적 이미지 요소로, 이 시기에 대례복 이외의 다른 분야, 예컨대, 주권국가의 상징인 국기國旗와 황실 상징 문장紋章, 금융 유통 체계인 화폐, 통신 유통 체계인 우표 등에서도 찾아볼 수 있다.[2] 서구식 대례복은 이러한 상징문양을 다양하게 배치할 수 있고 최고위직 관직자 및 외교관이 직접 착용함으로써 국가 정체성을 가장 가시적이고 효과적으로 드러낼 수 있는 매체였다.

동아시아 각국은 19세기 서세동점의 시기에 서양에 대한 새로운 관계맺음인 조약 체결 과정에서 서구식 대례복을 도입하게 되었다. 복식제도에는 물질문화로서 양식적 측면과 함께 세계관, 가치관과 같은 정신문화 역시 유기적으로 내재되어 있다. 따라서 새로운 종류의 복식제도를 받아들이기 위해서는 전통적인 복식제도와 결합된 사대 교린 관계와 스스로의 의관문물에 대한 자부심인 조선중화의식으로부터 벗어나, 유럽 중심의 만국공법적 조약 관계와 서양식 문명의식을 받아들여야 했다. 다시 말해서 전통적인 동아시아의 복식체계와 완전히 다른 서구식 대례복을 받아들이기 위해 자문화 중심의 문명의식을 넘어설 필요가 있었고, 이것이 어려울 경우 상반된 복식관이 서로

---

2_ 목수현, 「대한제국기의 국가이미지 만들기 : 상징과 문양을 중심으로」, 『근대미술연구』(2004), 26쪽.

충돌할 가능성이 내포되어 있었다.

1876년 개항 이후 이루어진 전통 복식제도로부터 근대적 복식제도로 변화해 가는 과정을 이해하기 위해서는 근대적 복식제도와 관련된 양식 및 사상에 대해 통합하여 이해할 필요가 있다. 또한 이러한 제도 및 변화가 이 시기 상호 영향권 하에 있던 국가 간의 관계와 밀접한 관련을 맺고 있기 때문에 역사상 처해 있었던 정치적 외교적 상황이 함께 파악되어야 한다. 따라서 이 책에서는 특히 조선에 있어서 전통적인 교린관계를 벗어나 최초로 근대적 조약을 맺은 일본과의 관계를 중요한 변수로 판단하여 일본의 복식 변화를 선행해서 다루고자 한다.

지금까지 한국복식사 분야에서 이루어진 서구식 대례복과 관련된 선행연구를 살펴보면 다음과 같다.

한국복식사 분야에서 대례복에 대한 최초의 연구는 1974년 김미자의 「개화기의 문관복에 대한 연구」이다. 이 연구는 개화기의 전반적인 문관 복식제도를 설명하고 문헌과 유물자료를 바탕으로 전통식 대례복을 서술하고, 문헌자료를 바탕으로 서구식 대례복을 서술하였다.[3] 특히 서구식 문관대례복에 대해 '영국식 대례복을 모방한 일본식을 모방한 것'으로 규정하고 있는데 1970년대에는 일본 내에서도 일본의 대례복이 영국식을 모방한 것으로 알려져 있었기 때문에, 이 부분은 당시 연구가 가진 한계였다고 할 수 있다. 김미자의 연구 이후 상당수의 개화기 복식사 연구들 중에서 서구식 대례복에 대한 단편적인 언급은 있어 왔지만 서구식 대례복이 어떤 개념의 복식인지, 기원과 형태는 구체적으로 어떤 것인지를 문헌자료를 고찰하고, 유물자료를 조사하여 구체적으로 성과를 얻은 연구는 많이 찾아보기 힘들다. 서구식 대례복 유물에 대해서는 1976년 연세대학교 박물관의 "윤웅렬, 이씨부인, 윤치호 유품" 조사와 1991년 한국자수박물관의 "대한제국시대 문물전" 보고서에서 일부 보고된 바가 있다. 이들 보고서들은 귀중한 유물 자료와 함께 고찰하여 그 내용이 실증적이라는 점에서 의의를 가지지만, 조사한 유물에 한정하여 고찰하였기 때문에 서구식 대례복을 총체적

---

3_ 김미자, 「開化期의 文官服에 對한 연구」(이화여자대학교 석사학위 논문, 1974).

으로 보는 데에는 미흡하였고, 그로부터 새로운 자료가 더 추가되어 일부 수정되어야 할 부분도 있다. 또한 일본의 서구식 대례복과 유럽의 궁정복식에 대한 연구도 일부 이루어졌으나 2차 자료인 연구서들을 분석하여 서술되었을 뿐 1차 자료인 당대의 문헌 사료를 바탕으로 연구되지는 않았다.[4] 특히 일본의 서구식 대례복의 경우에 가장 기본이 되는 자료인 『법령전서法令全書』가 깊이 있게 분석되지 않았다.

일본학계의 복식사 분야에서 이루어진 서구식 대례복에 대한 최초의 연구는 1959년 가와바타 사네히데河鰭實英의 "메이지明治 이래의 예복"이다. 이 연구에서는 양장을 중심으로 한 남녀의 대례복 제도를 제정된 법령을 중심으로 설명하고 있다.[5] 오오타 린이치로太田臨一郞는 1974년에 "메이지 초기의 군인, 관원의 제복"에서 문관대례복뿐만 아니라 군복의 제정과정에 대해서도 설명하고 있는데, 문관대례복 제정에 있어서 이와쿠라岩倉 사절단의 역할을 설명하고 있다.[6] 20년이 지난 1994년 우에키 토시코植木淑子는 "메이지 초기에 있어서 문관대례복" 연구를 통해 메이지정부가 구미에 파견한 이와쿠라 사절단이 영국에서 빅토리아 여왕을 알현할 때 착용한 대례복과 메이지 5년 제정된 대례복 간에 차이가 생긴 이유를 사절단과 메이지정부 간에 주고받은 편지를 소개하면서 설명하였다.[7] 이를 통해 일본에서 서구식 대례복의 제정이 메이지정부와 이와쿠라 사절단 간의 의견조정을 통해서 이루어졌으며, 지금까지 알려진 것처럼 영국식만을 모방한 것이 아니라 초기에는 영국식을 모방한 메이지정부안과 프랑스식을 모방하여 유럽 현지에서 제작한 사절단의 대례복이 공존하다가 1886년(明治 19)에 최종적으로 프랑스식으로 통일된 것임을 알 수 있게 되었다. 이들 선행 연구를 바탕으로 도입시기와 형태를 고려해 볼 때 대한제국의 대례복은 프랑스식으로 소급된다

---

4_ 은영자, 「개화기 일본의 복식변천에 관한 고찰」, 『계명대 과학논집』 7(1)(1981).
박미애, 「개화기 일본 의복의 양장화에 관한 고찰」(세종대학교 석사학위 논문, 1994).
이경미, 「19세기 개항이후 韓日 服飾制度 비교」(서울대학교 석사학위 논문, 1999).
왕지연, 「한국 개화기 남성복에 영향을 미친 일본, 서양의 남성복」(성균관대학교 석사학위 논문, 2002).
황정윤, 「일본 여성 복식의 양장화에 관한 고찰」(경성대학교 석사학위 논문, 2002).
5_ 河鰭實英, 「明治以降の禮服」, 『被服文化』 57號(1959).
6_ 太田臨一郎, 「明治初期の軍人, 官員の制服」, 『被服文化』 164號(1974).
7_ 植木淑子, 「明治初期における文官大禮服」, 『日本服飾學會誌』 13號(1994).

고 할 수 있다. 오사카베 요시노리刑部芳則는 "이와쿠라 견구遣歐사절과 문관대례복에 대하여"에서 문관대례복의 필요성을 제안한 사람을 밝히고 서로 다른 형태의 문관대례복을 제정하게 된 경위를 재검토하였다.[8] 이와 같은 일본 복식학계의 문관대례복에 대한 연구를 통해서 1872년(明治 5) 일본에서의 문관대례복 제정과정과 그 내용에 대한 개략적인 흐름이 확인되었다.

한편, 대례복 제정의 의미에 대한 평가에 있어서는 전통식 대례복의 경우 기존의 복식제도에 대한 간소화를, 서구식 대례복의 경우 최초로 양복형 관복을 착용하게 된 점을 강조하여 왔다. 그런데 대례복 제도는 조선이 황제국을 표방하면서 도입하게 되었으므로 복식제도의 내용은 간소화를 지향했다고 하더라도 형식상 승격된 것이다. 더 나아가 그 이면에는 국제법상 주권국가의 면모를 갖추고자 하는 의도가 있었다고 할 수 있지만, 아직까지 복식학계에서 주목받지 못했다. 서구식 대례복이 주된 연구 대상이 되지 못한 이유를 살펴보면 첫째, 서구식 대례복 제정과정이 정치, 외교적으로 민감한 문제들과 얽혀 있어서 복식 외적 요인에 대한 검토가 필수불가결 하기 때문에 단순한 연구가 아니라는 점, 둘째, 대한제국이 일본의 식민지로 전락해버렸다는 패배적 결과와 일본이 정한 서구식 대례복을 모방한 것이라는 선행연구로 인하여 자주성을 인정받지 못할 것이라는 선입견 등을 들 수 있다. 그러나 이러한 어려움에 따른 연구의 공백을 극복하지 못한다면 짧은 기간임에도 불구하고 대례복 제도를 통해 근대 국가로 도약하고자 노력하였던 대한제국의 개혁의지에 대한 의미를 축소 해석하게 된다. 최근 다른 학문 분야에서 대한제국의 개혁이 재조명되고 있는 상황에서 가장 의도적이고 가시적인 개혁인 서구식 대례복에 대한 재검토는 시급한 연구 과제라고 할 수 있다.

지금까지 살펴본 내용을 바탕으로 본 연구는 1876년 개항으로부터 1910년 한일합방까지의 복식제도 변화를 연속선상에서 하나의 흐름으로 파악하고 이를 복식 패러다임의 변화로 파악하여 대한제국의 서구식 대례복 도입 과정과 양식적 특징에 대해 고

---

8_ 刑部芳則, 「岩倉遣歐使節と文官大禮服について」, 『風俗史學』 19號(2002).

찰하는 것을 목적으로 하였다. 아울러 서구식 대례복을 받아들임으로써 자주적인 주권을 지닌 근대 국가로서 국제사회에 진입하고자 한 대한제국의 노력을 재조명하고자 한다.

## 2. 연구방법

### 1) 연구문제

이 책은 조선과 대한제국에서 대례복 제도가 성립되고 변화되는 과정을 살펴보는 것을 목적으로 하기 때문에 연구대상 시기가 다음과 같다.

연구의 시점은 조선에서 처음으로 서구식 대례복 제도를 인식하는 시기인 1875년으로 한다. 1875년 이후는 조선의 복식제도 개혁과정에서 등장하는 전통식 대례복의 성립과 변화를 살펴보는 시기로, 전통식 대례복은 1894년 갑오의제개혁 시기에 제정되어 1900년(광무 4) 서구식 대례복이 성립하기 전까지 존속하였다. 서구식 대례복은 대한제국기인 1900년에 제정되어 한일합방이 이루어지는 1910년(융희 4)까지 착용되었다. 이러한 역사적 흐름을 바탕으로 이 책은 1910년까지의 서구식 대례복 제도를 살펴볼 것이다.

서구식 대례복 제도에 따라 제작된 유물 자료는 제정법령이 유효한 시기인 1900년부터 1910년 사이에 제작된 유물 4점을 조사하여 정리하였다.

한편, 일본의 서구식 대례복은 1872년(明治 5)에 제정되어 1938년(昭和 13)에 일시적으로 중단된다는 발표로 착용하지 않게 되었고 패전 후 1955년(昭和 29)에 법령이 발표됨으로써 완전히 폐지되었다. 이 시기 중 서구식 대례복 제정 법령에 대하여는 『법령전서法令全書』를 중심으로 1872년부터 1886년(明治 19)까지의 서구식 대례복 제도를 살펴보고, 폐지법령은 1955년 법률을 살펴보았다. 유물 자료는 제정법령이 유효한 시기인 1930년대의 유물 2점을 조사하였다.

본 연구를 위해 설정된 연구문제는 다음과 같다.

연구문제1. 전통적인 조선의 복식관과 서구식 대례복이 지닌 함의에 대해 대비하여 고찰한다.

연구문제2. 대한제국의 서구식 대례복의 참고 자료로서 일본에서의 서구식 대례복의 수용과 형태적 특징을 고찰한다.

연구문제3. 조선의 개항을 계기로 서구식 대례복을 인식하고 경험하는 과정을 사적으로 고찰하고 관련된 사진 자료를 통해 실증적으로 분석한다.

연구문제4. 조선 정부에서 진행한 복식제도 개혁과정을 고찰한다.

연구문제5. 대한제국 정부에서 제정한 서구식 대례복 제도를 1910년까지를 대상으로 문헌고찰, 유물조사, 사진 분석을 통해 고찰한다.

연구문제6. 대한제국의 서구식 대례복 도입과 변화과정을 복식사적 관점에서 고찰한다.


## 2) 연구자료


### (1) 문헌자료

본 연구에서 검토한 문헌자료는 〈표 1-1〉과 같다.

〈표 1-1〉 문헌자료의 종류와 목록

| 구분 | 조선, 대한제국의 문헌 자료 | 일본 문헌 자료 |
|---|---|---|
| 編年史料<br>法令集<br>公文書 | 『經國大典』『大典會通』『朝鮮王朝實錄』『高宗純宗實錄』『承政院日記』『日省錄』『高宗時代史』『勅令存案』『修信使記錄』『朝士視察團關係資料集』『官報』『法規類編』『高宗大禮儀軌』『大韓禮典』 | 『明治天皇紀』『法令全書』『本朝公信』『大使公信』(『宮內省式部寮　理事功程』) |
| 回顧錄 ·<br>日記新聞 · 雜誌 | 『西遊見聞』『上京日記』『續陰晴史』『熱河日記』『居家雜服考』『朝鮮常識』『漢城旬報』『獨立新聞』 | 『欧米回覧実記』『後は昔の記』『保古飛呂比 5』『新聞集成明治編年史』 |

(2) 유물 자료 및 사진 자료

① 유물 자료　　본 연구에서 분석 대상으로 삼은 서구식 대례복 유물은 〈표 1-2〉와 같다. 이 중 연구자가 직접 조사한 유물에 대해서는 조사 날짜를 제시하였고 조사하지 못한 유물은 관련보고서를 충분히 활용하고 소장자와의 면담 내용을 반영하였다.

〈표 1-2〉 유물 자료의 목록과 기초 자료

| 연번 | 유물명 | 착용자 | 소장기관 | 관직 | 조사일자 또는 참고보고서 |
|---|---|---|---|---|---|
| 1900년(광무 4) 4월 17일 칙령15호 문관대례복제식에 의거 제작된 유물 | | | | | |
| 1 | 민철훈 대례복 | 민철훈 | 한국자수박물관 | 문관 칙임관 1등 | 『大韓帝國時代文物展』 |
| 2 | 박기종 대례복 | 박기종 | 부산박물관 | 문관 칙임관 2등 | 2008. 5.19. |
| 3 | 고박 주임관 대례복[9]- | ? | 고려대학교 박물관 | 문관 주임관 | 2008. 4.23. |
| 1905년(광무 9) 칙령15호 문관대례복제식의 正誤에 의거 제작한 유물 | | | | | |
| 1 | 윤치호 대례복 | 윤치호 | 연세대학교 박물관 | 문관 칙임관 2등 | 2010. 7.29. |
| 2 | 김봉선 대례복 | 김봉선 | 광주시립민속박물관 | 문관 주임관 | 2008. 4.29. |
| 1906년(광무 10) 2월 27일 궁내부 본부 및 예식원 예복 규칙에 의거 제작한 유물 | | | | | |
| 1 | 궁내부 주임관 대례복 | 박기준 | 한국자수박물관 | 궁내부 주임관 | 『大韓帝國時代文物展』 |
| 1906년(광무 10) 12월 12일 칙령 제75호 문관복장제식 개정에 의거 제작한 유물 | | | | | |
| 보고된 유물 없음. 착장 사진자료에 의거함 | | | | | |
| 1886년(明治 19) 문관대례복 개정에 의거 제작한 일본 대례복 유물 | | | | | |
| 1 | 일본 문관 칙임관 대례복 | 宮城 長五郎 | 奈良女子大學 | 長崎控訴院檢事長 | 2007.11.30 |
| 2 | 일본 문관 주임관 대례복 | 村井 倉松 | 독립기념관 | 문관 주임관 | 2008. 4.21 |

〈표 1-2〉를 통해서 알 수 있듯이 국내에 보고되어 있는 대한제국의 칙임관 대례복 3점, 주임관 대례복 2점의 문관대례복 유물 중에서 칙임관 대례복 2점, 주임관 대례복

---

9_ 고려대학교 박물관 소장의 주임관 대례복은 필자의 박사논문과 이경미, 「대한제국 1900년(光武 4) 문관대례복 제도와 무궁화 문양의 상징성」, 『복식』 60권 3호(2010)에서 유길준 대례복으로 명명한 바 있으나, 유길준이 착용한 것이 아닌 것으로 밝혀져 이 유물의 명칭은 '고박 주임관 대례복'으로 수정하여 명명한다.

2점의 유물을 조사하였다. 1점의 칙임관 대례복 유물과 1점의 궁내부 주임관 대례복 유물은 조사보고서를 참고하고 소장자와 면담을 통해서 필요한 부분을 조사하였다.

　　일본의 문관 칙임관 대례복 1점은 나라여자대학奈良女子大學의 소장품을, 문관 주임관 대례복 1점은 독립기념관의 소장품을 조사하였다.

　　② 사진 자료　　문헌과 유물이 부족한 상황에서 사진 자료는 복식의 착장 상태를 이차원적으로 보여준다는 점에서 중요한 사료이다. 그러나 촬영시기에 대한 고찰이 충분히 이루어지지 않은 채 활용될 경우 다른 맥락 속에 위치됨으로써 심각한 오류를 만들 수 있다. 명백한 근거가 없는 이상 사진은 대략적으로 어느 범위의 기간에 촬영된 것으로 추정할 수밖에 없다. 이를 위해서는 촬영 당시의 상황적 배경, 인물의 포즈와 같은 사진사의 개성이 반영된 촬영 기법, 건물, 휘장, 탁자, 양탄자 등 인물의 배경, 같은 날 같은 장소에서 촬영된 것으로 여겨지는 다른 사진과의 비교 등 여러 가지 방법을 동원하여 사진이 지니고 있는 단서를 주의 깊게 분석할 필요가 있다. 그러므로 복식사 분야에서 밝힐 수 있는 정보뿐만 아니라 인접 학문 분야인 정치, 외교, 인류, 민속, 건축, 사진사 등의 다양한 학문들과 학제 간 연구를 통해 체계적인 근대 사진 아카이브를 구축하는 것이 근대 사진을 활용함에 있어 발생하는 오류를 줄이는데 도움이 될 것이다. 특히 사진사 분야에서 근대 사진 아카이브 개념에 대한 중요성이 강조되고 있고 이에 대한 구체적인 논의가 이루어지고 있는데 비해[10] 복식사 분야에서는 아직까지 사진 분석에 대한 연구가 많이 진행되지는 못하고 있다.

　　이 책에서는 대상 시기의 사진들 중 촬영 연대가 확실한 사진들과 함께 현재 논증 중인 사진에 대해서는 최대한 고증하여 자료로 활용하고자 한다.

---

10_ 근대 사진 아카이브의 필요성에 대해서는 사진사 분야에서 논의되고 있다. 대표적으로 이경민, 「사진 아카이브의 현황과 필요성 고찰 : 한국 근대사 관련 사진자료를 중심으로」, 『역사민속학회』 제14호(2002).

## 3) 용어의 조작적 정의

이 책에서 자주 등장하고 개념을 특별하게 정리하여야 할 용어들에 대해서 조작적 정의를 내리면 다음과 같다.

### (1) 개념과 관련된 용어

① 의관문물衣冠文物    의관문물은 '그 나라의 의관衣冠을 비롯한 예절과 문물, 곧, 그 나라의 문명', '어떤 나라의 문화나 문물을 이르는 말'로 정의된다.[11] 따라서 조선의 의관문물은 구체적인 옷이나 관만을 지칭하는 용어가 아니라, 조선의 모든 생활문화를 표현한 것으로, '의관'이라는 용어를 대표로 삼아 비유적으로 표현한 것이다. 따라서 이 책에서 사용하는 의관문물은 조선후기 전통복식 문화를 비롯하여 생활문화를 총체적으로 지칭하는 표현이다.

② 대례복    대례복에 대해 복식 사전에서는 다음과 같이 정의하고 있다.[12] 대례복은 '왕이나 왕비, 신하들이 중대한 의식에 입는 예복'으로, '조선시대의 전통적인 대례복으로 왕, 왕세자에게는 면복冕服이 있었으며, 조신朝臣들에게는 조복朝服, 제복祭服이 있었다. 조선 말엽인 1895년(고종 32)에는 흑단령으로 간소화되었다'고 설명하였다. 이 정의에서 대례복은 예복 중의 가장 상위의 예복으로서, 1895년 갑오경장 시기에 처음 나온 용어가 아니라 조선시대 전체적으로 사용된 용어로 통칭되고 있다. 다시 말해서 조선시대의 '왕, 왕세자의 대례복=면복', '조신의 대례복=조복, 제복'으로 파악하고 '갑오개혁 이후는 흑단령'으로 간소화된 것으로 설명한 것이다.

복식사 분야에서 일반적으로 받아들여지고 있는 이 정의는 '대례복' 용어가 이전의 문헌에서는 찾아보기 어렵고, 갑오개혁 시기에 새롭게 만들어진 용어일 가능성이 크

11_ 두산백과사전.
12_ 김영숙, 『한국복식문화사전』(서울 : 미술문화, 1998).

지만 조선 시대까지 소급하여 적용하고 있기 때문에 타당성 측면에서 다음과 같은 문제점을 지니고 있다.

첫째, 처음 등장하는 갑오의제개혁의 내용에서 조복, 제복은 그대로 인정하고 있는 바탕 위에 흑단령을 대례복으로 제정하고 있기 때문에 대례복이 제복, 조복과는 다른 용도의 복식임이 확인된다. 둘째, 1900년에 제정된 대한제국 문관복장규칙에서 대례복 착용 상황을 살펴보면 '問安時, 動駕動輿時, 因公陛見時, 宮中賜宴時'로 정하고 있으므로 이는 일반적으로 황제를 알현하는 상황에 한정되어 있다. 이 외에도 1898년의 '외국 파견 외교관, 영사관 이하 관원복장식'에서 '주재하는 각 국에서 황제 혹은 최고 통치자를 알현할 때 착용할 것'을 정하고 있으므로 대례복은 조약 관계를 전제로 하는 근대 국가 개념의 복식용어로 볼 수 있다. 이러한 이유로 대례복을 이전 시대로 소급하여 신하의 제복, 조복과 같은 개념으로 보기는 어렵다.

또한 황제의 대례복에 대해서는 먼저 황제의 대례 상황이 무엇인지에 대한 고찰이 있어야 한다. 고종황제는 대한제국의 황제로 등극할 때의 절차를 『고종대례의궤高宗大禮儀軌』에 정리하였는데 의궤의 제목을 통해 황제의 등극이 '대례'임을 미루어 짐작할 수 있다. 따라서 당시 고종황제가 착용한 복식을 고종황제 등극식의 대례복이라고 할 수 있다. 그러나 황제가 면복을 착용하는 모든 상황이 대례의 상황이 아닐 수 있기 때문에 '황제의 대례복=면복'과 같이 도식적으로 사용하기에는 무리가 있다.

이상 살펴본 바와 같이 대례복 연구가 많이 진행되지 않은 상황이지만 기존의 복식사 연구에서 '대례복' 개념이 소급되어 적용되거나 광범위하게 사용되어 왔음을 알 수 있다. 이 책에서는 이러한 혼동을 막기 위해 조선시대까지 소급하지 않고, 갑오개혁 이후 대례복으로 명명된 규정만을 대상으로 삼았다. 따라서 이 책에서의 대례복은 근대 국가의 복식 용어이다.

가. 전통식 대례복　　본 연구에서 대례복은 1894년 갑오의제개혁 이후의 규정만을 대상으로 하므로 전통식 대례복은 '흑단령黑團領'을 의미한다. 황제의 경우는 등극의 대례식에서 착용한 복식을 대례복이라고 할 수 있다고 보아 1897년 고종황제 즉위식의 전통식

복식을 대례복으로 보았고 황제의 서구식 대례복에 대해서도 일부 고찰하였다.

　나. 서구식 대례복　　유럽의 궁정복식으로부터 시작되어 근대의 일본, 대한제국에서 받아들이게 된 예복 제도를 서구식 대례복으로 명명하였다. 구체적으로는 산형山形의 모자, 자국을 상징하는 문양이 자수된 연미복형 상의, 조끼, 바지, 패검으로 일습을 이룬다. 서구식 대례복의 함의에 대해서는 2장에서 자세하게 고찰할 것이다.

### (2) 형태와 관련된 용어
　① 산형모자(bicorn, bicorne)　　서구식 대례복 일습을 구성하는 품목 중에서 모자의 형태가 산의 모양을 닮았다고 하여 일본과 대한제국에서 그 형태를 지칭할 때 사용한 용어로, 정확한 명칭은 바이콘bicorn(bicorne)이다. 두 개의 뿔이 있는 모양과 같은 이 모자는 프랑스의 나폴레옹 1세가 주로 이용함으로써 18세기 후반부터 19세기 초반에 그 모양을 이루었다.[13] 유럽과 미국의 군인과 해군 장교들이 많이 썼고, 1차 세계대전 때까지는 장교의 일습 중 하나로, 세계의 해군 대부분이 쓸 정도로 널리 퍼졌다. 육해군인의 착용뿐만 아니라 19세기와 20세기 초반에는 유럽과 일본 제국들에서 문관들의 대례복에서 착용되기도 하였다.[14]

　② 테일코트tail coat : 프록코트froc coat와 연미복(swallow tail coat)　　일반적으로 남자가 낮의 행사에서 착용하는 예복은 프록코트이고 밤의 행사에서 착용하는 예복을 연미복이라고 하는데, 넓은 개념으로 예복의 코트에 해당한다. 〈그림 1-1〉을 참고로 하여 살펴보면, 뒷자락에 테일tail이 있다는 공통점이 있지만, 앞에서 뒤쪽으로 연결되는 형태에 차이가 있다.
　프록코트는 19세기에 예복으로 주로 입혀졌는데 길이는 무릎 정도까지 오고 일반

---

13_ Katell Le Bourhis 편, "The Age Of Napoleon-Costume from Revolution to Empire 1789-1815", *The Metropolitan Museum of Art*, New York, pp.180~181.
14_ Wikipedia 'Bicorne'.

적으로 더블-브레스티드double-breasted의 형태이다. 근세 중기경부터 프랑스 궁정을 중심으로 남자들 사이에 유행한 쥐스또꼬르justaucorps가 그 기원으로 여겨지고, 19세기 후반부터 널리 착용되었다. 현재에는 이용되지 않고 모닝코트가 낮의 예복으로 이를 대신하고 있다.

연미복은 19세기 중반경부터 예복으로 착용되어, 일반적으로 밤의 정식 예복으로 착용하였는데 궁정의 행사와 같은 공식적인 행사의 경우에는 조끼와 같은 재질로 만들어 사용되었다. 연미복이라는 명칭은 영어의 스왈로우 테일 코트swallow tail coat로부터 온 것인데, 연미복에는 이 외에도 풀 드레스full dress, 이브닝 드레스evening dress, 드레스 코트dress coat, 테일코트tail coat, 나이트 풀 드레스night full dress 등의 여러 가지 명칭이 있다.[15] 대체로 연미복의 형태는 앞 허리에서 직선으로 절개되어 뒷자락에 연결되고 뒷자락은 중심선을 기준으로 제비의 꼬리처럼 갈라져 있다.

〈그림 1-1〉 프록코트, 연미복, 모닝코트  왼쪽부터

15_ 永井英次郎等 編, 『洋服辭典』(東京 : 洋裝界社, 1910); 文化出版局 발행, 『增補版服裝大百科事典』(1984), 82쪽; 田中千代 편, 『新服飾事典』(東京 : 同立書院, 1991), 329쪽; Yarwood, Doreen, *The Encyclopedia of World Costume*, MCML X X VIII.

한편, 연미복을 프랑스에서는 아비habit, 독일어에서는 프락froc이라고 부르기도 하는데,[16] 이러한 이유로 본 연구의 대상이 되는 시기에는 용어의 혼용이 있는 경우가 있다. 테일이 있다는 공통성으로 인해 모든 대례복을 연미복형이라고 할 수도 있지만, 총칭해서 프록코트라고 하는 경우도 있기 때문이다. 이는 근대 서양 남성복의 분화 발달 과정에서 용어상의 혼동이 유발되었기 때문이다.

이 책에서는 비교적 현대의 형태를 완성하게 되는 19세기 후반기의 테일코트 형태를 대상으로 하고 있고, 일본의 자료와 비교 고찰하고 있기 때문에, 당시의 이분법적인 분류를 따라서 앞 허리선에서 수평의 절개가 있는 테일코트는 '연미복형 대례복'으로, 앞 허리선에서 사선으로 옆선과 연결되는 테일코트는 '프록코트형 대례복'으로 용어를 통일하고자 한다.

③ 칼라　일반적인 연미복과 프록코트의 칼라는 폴딩 칼라folding collar이지만 대례복의 칼라는 스탠딩칼라standing callar의 형태를 가진다.

대한제국보다 먼저 대례복 제도를 도입한 일본 대례복의 경우 스탠딩칼라를 지칭하기 위해 쯔메에리つめえり(竪襟, 詰襟) 또는 타테에리たてえり(立襟)의 두 가지 용어를 사용하였다. 그런데 대례복 제도의 도식화를 분석해 볼 때 같은 쯔메에리竪襟 규정이지만 1884년(明治 17)에 제정된 유작자有爵者 대례복은 앞 목점 바로 아래에서 여며지는 형태이고, 1886년(明治 19)에 개정된 문관대례복은 가슴부분에서 여며지는 형태를 보여주고 있다. 이를 구별하기 위해 우에키 토시코植木淑子는 전자를 쯔메에리竪襟로, 후자를 V자字형으로 명명하였고, 오사카베 요시노리刑部芳則는 쯔메에리詰襟와 아께에리開襟로 구별하여 설명하고 있다.[17]

대한제국 대례복 제도에서 1900년(광무 4)에 제정된 문관대례복의 칼라는 수금竪襟으로, 1906년(光武 10)에 개정된 문관대례복은 입금立襟으로 정하고 있는데, 이는 형태를 구별하기 위해서 달리 사용한 것으로 여겨진다. 그러나 오늘날의 관점으로 보면, 수

16_ 田中千代 편, 위의 책, 328쪽.
17_ 植木淑子, 앞의 논문(1994), 29쪽; 刑部芳則, 앞의 논문(2002), 46쪽.

금竪襟, 힐금詰襟, 입금立襟의 세 용어 모두 스탠딩칼라standing collar로, 폴딩 칼라folding collar에 대응되는 말이기 때문에 용어상의 혼동을 일으킬 가능성이 있다.

　본 연구에서는 칼라와 여밈에 대한 이해를 쉽게 하기 위하여 스탠딩칼라가 달렸지만 가슴에서 여며짐으로써 V네크라인을 형성하는 칼라를 '개금開襟'으로, 앞 목점에서 여며지는 형태의 칼라를 '입금立襟'으로 구별하여 지칭하고자 한다.

# 조선후기 복식관과
# 서구식 대례복이
# 지닌 함의

## 02

조선의 전통적 복식관
서구식 대례복의 함의

  조선은 국초부터 복식제도 수립을 위해 동아시아의 국제 질서 속에서 명明의 제도를 참고하고 스스로 고제古制를 연구하여 『경국대전經國大典』에 명문화하였다. 이를 바탕으로 유교 국가로서 최고의 권위를 지니는 복식제도를 운용하였다.

  조선후기는 외적으로는 명과 청이 교체되는 국제 정세의 변화와 내적으로는 양난 후유증의 극복이라는 고비에서 시작되었다. 이에 대해 조선은 중화의 실체를 지닌 조선이야말로 동아시아의 유일한 유교문화의 계승자라고 하는 조선중화주의를 성립시킴으로써 난관을 극복하고자 하였다. 이를 사상적 바탕으로 하여 조선 후기에는 의관문물에 대한 자부심을 대내외적으로 갖게 되었다.

  19세기 중 후반 서세동점의 시대에 조선은 서양과 서양화된 일본으로부터 개항 압력을 받았다. 서로 다른 문명의식으로써 조선의 의관문물 제도와 서구식 대례복 제도 간의 충돌은 불가피하였는데, 이는 동아시아의 예적 질서와 서양 근대 외교의 충돌이자 유교의 문文과 정신문화를 바탕으로 한 복식과 서양의 무武와 물질문화를 바탕으로 한 복식간의 충돌이라고 할 수 있다.

  이러한 관점에서 본 장에서는 개항 이후 조선과 대한제국에서 이루어지는 대례복을 키워드로 하는 논의들을 통해 조선의 전통적 복식관과 서구식 대례복이 지닌 함의를 대비하여 고찰하고자 한다.

## 1. 조선의 전통적 복식관

### 1) 조선중화주의적 복식관

중화사상의 이론적 근거는 성리학적 명분론인 화이론華夷論으로 유교문화를 가지고 있는 존재를 중화中華, 그렇지 못하여 힘의 논리나 약탈경제에 의존하는 북방족 등을 오랑캐, 곧 이적夷狄으로 분류하는 세계관이다. 이러한 논리는 송나라가 북방족에 밀려 남천하면서 한족의 정체성을 문화민족으로 정립시킴으로써 성립한 것으로, 조선에 수용되어 조선전기에는 소중화의식小中華意識으로 나타났다.[1] 화이론은 온 세계를 단순히 이원론적으로 구분하여 인식한 것이 아니고 중앙지역으로부터 어느 정도 떨어졌는지에 의해 단계적으로 구분이 있는 사고체계로, 이 단계에 의하여 조공국의 조공횟수가 결정되었고 조공횟수의 많고 적음은 곧 문화수준을 의미하였다. 조공국의 국왕은 중국에 의해 책봉冊封을 받음으로써 대내외적인 명분을 인정받을 수 있었으며, 이러한 조공과 책봉이라는 서계적序階的인 질서는 예禮로써 유지되었다.[2] 다시 말하면 사람과 사람 간에 준수해야 할 법도를 소례小禮 혹은 곡례曲禮라고 하고 이것이 확대되어 나라와 나라 간에 지켜야 할 법도가 되면 대례大禮라고 하였다.[3] 이러한 국가 간 예에는 구별이 있어서, 천자天子와 제후諸侯간에는 사대자소事大字小의 예가 적용되고 제후간의 관계는 교린交隣의 규칙으로 규율되었다.[4] 이 같은 동아시아적 세계관은 조선의 복식제도 수립에도 그대로 반영되어 조선초기에는 국가 간 관계 속에서 정통성을 인정받고 국내에서는 상하 존비 귀천을 구별하는 기준을 명백히 함으로써 중앙집권을 공고히 하고자 하였다.[5]

---

1_ 정옥자, 『조선중화사상연구』(서울 : 일지사, 1998), 16~17쪽.

2_ 이에 대한 자세한 내용은 김용구, 『세계관 충돌의 국제정치학 - 동양 禮와 서양 公法』(서울 : 나남출판, 1997), 73~85쪽 참조.

3_ 위의 책, 16쪽.

4_ 김용구, 『세계관 충돌과 한말 외교사, 1866~1882』(서울 : 문학과 지성사), 64~67쪽. 사대 질서의 관계는 조공 관계로 서로 연결되어 있었는데 그 특징은 조공과 책봉, 천자국의 역법 시행(봉삭) 등이 있다.

건국 초부터 정비되기 시작한 백관의 복식은 1485년(성종 16)『경국대전經國大典』을 통해 완성된 체계를 갖추게 되었다.『경국대전』권3「예전禮典」'의장儀章'에는 1품부터 9품에 이르는 조신을 대상으로 하여 조복朝服, 제복祭服, 공복公服, 상복常服의 관冠, 복服, 대帶, 홀忽, 패옥佩玉, 말襪, 화靴·혜鞋에 대한 규정을 하고 있고, 그 외 녹사錄事, 제학諸學, 서리書吏, 향리鄕吏, 별감別監 등의 관원의 복식에 대해서도 규정하고 있다.[6] 문무백관복에는 조복, 제복, 공복, 상복과 그 외에 시복時服, 융복戎服이 있으며 무관에게는 군복軍服이 있고 평상시에 입는 편복便服이 있었다.[7]

조선후기에는『경국대전』을 시행해 오면서 부족했던 점을 여러 번 보완하여 영조 22년(1746)에『속대전續大典』을 내었고 그 후 교지, 조례를 보완하고 당시의 법을 통편하여 1785년(정조 9)에『대전통편大典通編』을 편찬하였으며, 말기에는 왕의 교명敎命과 규칙을 보완하여 1865년(고종 2)에『대전회통大典會通』을 편찬하였는데, 문무백관의 복식은 임진왜란을 전후하여 다소 변화가 생겼지만 그 구조는 대체로 유지되어 내려왔다.[8]

17세기 중 후반 조선은 임진왜란과 병자호란의 전쟁 후유증을 극복하여 상처받은 국민적 자부심을 회복하고 와해된 조선 사회를 재건하기 위해 국내적으로는 예치禮治, 대외적으로는 북벌론北伐論을 내세우게 된다. 또한 중화의 실체로 여겼던 명나라가 사라졌기 때문에 조선전기의 소중화小中華 의식으로부터 주나라로부터 이어지는 중화의 전통이 명나라를 이어 조선에서 보존되고 있다고 사고의 틀을 전환함으로써 조선이 곧 중화라는 조선중화사상朝鮮中華思想을 정착시킨다.[9] 이를 달리 말한다면 자민족 문

---

5_ 조선 전기 복식체계가 완성되어 가는 과정에 대하여는 류재운,『朝鮮 建國初 對明關係와 冠服制定에 관한 研究』(동아대학교 박사학위 논문, 2006)에서 건국 초기 태조, 태종, 세종조의 복식제도 논의를 명나라 제도와 비교하여 자세하게 연구되었다.

6_ 『經國大典』「예전(禮典)」의장(儀章).

7_ 유송옥,『韓國服飾史』(수학사, 1997), 216쪽.

8_ 위의 책, 215쪽.

9_ 정옥자, 앞의 책(1998), 226쪽. 중화(中華)란 문화적·지역적·종족적 의미를 내포한 것이지만 조선은 문화적 측면을 중심가치로 삼았으며 조선후기에는 조선이 바로 동아시아의 문화중심국이라고 생각하게 된 것이다. 정옥자, 같은 책, 17쪽.

화에 대한 동아시아적 자부심이라고 할 수 있다.

따라서 조선중화사상의 근거인 조선의 의관제도에 대한 자부심으로부터 오랑캐의 복식은 받아들일 수는 없었기 때문에 청나라에서 정책적으로 한족에게 강요한 변발과 만족전통의 복식이 조선에서는 도입되지 않았다.[10] 따라서 19세기 중반의 개항 이전까지 300여 년에 이르는 기간 동안 내치에 주력하여 명나라를 계승한 의관문물을 유일하게 보존하고 있는 조선이야말로 바로 중화라는 조선중화사상은 조선후기의 기본적인 복식관으로 성립되어 전통 복식 문화에 대한 자부심으로 뿌리내리게 된다. 조선전기와 조선후기의 달라진 국제정세에 따라 중화사상을 근거로 한 조선의 대중국 및 자국에 대한 인식과 복식관을 표로 나타내면 다음 〈표 2-1〉과 같다.

〈표 2-1〉 조선시대 전후기의 중화의식[11]

| | 조선전기 | | 조선후기 | |
|---|---|---|---|---|
| 대중국 및 자국 인식 | 명 | 조선 | 청 | 조선 |
| | 중화 | 소중화 | 이적(夷狄) | 조선중화 |
| 복식관 | 명과의 관계 속에서 유교적 복식체계수립 | | 정통 유교문화 계승의식<br>조선의 의관문물에 대한 자부심 | |

〈표 2-1〉을 보면, 조선전기에는 중국의 명을 이은 소중화로서의 자부심을 바탕으로 명과의 관계 속에서 유교적 복식체계를 수립하였고, 조선후기는 이러한 복식체계를 유지한 바탕 위에 중국의 청나라는 이적인데 반해 조선이 유일한 중화라고 생각하는 조선중화사상을 성립시킨 것이다. 이는 복식관에 있어서는 정통 유교문화 계승의식으로 나타나고 그로 인해 조선은 의관문물에 대한 자부심을 표출할 수 있었다. 화이론적 세계관은 중국과의 관계에서뿐만 아니라 일본에 대하여도 해당하여 조선은 중화인

---

10_ 박현정, 『中國 異民族 王朝의 服飾政策 比較－北魏와 淸을 중심으로－』(서울대학교 박사학위 논문, 2000). 이 논문에서 북위와 청은 이민족 왕조로서 통치권 확립이라는 동일한 문제 해결을 위해 북위는 한족의 복식을 받아들이고 청은 만족의 복식을 강요하는 상반된 정책을 시행한다는 사실이 비교 고찰되었다.

11_ 原田環, 『朝鮮の開國と近代化』(溪水社, 1997), 29~30쪽의 설명과 도표를 참고로 구성하였다.

데 비해 일본은 이적으로 인식하였다.

이와 같은 조선후기의 복식관은 청나라에 사신으로 다녀온 학자들의 '연행록燕行錄'에서 잘 확인된다.[12] 명나라가 멸망한 이후 청에서는 만주족의 복식이 강요되었기 때문에 조선의 의관문물만이 유일한 중화의 계승이라는 생각으로부터 청나라에 사신으로 가서도 이러한 자부심을 확인하고자 하는 조선 지식인들의 복식관이 연행록에도 서술된 것이다.

『연행기사燕行記事』의 「문견잡기聞見雜記」에서 '청인의 관복'에 대한 서술을 예로 들면 다음과 같다.[13]

저희들도 스스로 보기에 불만족하게 여기고, 우리나라 사람들도 (그들의 복식을) 비웃는다. 그러나 우리의 단령, 오사모, 활수장의闊袖長衣는 저들이 감히 웃지를 못한다. 그래서 비록 부녀자라도 반드시 자세히 보고 사모하고 좋아한다. 매양 저들과 이야기하다가 그의 의복 제도에 대하여 물으면, 한인(청나라 사람)은 얼굴에 부끄러워하는 빛이 있다. 우리나라 사람의 복색을 물으면, 혹은 말하기를, "이것은 중화의 제도이므로 좋은 줄 모르는 것은 아니지만, 우리들의 시왕時王의 법도 또한 좋은 점이 많다."고 한다. 그 까닭을 물으면, "머리털을 다 깎았으니 빗질하는 수고가 없고 위아래가 똑같이 입으니 명분의 구별이 없고, 제작이 간단하고 평이하여 일하는 데에 장애가 없으니, 이것을 편하게 여긴다."고 대답한다. 유식한 사람은 말하기를, "이것이 우리 선조가 입던 옷으로, 우리 집에서는 아직도 예전 옷을 간직하여 때때로 펼쳐 구경한다. 그대가 화제華制의 옷을 입었으니 어찌 흠모하고 부러워하지 않을까?" 하며 슬퍼하였다…백년 육침에 중화의 문물이 씻은 듯 남은 것이 없고, 선왕의 법복은 지금 모두 희자배의 구경거리와 웃음거리가 되었다…

---

12_ 복식사 분야에서 이루어진 연행록에 나타난 복식관에 대한 연구로는 전혜숙의 연구가 다수 있다. 「〈燕行日記〉의 服飾觀을 통해 본 對淸認識 – 金昌業의 〈燕行日記〉를 중심으로」, 『한복문화』 제7권 1호(2004); 「18세기初 〈燕行錄〉에 기록된 朝鮮知識人의 服飾觀 – 金昌業・崔德中의 燕行錄을 중심으로」, 『한복문화』 제8권 1호(2005); 「서유문의 〈무오연행록〉에 나타난 복식문화」, 『한복문화』 제9권 2호(2006).

13_ 김영숙 편, 『한국복식사사료선집』 조선편 Ⅲ, 224~225쪽; 『연행기사(燕行記事)』의 「문견잡기(聞見雜記)」 上, 연행록 선집.

위의 인용문에서 볼 수 있듯이 조선에서 연행사로 파견된 사신들의 의관문물에 대한 자부심은 한족 지식인들도 공유하고 있던 것이었다. 전혜숙은 18세기 후반의 연행록인 서유문의 『무오연행록戊午燕行錄』에 대한 연구에서 이미 청의 문물에 대한 감탄과 긍정적 시각이 있다고 해도 복식을 보는 관점은 18세기 초와 다름이 없다고 하였다.[14] 이는 청나라에 파견되어 청의 변화 모습을 인정하고 이를 수용하고자 하는 북학파의 분위기 안에서도 의관문물에 대해서는 조선중화주의적 복식관을 고수하는 부분이 강했다는 것으로 해석된다. 이와 같이 조선 후기에 있어서 조선중화주의적 복식관은 기본적인 복식관으로 자리 잡고 있었다.

## 2) 유교적 복식관

조선시대 복식제도에 있어서 전반적으로 강조되는 유교적 복식관으로서 예禮의 본질은 상하 귀천의 존비 등급을 구별하는데 있었다. 이는 엄격하게 계급을 나누고 신분질서를 유지하는 것만을 목적으로 하는 것이 아니라, '등급이 분명하면 사람들은 각기 공경하게 되고 사람들 간 관계가 화순하면 서로 친하고 서로 사랑하게 된다'고[15] 보는 유교의 본질적인 문제이다. 예로써 사람들 간의 존비 등급을 구별하는 가장 가시적이고 대표적인 것이 바로 의관문물제도衣冠文物制度이다.[16] 조선에서 사용하는 '의관문물제도'라는 용어는 의관을 대표로 표현한 조선의 전반적인 생활문화를 말한다.

조선에서는 16세기 후반 종법을 기반으로 하는 정통론이 심화되면서 예학의 강조가 이전 시기보다 본격화되기 시작하고 『주자가례朱子家禮』에 대한 수용 범위는 지방에 있는 양반신분층에까지 확장되었다. 즉 16세기 중반에 사림이 중소 지주적인 배경

14_ 전혜숙, 「서유문의 〈무오연행록〉에 나타난 복식문화」, 『한복문화』 제9권 2호(2006), 25쪽.
15_ 정옥자, 「17세기 전반 禮書의 성립과정 - 金長生을 중심으로」, 『동양문화』 11(1990), 407쪽.
16_ 『세조실록』 권3, 세조 2년 3월 정유조. "대개 衣裳의 제도는 남녀와 귀천을 분별하려는 소이이니, 하민(下民)이 감히 마음대로 할 수 없는 것입니다……."; 『성종실록』 권13 성종 2년 12월 임진. "사헌부에 전교하기를, 무릇 의복의 제도는 남녀를 분별하고 존비를 등급 짓는 것이다……."; 이경미, 「남녀유별 禮의식(內外法)이 복식생활에 미친 영향 - 조선후기 남녀 복식생활을 중심으로 -」, 『복식』 57(1)(2007)에서 일부 다루었다.

으로 지역적 안정과 질서를 모색하려는 차원에서 유교의 의례로서 『주자가례』를 수용하였다.[17] 이들은 당시 불교나 민간신앙적인 전통적 생활관습에 유교적 생활규범을 보급하기 위해 먼저 제례에 관한 가례서를 저술하였고 계속하여 상제례서를 저술하였다.[18] 1592년 임진왜란의 발발로 인해 사회질서가 문란해지고 유교적 생활관습에 타격을 받게 되자 임란 후 무너진 사회경제 질서를 회복하고 사회교화를 목적으로 하여 예학에 대한 집중적인 연구가 이루어졌다. 그 결과로 관혼상제례를 모두 포함하는 사례서로서 조선 예학의 종장宗匠이라 칭해지는 김장생金長生이 『가례집람家禮輯覽』을 완성하였고 1685년(숙종 11)에 간행되었다. 『가례집람』은 주자의 『가례家禮』는 물론이고 조선의 속제俗制를 포함시킴으로서 실용성도 배려한 가례서이다.[19] 이 후 관혼상제로 대별되는 사례四禮는 사림들의 향촌지배로 일반 백성에 이르기까지 확산되게 되었다.

또한, 명종 때 박세무朴世茂가 지은 『동몽선습童蒙先習』, 선조 시기의 『소학언해小學諺解』와 같은 교육서들도 유교윤리의 보급에 일조하게 된다. 동몽선습은 어린이 교재로 지어진 것으로 동몽선습으로부터 소학으로 이어지는 일련의 교육과정을 통해 자연스럽게 예의 기본이라고 할 수 있는 유교의 윤리를 익히게 된다.[20]

조선후기에 예적 질서가 뿌리를 내릴수록 복식제도는 그에 걸맞게 정착하게 되어 TPO(Time, Place, Occasion)에 맞는 의생활로서 관복冠服으로부터 사복私服(便服)에 이르기까지 예적 생활에 합치되게 된다.

이러한 관념은 전통적인 조선의 복식관으로 확립되어 개항 후에도 지속되었고 고종조의 의제개혁 논의에서 계속적으로 드러나게 된다. 유교적인 관념에 의하여 '옛날 훌륭한 제왕들이 의복제도를 정할 때 하늘의 자연 현상을 상고하고 사람의 일을 참고하여 형체에 어울리게 만들어 그 위엄스러운 풍채를 이루게 하였으며 등급을 밝히고 높고 낮은 차등을 정하였으며 귀천을 구별'하는 것이 바로 의관문물이기 때문에 이는

17_ 이범준, 『朝鮮時代 禮學硏究』(국학자료원, 2004), 407쪽.
18_ 고영진, 「16세기 말 四禮書의 성립과 禮學의 발달」, 『한국문화』 12, 470쪽.
19_ 정옥자, 앞의 논문(1990), 424쪽.
20_ 이경미, 앞의 논문(2007), 110쪽.

'통용해야 할 원칙이며 움직일 수 없는 이치'로 인식하고 있다.[21]

이상 살펴본 바를 정리하면, 조선후기에는 대외적으로 동아시아에서 조선만이 유교문화의 유일한 계승자라는 조선중화주의적 복식관의 바탕 위에 대내적으로는 유교적 복식관을 중심으로 신분 질서와 예적 질서에 합치하는 복식체계를 성립시킴으로써, 민족복식문화에 대한 자부심이 고취되고 있었다.

### 3) 조선후기 유서류에 나타나는 복식관

앞에서 살펴본 조선중화주의적 복식관과 유교적 복식관이 현실의 복식생활에서 어떤 식으로 적용되고 있었는지를 확인할 수 있는 자료로 조선후기에 활발하게 저술된 유서류類書類를 들 수 있다. 조선후기 유서류 저작물은 복식류의 명칭, 유래, 변천을 살펴볼 수 있는 항목들과 함께 저술자의 생각을 일부 덧붙여 놓았기 때문에 조선후기 지식인들의 복식관을 살펴보는데 있어 중요한 자료이다. 17세기 이수광이 저술한 『지봉유설芝峯類說』, 18세기 이익李翼의 『성호사설星湖僿說』, 19세기 조재삼趙在三의 『송남잡지松南雜識』에 나타난 복식관련 기사를 통해 조선후기 복식관을 살펴보면 다음과 같다.[22]

먼저, 유서류에 나타난 복식관련 기록에는 전통적인 문화 자존심이라고 할 수 있는 중화의식中華意識이 반영되어 있다. 특히 우리 민족이 평소 백의白衣를 즐겨 입는 풍속, 성인 남자가 상투를 트는 풍속, 성왕聖王의 유제遺制인 곤면袞冕, 금관조복金冠朝服의 제도를 향유하고 있는 것으로부터 문화적 자부심을 이끌어내고 있다. 이에 비해서 부녀자의 사치스러운 가체, 좁고 짧은 저고리 착용, 부인의 쪽찐 머리와 동자童子의 편발編髮 풍속 등을 호속胡俗으로 인식하고 개혁하여야 할 풍속으로 지적하고 있다. 조선후기 지식인들은 외관을 기준으로 하여 중화(=문화)와 호속(=야만)을 나누고 있다는 것을

---

21_ 『고종실록』 권39 고종 36년 1월 1일 都事 全秉薰의 상소문 중.
22_ 이경미, 「조선후기 類書類에 나타나는 服飾觀 -『芝峯類說』, 『星湖僿說』, 『松南雜識』를 중심으로」, 『역사민속학』 33호(한국역사민속학회, 2010); 「『松南雜識』의 민속문화 자료」, 『역사민속학』 35호(한국역사민속학회, 2011).

알 수 있는데, 실생활과는 다소 괴리가 있어서 어떤 것이 중화에 해당하는 것인지를 끊임없이 상고하고자 하였다.

다음으로, 조선후기의 예의식에 맞는 복식관이 반영되어 있다. 복식을 통해 예를 실현하기 위해서는 추상적인 예의식을 복식에 적용하여야 한다. 국가적 측면에서는 복식제도를 체계적으로 정비함으로써 예적 질서를 확립하는 것을 중요하게 생각하였다는 것을 알 수 있다. 사회적 측면에서 예의 실현은 관혼상제와 같은 가례家禮복식과 관련하여 볼 수 있는데 유서류 저작물에는 조선후기에 강조되었던 오복五服(상복喪服)에 대해 깊이 있는 논의를 싣고 있다. 개인적 측면에서 복식을 통한 예의 실현은 수신修身과 관련된 것으로, 어떤 경우라도 의관정제를 중요하게 생각한 조선 선비의 의생활을 반영하고 있다.

마지막으로, 지나치게 관념화된 성리학에 대한 반성으로 실생활에서의 검약과 실용을 강조하는 내용이 담겨 있다. 유서류에는 점점 사치스러워지는 복식 현상에 대한 우려가 담겨 있어서 비싼 외국 옷감을 사들이는 세태를 경계하고, 합리적인 의생활을 위해 실용적인 복식 제작법을 제시하기도 했다.

개항에 즈음한 시기에 조선의 지식인들은 자신의 복식제도를 중화의 복식제도로 인식하여 뿌리 깊은 자부심을 견지하고, 내적으로는 실생활에서 나타나는 문제를 예적 질서에 맞추기 위한 논의를 진행하고 있었던 상황이었다는 것을 알 수 있다.


## 2. 서구식 대례복의 함의

### 1) 만국공법에서 나타나는 서구식 세계관

산업혁명과 시민혁명을 통해 근대화에 일찍 성공한 서양은 19세기가 되자 조선과 일본으로 그 세력을 확장해 오기 시작하였다. 이들은 '유럽공법公法'이라는 문명국 간의 법에 의거한 국제사회를 형성하고 있었다.[23]

당시 서구사회에서 일반화된 문명국의 기준은 "국제법의 주체로서 자격을 가지고 있는지 여부가 최저표준이 되어 외국인이 상업 경제활동을 하는 데에 필요한 생명, 재산, 자유를 충분히 보장하는 법칙 또는 그 이외의 제도를 정비 유지하고 있는가."의 문제였다. 이러한 기준을 가진 국제법의 형성은 구미 산업자본가의 이익을 반영한 것으로,[24] 문명국 기준에 적합하지 않는 지역은 반半문명국 혹은 야만의 지역으로 규정하게 된다. 이는 유럽 팽창의 법적 도구로서 야만의 국가들에 대한 침탈과 점령에, 반半문명국에 대한 불평등조약에 근거가 되었다.[25]

유럽공법은 유럽 국가들 간에 적용되는 법규범이지만 1864년 마틴W.A.P.Martin이 휘튼H.Weaton의 주저主著를 한역漢譯하면서 '만국공법萬國公法'이라는 용어를 사용함으로써 유럽적인 공법이 온 세계 만국에 적용되는 것으로 착각하게 만들었다.[26] 서구 세계에 대한 개항을 앞두고 조선, 중국, 일본의 동아시아 3국은 국제법 지식으로서 '만국공법'의 이해를 근대적인 조약을 맺는 과정에서 선행되어야 할 과제로 받아들였다. 특히 조선의 경우에는 전통적인 동아시아의 국제질서 속에서 중국과는 사대관계를, 일본과는 교린관계를 맺고 있었기 때문에 만국공법에 기초한 세계관으로 파악할 때 국제법의 주체로 인식될 것인지, 중국의 속국으로 인식될 것인지에 관한 문제점을 안고 있었다. 1880년대에 개화정책을 추진하던 조선은 1882년 임오군란壬午軍亂으로 인해 청의 내정간섭을 받게 되면서 소위 '양절체제兩截體制'에 놓이게 된다. 양절체제는 유길준(1856~1914)의 『서유견문西遊見聞』 '방국邦國의 권리權利'편에 등장하는 용어로, 조선은 사

---

23_ 김용구, 앞의 책(1997), 49쪽.

24_ 岩波講座, 『日本通史』 第17券近 代2, 論說 ≪明治國家の制度と理念≫, 113~148쪽. 자세한 내용은 위의 책, 50~51쪽을 참고.

25_ 김용구, 위의 책, 49~51쪽.

26_ 김용구, 「朝鮮에 있어서 萬國公法의 受容과 適用」, 『세계정치』 vol.23(1)(1999) 참조. 그 외 만국공법에 관한 연구는 많이 이루어져 있다. 참고할 만한 연구들로 이광린, 「韓國에 있어서의 萬國公法의 受容과 그 影響」, 『동아연구』 vol.1(1982); 강상규, 「근대 일본의 「萬國公法」 수용에 관한 연구」, 『진단학보』 vol.87(1999); 「고종의 대내외 정세인식과 대한제국 외교의 배경」, 『동양정치사상사』 vol.4(2)(2005); 이근관, 「동아시아에서의 유럽 국제법의 수용에 관한 고찰 - '만국공법'의 번역을 중심으로」, 『서울 국제법 연구』 vol.9(2)(2002); 김수암, 「1870년대 조선의 대일관 - 교린질서와 만국공법질서의 충돌」, 『한국정치외교사논총』 vol.25(1) (2003); 오영섭, 「개항 후 만국공법 인식의 추이」, 『동방학지』 vol.124(2004) 등이 있다.

대질서와 국제법 질서가 공존하지만 독립된 자주국가임을 강조하기 위해 고안하였다.[27] 이러한 조선의 상황은 1894년 청일전쟁이 발발할 때까지 계속 되었다.[28] 동아시아의 독특한 예적 질서에 대한 이해 없이 만국공법적 세계관만으로 조선의 복식체계를 바라보았을 때, 중국과의 관계 속에서 조선이 자유롭지 않은 것으로 보일 수 있다. 예컨대 중국의 황제가 착용하는 면복과 조선의 왕이 착용하는 면복 간에는 이등체강원칙二等遞降原則이 적용되고 있었기 때문에 이러한 복식체계만을 본다면 조선을 독립된 국가로 보이는데 어려움이 있는 것이다.

조선은 서양 국가들과의 조약체결에 있어서 전통적인 동아시아의 사대교린 관계로부터 벗어나야 했고, 이 과정에서 어떤 외관을 할 것인지가 중요한 요소로 받아들여졌다. 다른 세계에 대한 개항은 기존 복식체계의 변화에 대한 요구 역시 의미하는 것이었다. 따라서 어떠한 방식으로 전통복식문화를 변경하고 새로운 복식문화를 받아들일 것인가는 개항에 직면한 때부터 시작된 현안이었다.


### 2) 서구식 대례복의 특징

서양의 문헌에서 대례복에 해당하는 용어는 코트 드레스court dress, 코트 코스튬court costume, 코트 유니폼court uniform 등을 들 수 있다. 용어에서 알 수 있듯이 일반적으로 유럽의 궁정에서 착용되었던 복식을 말한다. 먼저, 서양의 코트 코스튬에 대해 『복식백과사전Encyclopedia of Clothing and Fashion』의 정의를 살펴보면 다음과 같다.

> **코트 코스튬**court costume : 유럽 중에서는 스페인 궁정이 16세기부터 가장 눈에 띄는
> 궁정복식을 채택하기 시작했다. 이후 17세기 프랑스의 루이 16세가 특별한 궁정 복식을 고
> 안했다고 하는데 "쥐스또꼬르justaucorps a brevet"로 불리는 블루 코트blue coat, 가장자리를 금이나

---

27_ 김용구, 위의 논문, 12~18쪽 참조.
28_ 김용구, 앞의 책(1997), 231쪽.

은으로 장식한 웨이스트 코트waist coat, 무릎길이의 브리치즈knee breeches, 빨간색 힐이 달린 구두red-heeled shoes, 검a sword으로 구성되었다. 18세기 후반 많은 유럽의 궁정들은 왕족들과 왕실 구성원들이 입을 특별한 제복을 고안하기 시작하였다. 영국에서는 프랑스 군대에서 이용되었던 유니폼에 기초한 블루코트blue coat, 금 자수, 흰색 무릎길이의 바지, 실크 스타킹, 편평한 구두flat pumps, 궁정용 검court sword으로 구성되었다. 세기가 지남에 따라 더 많은 유니폼이 문관 계급에 더해졌다. 전형적으로 유니폼은 소개될 때는 패셔너블하지만 시간이 지나면서 그다지 진보되지는 않는다. 자수刺繡는 국가 개념이 결합된 모티브를 포함하였는데, 예컨대 월계수, 참나무oak tree 등으로 전통적으로 용기와 확고부동성의 의미와 결합된다. 19세기에는 다른 많은 나라에서 구별적인 코트 드레스의 발전이 이루어져서 러시아, 그리스는 스웨덴을 따랐고, 베네수엘라, 노르웨이, 일본은 유럽의 군복 패턴에 기초한 유니폼 시스템을 선택했다. 많은 유럽 의회는 열정적으로 입어왔던 코트 드레스를 1차 세계대전 동안 완전히 없앴고, 영국 의회만 1939년 2차 세계대전 발발까지 계속 입었다. 그러나 영국에서는 코트 시스템court system이 지지했던 사회적 풍습이 깨짐에 따라 1958년까지 코트 프리젠테이션court presentation은 계속되었지만 특별한 드레스는 시행되지 않았다. 2000년대에 대부분의 유럽 국가에서 외무성, 의회 법률가 등의 몇몇의 특정한 관공서를 제외하고는 코트 드레스는 거의 입혀지지 않는다. 스웨덴, 덴마크, 노르웨이에서 1988년까지 왕실과 그들의 친족들이 대관식 grandest ceremonial occasions에서 착용할 코트 드레스가 다시 소개되었다. 새로운 스웨덴 코트 드레스는 18세기의 스웨덴의 전통에 기초를 두었고, 노르웨이와 덴마크에서는 현대적인 것으로 창조하였다.[29]

국내에 소개되거나 연구된 유럽 궁정복식에 대한 자료가 거의 없는 상황에서 다소 길긴 하지만 위의 인용문은 서양의 코트 코스튬 혹은 코트 드레스에 대한 몇 가지 단서를 제공해 준다.

---

29_ Valerie Steele, editor in chief, *Encyclopedia of Clothing and Fashion* 1권, Farmington Hills, MI: Charles Scribner's Sons, 2005, pp.312~314.

첫째, 유럽의 특정한 한 국가에서 시작된 것이 아니고 여러 나라의 역사적 맥락에 맞게 적어도 16세기 이후에 유럽의 궁정에서 조금씩 시도되기 시작하였는데 국가별로 제정되었다. 둘째, 복식은 대체로 상의, 조끼, 무릎길이의 바지, 스타킹, 구두에 검이 포함됨으로써 일습을 이루었다. 셋째, 영국에서는 프랑스 군대의 유니폼을 참고하였다. 넷째, 19세기에는 국가 개념이 결합된 자수 문양이 모티브로 활용되었다. 다섯째, 19세기 이후에 유럽 이외의 다른 국가들이 채택하였다. 여섯째, 사회 시스템이 바뀜에 따라 1차 대전 후 대부분의 국가에서 폐지되었다.

이를 바탕으로, 19세기 이후에 유럽 이외의 다른 국가들에서 채택한 서구식 대례복은 이미 정형화된 형태로 만들어진 것을 자국에 적용하여 고안한 것임을 알 수 있다.

다음으로, 일본 복식사에서 대례복의 정의는 다음과 같다.

대례복大禮服 : 중대한 의식과 향연에 착용하는 남녀의 식복式服.
특히 궁중에 참내할 때 착용하는 것으로, 보통 예복을 넘는 특수한 예복을 말함. 일반 사람이 입을 수는 없다. 명치유신明治維新 후 일본에서도 프랑스의 루이 왕조 시대의 궁정 예식을 받아 들였는데… 2차 대전 후에 이 제도는 폐지되었다.[30]

대례복大禮服 : 주로 국왕의 궁정 또는 대통령의 공저公邸에서 공식적으로 정한 때에 착용하는 의례용의 제복制服. 이 형식의 옷은 18세기부터 19세기에 걸쳐서 궁정행사가 성행했던 유럽에 있어서 귀족의 예복으로부터 장식적 요인이 고정되어 생겼다. 그 중에는 진홍의 상의를 이용하는 것도 있지만, 많게는 짙은 감색이나 검은색 라사羅紗를 이용하고 수구袖口에 벨벳을 붙인 것도 있다. 가슴, 칼라, 수구 등에 떡갈나무[樫 월계쉬], 그 외 꽃잎을 금 또는 은으로 자수한다. 모자는 타조털의 장식털을 붙인 산형모山形帽이며 패검佩劍한다.[31]

30_ 田中千代, 『新服飾事典』(東京 : 同立書院, 1991), 609面.
31_ 大沼 淳 발행, 『服裝大百科事典』上(東京 : 文化出版局, 1983), 625面.

일본 복식사전에서는 서구식 대례복의 착용상황에 대해 궁중에서 특별히 정한 때에 입는 복식이라는 점을 강조하고 있고, 짙은 감색이나 검은색의 라사羅紗 직물로 제작되며 특정한 상징 문양을 금이나 은으로 자수하고, 산형모와 패검하는 것으로 일습이 이루어진다는 것을 서술하였다. 이 책 서론의 용어 정리에서 일부 언급한 바와 같이 서구식 대례복은 유럽의 궁정복식과 프랑스 군복 요소의 결합에 의한 유럽 복식의 역사에 기초를 두고 있다. 특히 산형모자, 다시 말해서 바이콘의 경우는 나폴레옹 1세의 취향이 대례복의 예모禮帽로 남았다. 또한 대례복의 소재인 라사羅紗와 문양의 상징성, 패검 풍습도 서구식 대례복의 특징이다. 결과적으로 서구식 대례복은 조선의 전통적 복식체계와는 완전히 다른 역사성, 상징성을 지닌 것이었다고 할 수 있다. 동아시아에 새롭게 등장한 서구식 대례복에는 독립된 주권국가를 상징한다는 만국공법적 세계관이 내재되어 있었다.

본 장에서 지금까지 살펴본 바를 정리하면 다음과 같다. 조선은 건국 초기부터 중국과의 유기적인 관계 속에서 유교 국가로서의 복식제도를 체계적으로 정비하여 후기까지 지속하였다. 복식관에 있어서 조선 전기에는 중국의 명나라에 이은 소중화 의식을, 조선 후기에는 중국의 청나라에 비해 유일한 유교문화를 계승하고 있다는 조선중화 의식을 통해 조선의 의관문물에 대한 자부심을 성립시키게 되어 조선 후기에는 민족 복식 문화를 이룩할 수 있었다.

이에 비해 19세기에 새롭게 도래한 서구식 대례복은 유럽의 역사와 만국공법적 조약체계를 기반으로 하였다. 또한 부국강병을 지향하는 개별 국가 중심의 복식 체계로써 그 이면에는 유럽 문화 우월주의가 포함되어 있다. 물질문화적인 측면에서도 전통적인 조선의 복식체계와 서구식 대례복의 복식 체계는 제작방법, 의복소재, 문양의 상징성 측면에서 이질적인 문화를 형성하고 있었다.

그러나 19세기 서세동점의 시기에 서로 다른 문명의식과 복식 체계의 충돌은 필연적인 것이었다. 대한제국의 서구식 대례복 도입과정은 물질문명으로서의 복식체계와 정신문화로서의 세계관의 총체적인 변화 과정이었다고 할 수 있다.

# 일본의
# 서구식 대례복
# 제도

## 03

일본은 1854년 미국에 의해 개항을 하였다. 불평등조약이라는 치명적인 결함을 지닌 개항으로 인해 개항 직후부터 조약개정이 국가의 목표가 되었다. 1868년 명치유신明治維新으로 왕정복고를 이끈 유신정부의 정치인들은 문명개화를 빨리 이루는 것이 조약개정의 지름길이라는 인식을 지니게 되었다. 명치정부는 근대화를 목적으로 대규모의 사절단을 서양에 파견하였고, 이들의 서구세계 경험으로부터 서구식 대례복 제정이 가시화되었다.

일본은 1872년(明治 5) 서구식 문관대례복령을 제정한 이래 황실, 시종직, 유작자 대례복을 정립하였고, 1886년(明治 19)에는 문관대례복을 대폭 개정하였다. 문관대례복이 처음으로 착용된 것은 법령이 발포되기 7일 전의 일이었고, 착용자는 영국 런던에서 빅토리아 여왕을 알현한 이와쿠라岩倉 사절단이다. 이들은 대례복의 제안자이기도 하고, 최초의 착용자이기도 하였으므로 본 장에서는 이와쿠라 사절단의 서구식 대례복 경험, 그들의 제안이 채택되는 과정, 이후 제정된 일본의 서구식 대례복 제도 및 형태적 특징을 고찰한다.[1]

1_ 본장을 서술하기에 앞서 일본의 개항과 개항이후 양복도입 과정, 斷髮廢刀令 등이 다루어야 하지만, 이 책에서는 대한제국의 서구식 대례복의 참고자료로서 일본의 대례복만 살펴보는데 목적이 있으므로 생략하였다. 일본의 양복도입 과정에 대해서는 이경미, 「19세기 개항이후 韓日 服飾制度 비교」(서울대학교 석사학위 논문, 1999)를 참고할 수 있다. 또한, 일본의 대례복을 고찰하기 전에 유럽의 대례복이 먼저 연구되어야 하지만 그 내용은 다음 연구를 통해 서술하고자 한다.

## 1. 이와쿠라 사절단의 서구식 대례복 경험과 제안

### 1) 이와쿠라 사절단의 서구식 대례복 경험

1872년(明治 4) 11월 12일(음력 12월 23일), 미국과 유럽을 향한 일본의 대사절단이 요코하마로부터 출발하였다. 이는 메이지明治정부가 근대화를 목적으로 해서 감행한 투자이자 모험이었다. 이 사절단의 핵심 인물로 대사 이와쿠라 도모미岩倉具視는 당시 우대신右大臣이었고, 부사인 기도 타카요시木戶孝允, 오오쿠보 토시미치大久保利通 역시 명치유신明治維新 혁명의 중심인물들로, 사절단 출발 후의 메이지明治정부를 "부재정부留守政府"라고 칭할 정도로[2] 정부의 중요한 인물들이 참가하고 있다.

이와쿠라 사절단이 미국에 도착한 직후인 1872년 1월 23일(음력 1871년 12월 14일), 샌프란시스코의 사진관에서 찍은 사진인 〈그림 3-1〉을 보면 이와쿠라 대사는 일본식 상투인 정마게丁髷에 하오리하카마羽織袴를 입고 구두를 신고 있으며 실크햇을 옆에 두고 있는 화양和洋절충형 차림을 하고 있다.[3] 나머지 부사副使인 기도 타카요시木戶孝允, 야마구치 마스카山口尚芳, 이토 히로부미伊藤博文, 오오쿠보 토시미치大久保利通들은 모두 양장 차림이다.

메이지明治정부는 존왕양이尊王攘夷운동을 통해 왕정복고를 이룩하였다는 정체성으로 인해 성립 초기의 복식정책에 있어서 당

〈그림 3-1〉 이와쿠라(岩倉) 사절단 수뇌

---

2_ 田中彰, 『岩倉使節団』[東京 : (주)講談社, 소화 52年], 18面.

3_ 田中彰, 『明治維新と西洋文明－岩倉使節団は何を見たか』(岩波新書, 2003), 2面.

〈그림 3-2〉 이와쿠라(岩倉) 사절단의 미국 대통령 회견

풍唐風의 복식 요소를 모두 제거한 일본식 복식을 지향하였다. 양복은 개인적인 기호에 따라 선택되고 있는 상황이었다.[4]

아직까지 공식적으로 양복을 채택하지 않은 상황에서 이들이 양장 차림을 할 수 있었던 배경은 다음과 같다. 그들 중 야마구치 마스카山口尚芳, 이토 히로부미伊藤博文는 바쿠마츠幕末부터 외국에 유학한 경험이 있었고, 초행인 기도 타카요시木戸孝允, 오오쿠보 토시미치大久保利通의 경우에도 앞선 외국 경험자洋行者들의 경험을 참고하여 단발 양장을 할 수 있었던 것이다.[5] 이와쿠라는 공식적인 대사라는 신분으로 인해 전통적인 옷차림을 고수하되, 여행의 편리를 위해 구두를 신고 실크햇을 쓴 것으로 보인다.

이들의 여행은 요코하마橫濱를 출발하여 미국을 방문한 다음 유럽으로 가서 영국, 프랑스, 벨기에, 네덜란드, 독일, 러시아, 덴마크, 스웨덴, 이탈리아, 오스트리아, 스위스를 방문하고, 귀국하면서 싱가포르, 홍콩, 상해를 거쳐 요코하마로 귀국하는 것으로, 전 세계를 돌아보는 일정이었다. 기간은 1871년(明治 4) 11월 12일(음력 12월 23일)에 출발하여 1873년(明治 6) 9월 13일까지의 1년 10개월에 걸친 것이었다.

이와쿠라 사절단의 복식을 살펴보면 이들이 미국 대통령에게 국서봉정을 하는 1872년 8월 이전에는 〈그림 3-2〉와 같이 일본의 전통 의관 차림이었다.

4_ 이경미, 앞의 논문(1999), 18~38쪽 참고.
5_ 梅谷知世,「幕末における洋行者の服飾」第32号(服飾美学, 2001);「明治前期における洋行者の服飾」第34号(服飾美学, 2002).

## 2) 이와쿠라 사절단의 서구식 대례복 제도 제안[6]

이와쿠라는 일본에서 출발시에 고수하였던 정마게丁髷의 모습을 변경하여 미국에 있으면서 단발을 하였지만 공식적인 자리에서는 일본식 예장을 착용하였다. 이들은 미국을 출발하여 영국으로 가면서 서구식 대례복을 갖추기 위한 노력을 진행하였는데 본국 정부와 수차례의 서신교환(公信)을 통해 대례복 제정에 관한 논의를 진행하였다. 메이지明治정부와 이와쿠라 사절단이 주고받은 서신에는 『대사공신大使公信』과 『본조공신本朝公信』이 있다. 『대사공신』은 사절(대사, 부사)로부터 본국 정부(대신, 참의, 외무경)에게 보내는 서간이고, 『본조공신』은 본국 정부로부터 사절에게 보내는 서간이다.[7] 이 두 서간에서 대례복을 정하는 과정과 관련한 기사를 찾을 수 있다. 여기에서는 정부와 사절단이 서구식 대례복을 제정하는 데에 동의하지만, 서로간의 입장 차이와 현지 제작의 문제로 인해 완전한 일치를 이루지 못한다는 사실을 확인할 수 있다. 이로 인해 1872년 제정 발표되는 일본 문관대례복과 사절단이 유럽에서 제작 착용하는 대례복 간에 디자인상의 차이가 생기게 된다.

『대사공신大使公信』 제12호 영국우편편 메이지明治 5년 임신 7월 18일

영국 수도 런던으로부터 새로 정한 대소 예복의 뜻과 규칙에 따라서 당국에서 새로 조정하고…각국 제왕을 배알하고 그 외의 예전에도 착용되고자 함이다…

일본에서도 같은 모양의 시행이 있고 외국에 나가는 사절이 이 구풍舊風의 예복을 착용하며, 일본의 조정에서도 마땅히 카리기누狩衣, 히타타레直垂를 착용한다면 외국인의 비방을 받고 면목을 잃게 되는 바 주의를 기울여야 한다.

오오쿠보大久保, 이토伊藤 양부사가 출발할 때 그림 도면을 구주歐洲의 예복과 비교한 바, 재

---

6_ 이와쿠라 사절단의 서구식 대례복 제안에 관하여는 일본의 연구성과를 참고하였다. 참고한 연구는 植木淑子, 「明治初期における文官大礼服」, 『日本服飾学会誌』 13号(1994); 刑部芳則, 「岩倉遣欧使節と文官大礼服について」, 『風俗史学』 19号(2002)이다.
7_ 植木淑子, 위의 논문, 23쪽.

봉에 같고 다른 곳도 있기 때문에 모양, 표선 등은 그림 도면을 따를 것이 요구되고 그 외 세세한 곳은 구풍歐風에 따라서 개정하고자 한다.[8]

『대사공신大使公信』 제15호 미국우편편 메이지明治 5년 임신 8월 22일

영국 수도 런던으로부터 새로 정한 대소례복의 뜻 지난 편지에도 … 정부로부터 받은 양식 그림 도면으로써, 서양 일반의 예복과 조합한 바, 그 재봉에 있어서 다른 점과 같은 점이 있는 바, 프랑스의 복식제도를 모방하여 이를 개정한다. 즉 별지의 그림 도면대로 된다. 또 영국을 시작으로 각국 제왕 등을 알현할 때부터 여러 예전禮典에도 이 새로 정한 대례복을 이용하고자 한다.[9]

위의 인용문을 통해 이들이 대례복 제정을 강력히 요구한 이유를 찾을 수 있는데, 바로 "외국에 나가는 사절이 이 구풍舊風의 예복을 착용하거나, 일본의 조정에서도 카리기누狩衣, 히타타레直垂를 착용한다면 외국인의 비방을 받고 면목을 잃게 되기"때문이다. 미국에서 일본식 예복 차림으로는 무시당한다는 생각을 갖게 되었고, 이러한 차림으로는 조약개정을 이끌어 낼 수 없다는 인식을 갖게 된 것이다. 또한 이러한 문제의식을 바탕으로 하여 대례복은 "각국 제왕을 배알하고 그 외의 예전에도 착용되고자 함이다.", "영국을 시작으로 각국 제왕 등을 알현할 때부터 여러 예전禮典에도 이 새로 정한 대례복을 이용하고자 한다."와 같이 외교의 현장에서 착용하도록 한다는 목적의식이 반영되었음을 알 수 있다. 이들은 본국 정부와 서신교환을 통한 설득과

---

8_ 『大使公信』正院 第12號 英郵舩便 明治 5年 壬申 7月 18日 從英京倫敦ー 新定之大小禮服之義, 御規則ニ從ヒ 當國ニテ新調イタシ各國帝王ヱノ拜謁其外之禮典ニモ着用可仕積ニ候間申上候迄モ無之候ヘ共御國於テモ同樣 御施行有之度外國ニ出候使節而己欧洲之礼服ヲ着用シ日本之朝廷ニテ依然狩衣直垂而己ヲ用候ナト外國人之誹 謗ヲ受候テハ面目ヲ失ヒ候義ニ付御注意可被下候.
大久保伊藤兩副使發程之節, 御渡相成候繪圖面ヲ欧洲之禮服ト比較イタシ候處, 裁縫ニ聊カ異同之處モ有之候間 緊要之模樣標線等ハ繪圖面ニ從ヒ其餘瑣細之處ハ欧風ニ倣ヒテ改正イタシ候.

9_ 『大使公信』正院 第15号 米國 郵舩便 明治 5年 壬申 8月 22日 從英京倫敦,'新制大小禮服之義先便ニモ粗申進 シ候通, 政府ヨリ御下ケノ樣式繪圖面ヲ以テ, 西洋一般之禮服ト照シ合候所, 其裁縫ニ聊カ異同有之候間, 佛國 之服制ニ倣ヒ些シク改正イタシ, 卽チ別紙繪圖面之通ニ相成候間, 爲御心得申進シ候, 尤英國ヨハシメ各國帝王 等之謁見ヨリ諸禮典ニモ都テ此新制之大禮服ヲ相成 候積ニ御座候'

---

함께 미국에서 영국으로 가는 기간 중에 오오쿠보大久保와 이토伊藤 두 부사副使를 본국으로 귀환시켜 대례복 제정을 마무리 지었다. 이에 따라 두 부사가 다시 미국으로 돌아올 때에는 메이지明治정부가 제정한 대례복 규정과 디자인 도안을 지참하고 있었다.

그런데, 위의 인용문을 통해 메이지明治정부와 사절단이 대례복을 제정하는 데에 동의하지만, "정부로부터 받은 양식 그림 도면으로써, 서양 일반의 예복과 조합한 바, 그 재봉에 있어서 다른 점과 같은 점이 있는바, 프랑스의 복식제도를 모방하여 이를 개정한다."와 같이 현지 제작의 문제로 인해 정부가 제시한 도안에 완전히 일치하는 대례복을 제작하지 못한 것 역시 확인된다. 이로 인해 1872년(明治 5) 발표되는 일본 문관대례복과 사절단이 유럽에서 제작 착용하는 대례복 간에 디자인상의 차이가 생기게 되었다.

일본에 귀환했던 오오쿠보大久保와 이토伊藤 두 부사가 다시 미국으로 돌아올 때에는 메이지明治정부가 제정한 대례복 규정과 디자인 도안을 지참하고 있었다. 이를 받은 하야시 타다쓰林董는 사절단 일행보다 먼저 영국으로 출발하여 사절단이 영국에 도착하기 전 정부로부터 받은 도안대로 서구식 대례복을 제작하게 된다. 이에 대한 간략한 내용이 하야시 타다쓰林董의 회고록에 나오고 있는데 이를 보면 다음과 같다.

> 사절일행은 워싱톤에서 대통령에 국서봉정할 때는 의관衣冠의 예복차림이었지만, 이때 신 예복의 제출이 있었기 때문에, 나는 먼저 출발해서 영국에 도착하여 사절 일행을 위해 신 예복을 주문해서, 영국에서 국서를 봉정할 때에는 신 예복이 되었다.[10]
>
> 신제 대례복을 영국에서 조제하기 위해, 내가 사절 일행보다 먼저 런던으로 건너간 것은, 이미 말한 것과 같다. 그때 검의 날 끝에 봉황 머리를 붙일 것을 주문하는 것에 큰 곤란이 있었는데, 마침내 모호한 모양을 그려 이를 모형으로 만든 것이 지금 이용되는 것이다. 봉황도 닭도 아닌 일종의 묘한 새머리이다.[11]

10_ 使節一行は、華盛頓にて大統領に国書捧呈の時は衣冠の礼服なりしが、此時新礼服の制出来たる故、予は先発して、英国に至り、使節一行の為に新礼服を註文し、英国にて国書奉呈の時は新礼服なり。林董、『後は昔の記』、171面.

〈그림 3-3〉 이와쿠라(岩倉) 사절단의 프랑스 대통령 회견　　　　　　　〈그림 3-4〉 덴마크에서 이와쿠라(岩倉)

　이렇게 마련된 일본 최초의 대례복은 1872년(明治 5) 11월 9일 일본 국내에서 공식적으로 공표가 되지만 실제 착용은 11월 5일 영국 왕실에서 빅토리아 여왕을 알현하는 자리에서 처음 이루어진다.[12]〈그림 3-3〉은 영국 다음의 방문국인 프랑스에서 대통령과 회견하는 장면을 그린 것으로, 가운데에서 왼쪽의 일행이 이와쿠라 사절단이다.[13] 또한 〈그림 3-4〉는 덴마크에서 만찬회에 참석한 사절단을 보고한 현지의 신문에 이와쿠라 대사가 소개되어 있는 자료이고, 〈그림 3-5〉는 일본의 지폐를 도안한 바 있는 이탈리아 화가 키요소네Edoardo Chiossone가 사절단의 모습을 동판화로 제작한 것으로, 이들 그림 자료를 통해 당시 사절단의 대례복 모습을 확인할 수 있다.

　지금까지의 고찰을 통해 일본에서 이와쿠라 사절단과 메이지明治정부간의 협의에 의해 유럽의 대례복을 모방한 서구식 대례복의 제정이 이루어진다는 사실을 확인할 수 있다. 또한 메이지明治정부에서 모방한 대례복이 영국 대례복 제도인데 비해 이와쿠라 사절단이 유럽 현지에서 제작하는 대례복은 프랑스 대례복을 모방한 형태였다는 것도 알 수 있었다. 이로부터 메이지明治 초기 대례복의 형태는 2종류가 공존하게 되

---

11_ 新制大礼服を調製するために、予は使節一行より先に倫敦に渡ったことは、既に語りたる如し。其時剣の鍔の尖に鳳凰の頭を付することを註文するに大に困ったが、終にアヤフヤの形を図して之を模形として作らしたのが、今用いらるる者である。鳳凰とも鶏とも付かず、一種妙な鳥の頭である。林董、『後は昔の記』、181面.

12_ 『明治天皇紀』是の日, 大使 副使等始めて新制の大禮服を著用す, 2巻, 779面.

13_ 泉三郎、『堂々たる日本人』(東京：祥伝社, 2001), 36面.

었다. 메이지明治정부에
서 제정하는 대례복의
형태는 다음 절에서 후
술하게 되지만, 1877년
(明治 10)에 제작된 〈그
림 3-6〉과 〈그림 3-7〉
의 니시키에錦繪를 통해
스탠딩칼라가 앞목점에
서 완전히 여며지는 형
태[본 연구의 입금(立襟)형]라

〈그림 3-5〉키요소네 그림
이와쿠라(岩倉), 기도 타카요시(木戶孝允), 오오쿠보 토시미치(大久保利通)

는 것을 확인할 수 있다. 이들 두 가지 형태의 대례복은 어느 기간 동안 공존하다가
1886년(明治 19) 문관대례복 개정령을 통해 한 가지로 통일되게 되는데, 하야시 다다쓰
林董가 '지금 행해지는 문관대례복은 처음 제정한 때 발표된 도식과는 크게 달라서 많
은 것은 내가 영국에 있어서 재봉장과 상담해서 정한 바에 기초를 둔다'고 회고하였
듯이[14] 이와쿠라 사절단이 착용한 프랑스 대례복 제도의 형태가 채택되었다.

〈그림 3-6〉內國勸業博覽會開場式圖　橋本直義畵, 1877

〈그림 3-7〉征韓論之圖　楊洲周延畵, 1877

14_ 今行わるる文官大礼服は、初め制定の時発布される図式とは大に異なり、多くは予が英国にて裁縫匠と相談し
て定める処に基けり。林董, 『後は昔の記』, 171面.

## 2. 서구식 대례복의 제정 및 개정

### 1) 1872년(明治 5) 문관대례복 제정

문관대례복의 제정에 앞서 관제의 변화로써 칙주판임관에 대한 제정은 1869년(明治 2)에 이루어졌다. 처음에는 칙주판수勅奏判授의 등급을 정하였는데 4위 이상을 칙수勅授, 6위 이상을 주수奏授, 7위 이하를 판수判授라고 했다가, 이를 개정하여 칙임勅任, 주임奏任, 판임判任으로 하였다.[15] 이어서 메이지明治정부는 전술한 바와 같이 이와쿠라 사절단의 제안을 받아들여 1872년(明治 5) 11월 12일 태정관太政官 제339호로 문관대례복을 정하였다.

> 금번 칙주판관원 및 비역유위 대례복과 상하 일반 통상의 예복을 별책 복장 도식과 같이 정한다. 이전의 이칸衣冠으로써 사이후쿠祭服로 삼고 히타타레直垂, 카리기누狩衣, 카미시모上下 등은 모두 폐지한다. 단 신제의 예복을 마련하지 못하는 동안은 예복착용의 때에 당분간 히타타레直垂, 카미시모上下로 한다.[16]

다음 〈표 3-1〉은 『법령전서法令全書』에 기록되어 있는 문관대례복제표文官大禮服制表를 번역하여 표로 정리한 것이다.

---

15_ 明治 2年 7月 勅奏判授の等級を改正し、四位以上を勅授、六位以上を奏授、七位以下を判授と爲す、尋いで 勅奏判授の稱を改めて勅任 奏任 判任と爲す. 『明治天皇紀』 제2권, 153面.

16_ 內閣官報局, 『法令全書』 明治 5年, 太政官 339號, 今般勅奏判官員及非役有位大禮服並上下一般通常ノ禮服別冊服 章圖式ノ通被相定從前ノ衣冠ヲ以テ祭服ト爲シ直垂狩衣上下等ハ總テ廢止被 仰出候事 但新製ノ禮服所持無之內 ハ禮服着用ノ節當分時迄ノ節直垂上下相用不苦候事

<표 3-1〉 1872년(明治 5) 문관대례복제식[17]-

| 복식 종류 / 관등 | 칙임(勅任) | 주임(奏任) | 판임(判任) |
|---|---|---|---|
| 모(帽)<br>　식모(飾毛)<br>　좌측장(左側章)[18]-<br><br><br><br>　뉴구(紐釦 : 단추) | 흑라사(黑羅紗)<br>백(白)<br>黑天鵝絨(오칠동문양 한 개,<br>桐蕾 작은 당초로 주연을 하<br>고 전문(電紋) 폭은 三分<br>직경 7분(금제오칠동) | 좌동<br>흑(黑)<br>同(오삼동문양 한 개 桐蕾<br>중간 당초로 주연하고 단선<br>폭은 三分<br>좌동(금제오삼동) | 좌동<br>없다.<br>同(오삼동문양 한 개 桐蕾<br>큰 당초로 주연하고 좌동)<br>좌동(뉴제좌동) |
| 상의(上衣)<br>　식장수색(飾章繡色)<br>　문장(御章)<br>　연식장(緣飾章)<br>　큰 단취[大紐釦] | 흑라사(黑羅紗)<br>금선(金線)<br>오칠동(桐蕾小唐草)<br>電紋線 폭 삼분<br>직경 7분(금제오칠동) | 좌동<br>금선<br>오삼동(좌동中唐草)<br>무지단선 폭 삼분<br>좌동(금제오삼동) | 좌동<br>은선<br>좌동(좌동大唐草)<br>좌동<br>좌동 |
| 하의(下衣 : 조끼)<br>　작은 단추(小紐釦) | 백라사(白羅紗)<br>직경 5분(금제로 수는 정함<br>없이 중간 2촌으로 한다.) | 서라사(鼠羅紗)<br>좌동 | 감라사(紺羅紗)<br>좌동銀製 |
| 바지(袴)<br>　양측장(兩側章) | 백라사(白羅紗)<br>전문선 폭 1촌 | 서라사(鼠羅紗)<br>무지단선 폭 좌동 | 감라사(紺羅紗)<br>좌동 |

〈표 3-1〉의 내용을 정리하면 다음과 같다.


　_ 모자

　　재질[地質]은 칙임, 주임, 판임 모두 흑라사이고 칙임관은 흰색 깃털로, 주임관은 검은색 깃
털로 장식하며 판임관은 깃털 장식이 없다. 우측장(모자 오른쪽 면의 장식)은 검은색 벨벳천[黑天鵝
絨] 위에 칙임관은 오칠동五七桐문양을, 주임관과 판임관은 오삼동五三桐문양을 부착한다. 우측
장의 단추에도 칙임관은 오칠동문양, 주임관과 판임관은 오삼동문양을 쓴다. 오칠동五七桐문
양은 오동잎 위의 가운데 꽃술의 수가 일곱, 좌우 꽃술의 수가 다섯이고, 오삼동五三桐문양은
가운데 꽃술의 수가 다섯, 좌우 꽃술의 수가 셋인 문양을 말한다.

---

17_ 內閣官報局, 『法令全書』 明治 5 壬申年十日月 太政官 第339號, 大禮服制表並圖, 237~239面.
18_ 〈표 3-3〉의 도식을 통해 볼 때 모자의 장식문양은 우측장이 맞으나, 최초의 문관대례복제식에서는 좌측장으로
　기록되어 있다. 이는 표기상의 오류로 생각된다.

_ 상의

상의의 재질[地質]은 모두 흑라사이고 칙임, 주임은 금선으로, 판임은 은선으로 식장한다. 문장紋章은 모자와 마찬가지로 칙임관은 오칠동을, 주임과 판임은 오삼동으로 하고 가장자리의 장식에서도 칙임관만 전문電紋 삼분三分을, 그 외는 무지無地의 단선으로 한다. 단추의 규정은 모자와 같다.


_ 하의下衣(조끼)

칙임관은 흰색 라사, 주임관은 쥐색 라사, 판임관은 감색 라사로 하고 단추 규정은 수의 제한 없고 모두 같다.


_ 바지

재질[地質]은 조끼와 같고 양측장의 폭은 모두 1촌이되 칙임관만 전문電紋으로 한다.


1872년(明治 5) 대례복 제도에서는 각 관등의 등급에 따라 상의 소매에 〈표 3-2〉와 같은 등급표조等級標條가 다르게 규정되어 있다.

칙임관과 주임관은 금선, 판임관은 은선, 등외는 백선을 재료로 하여 대례복 상의에서와 마찬가지로 등급이 높을수록 선이 많아진다. 표 다음에 나오는 도식화에는 칙주판임관 다음에 비역유위非役有位 4위 이상과 5위 이하의 규정, 상하 일반예복으로 연미복 규정도 나오고 있다. 1877년(明治 10) 9월 18일에는 제정된 대례복 중 하의下衣(조끼)와 바지 색에 대한 개정이 있었는데, 태서泰西 여러 나라들이 특별한 때를 제외하고는 상하의 바지 모두 흑색으로 한다는 점을 참고하여 모두 흑색을 기본으로 하였다.[19]

19_ "從來大禮服服色の制、上衣は勅奏任官總て黑羅紗、下衣竝びに袴は勅任官白羅紗、奏任官鼠羅紗なり、然れども泰西諸邦に於ては特別の大儀を除く外、上下衣 袴共に黑色を用ゐる例なり、仍りて是の日大禮服の制を改め、上下衣袴總て黑羅紗地を用ゐることと爲し、白色鼠色の下衣袴を著用すべき節は豫め之れを告示ことと定む、非役有位者の大禮服之れに準ず、又官吏通常禮服著用の場合は黑色 紺色のフロックコートを代用することを許し、判官以下にありては羽織 袴を換用することを得しめ、以て簡樸の美風を示す、尋いで卽位 大嘗祭 立后 立太子 御元服 及び外國皇帝 大統領來朝等の際に於ける勅奏任官著用の大禮服は、其の下衣 袴共に白色 鼠色を用ゐ、其の他には總て黑色を用ゐることと爲す、皇族の禮服は總て先規に由りて之れを改めず."『明治

〈표 3-2〉 1872년(明治 5) 문관대례복 제도 상의 소매의 等級標條와 도식화[20]_

| | 칙임(勅任) | 주임(奏任) | 판임(判任) | 등외(等外) |
|---|---|---|---|---|
| 등급표조<br>(等及標條) | 1등 금선3조 | 4등 금선4조 | 8등 은선7조 | 1등 白線4조 |
| | | | 9등 同6조 | |
| | 2등 同2조 | 5등 同3조 | 10등 同5조 | 2등 同3조 |
| | | | 11등 同4조 | |
| | | 6등 同2조 | 12등 同3조 | 3등 同2조 |
| | | | 13등 同2조 | |
| | 3등 同1조 | 7등 同1조 | 14등 同1조 | 4등 同1조 |
| | | | 15등 없다 | |
| 도식화 | | | | |

　天皇紀』 4卷, 262~263面.
20_ 內閣官報局, 『法令全書』 明治 5 壬申年十日月 太政官 第339號, 大禮服制表並圖 等級標條, 263~265面.

다음의 〈표 3-3〉은 법령에 이어져 있는 대례복의 도식화를 이해하기 쉽게 표로 나타낸 것으로, 이를 통해 상의는 싱글 버튼의 연미복형, 스탠딩칼라(詰襟 : 본 연구에서는 立襟)이고 조끼도 싱글의 스탠딩칼라라는 것을 확인할 수 있다. 상의의 척장脊章(뒤목중심 아래의 금장), 흉장(앞가슴의 금장)은 칙임관만 있고 주임관, 판임관에는 없다. 대신 수구袖口, 칼라에는 칙임관, 주임관, 판임관 모두 금장이 있고, 측낭側囊(뒤쪽 허리선에 달려 있는 주머니)과 척단장脊端章(뒤허리 중심의 금장)은 칙임관과 주임관이 조밀한 정도의 차이를 두고 금장을 하도록 한다. 〈표 3-3〉을 통해 자수 문양이 매우 섬세하게 이루어져 있음을 알 수 있는데 이와 같은 도안은 서양의 금몰자수 기법으로 나타내기에는 다소 무리한 부분이 있었을 것으로 생각된다. 1872년(明治 5)의 문관대례복을 확인할 수 있는 그림 자료는 앞에서 살펴본 1877년(明治 10)에 제작된 〈그림 3-6〉과 〈그림 3-7〉이다.

〈표 3-3〉 1872년(明治 5) 대례복 제도 도식화[21]

| | | 칙임관 | 주임관 | 판임관 |
|---|---|---|---|---|
| 모 | 전체 | | | |
| | 우측장 | | | |
| 상의 | 전면 | | | |

21_ 內閣官報局, 『法令全書』 明治 5 壬申年十月 太政官 第339號, 大禮服制表並圖, 240~262面.

| | | | | |
|---|---|---|---|---|
| | 후면 | 同褢面 | | |
| 조끼 | 단동복<br>(短胴服) | | 短胴服 | 短胴服 |
| 바지 | 바지 | | | |
| | 바지<br>측장 | | | |
| 식<br>장 | 소매<br>연장<br>(緣章)<br>/<br>칼라장 | | | |
| | 척장<br>(脊章) | | | |

| | | | |
|---|---|---|---|
| 흉장<br>(胸章)<br>1 | | | |
| 흉장<br>(胸章)<br>2 | | | |
| 흉장<br>(胸章)<br>3 | | | |
| 측<br>낭<br>장 | | | |
| 척<br>단<br>장 | | | |

다음의 〈표 3-4〉는 비역유위非役有位 중 4위 이상과 5위 이하의 대례복과 함께 통상
예복인 연미복의 형태를 규정하고 있는 표이다. 앞의 문관대례복과 형태적인 차이는
없으나, 문관대례복의 경우는 동문桐紋과 당초문을 결합한 디자인의 금장인데 비해 비
역유위의 대례복은 동문桐紋만을 금수한다는 데 큰 차이가 있다. 후에 개정된 형태로
〈그림 3-8〉과 〈그림 3-9〉를 통해 문양을 확인할 수 있다.

〈그림 3-8〉 비역유위 대례복 4위 이상    〈그림 3-9〉 비역유위 대례복 5위 이하

〈표 3-4〉 1872년(明治 5) 대례복 제도 非役有位 대례복과 통상예복[22]–

| | | 非役有位 4위이상 | 非役有位 5위이하 | 통상예복 |
|---|---|---|---|---|
| 모 | 전체 | | | |

22_ 內閣官報局,『法令全書』明治 5 壬申年十月 太政官 第339號, 大禮服並通常禮服, 266~281面.

| | | | | |
|---|---|---|---|---|
| | 우측장 | | 右側章全圖 | |
| 상의 | 전면 | | | 上衣黑羅紗 |
| | 후면 | | | |
| 조끼 | 단동복 | 短胴服 | 短胴服 | |
| 바지 | 바지 / 측장 | 袴 側章 | 袴 側章 | |
| 식 장 | 소매 / 칼라장 | 襟幷手圓形之圖 | 襟幷手圓形之圖 | |

| | | | |
|---|---|---|---|
| 척장 | | | |
| 흉장1 | | | |
| 흉장2 | | | |
| 흉장3 | | | |
| 측낭장 | | | |
| 척단장 | | | |

이어서 1872년(明治 5) 11월 29일에는 태정관 제373호를 통해 대례복 착용일을 발표하였다.[23] 대례복 착용일로 제정된 날은 신년조배新年朝拜, 원시제元始祭, 신년연회, 천

장절天長節 등 조하朝賀[24]와 관련된 행사에 참석할 때와 일본의 건국과 관련된 이세양 궁예제伊勢兩宮例祭, 신무천황즉위일神武天皇即位, 신무천황예제神武天皇例祭와 메이지明治천황의 선대왕인 효명천황예제孝明天皇例祭 등과 같이 왕실과 관련된 행사에 참석할 때가 대부분이고, 외국공사가 참조할 때 착용하는 것은 외교와 관련된 것이다. 다음해(1873년) 2월 13일에는 대례복을 마련하는 것에 대한 지침으로써[25] 칙주임관은 10월까지 제작하여 착용할 것을 규정하고, 판임관은 통상예복으로, 유위有位인 자는 전통예복인 히타타레直垂, 카미시모上下로 환용이 가능하다고 융통성 있게 정하고 있다. 또한 통상 예복의 의료에 대해 라사羅紗 이외의 것도 가능하지만 색에 대한 규칙은 지키라고 한 것으로 보아, 1872, 1873년경(明治 5, 6) 일본에서 라사羅紗를 구하거나 서구식 대례복을 제작하는 것이 간단한 문제는 아니었을 것임을 추정할 수 있다. 서구식 대례복 제정에 앞서 일본의 단발령은 폐도령廢刀令과 함께 1871년(明治 4) 8월에 발표되었다.[26]

### 2) 1886년(明治 19) 문관대례복 개정

1872년(明治 5)에 제정된 문관대례복은 전술한 바와 같이 이와쿠라 사절단이 유럽에서 제작하여 착용한 형태와 메이지明治정부 형태의 두 가지가 공존하면서 착용되다가 1886년(明治 19) 12월 4일 궁내성달宮內省達 제15호로써 문관대례복을 다음과 같이 개정하였다. 두 형태 중에서 이와쿠라 사절단이 착용한 형태로 통일한 것이다. 궁내성달

---

23_ 太政官 第373號(明治 5年 11月 29日)『法令全書』 大禮服 着用日(6년 태정관 제91호로써 신무천황즉위일을 紀元節로 개정함) 新年朝拜 元始祭 新年宴會 伊勢両宮例祭 神武天皇即位日 神武天皇例祭 孝明天皇例祭 天長節 外国公使參朝ノ節, 通常禮服 着用日 參賀 禮服御用召並任叙御禮 右之通被相定候事.

24_ 1881년 조사시찰단으로 일본을 방문한 조사 姜文馨은 『聞見事件』에서 朝賀有三大節日新年節日天長節日紀元節紀元節神武卽位之日이라고 기록하고 있는데 이중 천장절은 왕의 생일이다. 허동현, 『朝士視察團關係資料集』 12, 12~13쪽.

25_ 太政官 第48號(明治 6年 2月 13日)(布)『法令全書』先般禮服制式被 仰出候ニ付左ノ通相達候事 一勅奏官ハ 今年十月ヲ限リ大禮服調製可致事 一判任官ハ大禮服調製致候迄通常禮服ヲ以テ換用不苦候事 一在職並有位ノ 輩ハ當十月ヲ限リ直垂上下換用不相成事 一通常禮服地合ハ羅紗其外可爲隨意尤色制ハ規則ノ通可相心得事.

26_ 「散髪・制服・略制服・禮式之外, 脱刀トモ, 自今可爲勝手旨, 御布令令アリ」1871년(明治 4) 8월 9일 太政官日誌, 『明治편년사』1권, 393面. 일본 단발령에 관한 것은 이경미, 앞의 논문(1999)에서 자세히 다루었다.

제16호로는 개정된 대례복을 마련되는 기간 동안에는 1872년(明治 5)의 규정에서 표조 標條를 제외하고 착용해도 무방하다고 정하였다.[27] 〈표 3-5〉는 『법령전서法令全書』의 개정된 문관대례복제를 번역하여 정리한 것이다.[28]

〈표 3-5〉 1886년(明治 19) 개정된 문관대례복제식[29]

| 복식종류 / 관등 | | 칙임관 | 주임관 |
|---|---|---|---|
| 概則 | 繡色 | 금 | 좌동 |
| | 식장 | 五七桐章으로 해서 주위에 桐의 당초를 두른다. | 五三桐章을 사용 그 외는 좌동 |
| | 연식장 緣飾章 | 電紋 폭 5분 단 電紋에 附屬의 章을 함께 표에서 緣章이라고 칭한다. | 무지 단선 폭 3분 5리 일반에서는 和蘭繡라고 칭한다. 표에서는 이를 緣線으로 칭한다. |
| | 단추 紐釦 | 금제로 해서 가운데 凸의 圓形으로 그 직경은 7분, 전체면에 五七의 桐章을 조각한다. 하의의 것은 그 직경이 5분5리. | 五三의 桐章을 사용하는 외는 좌동 |
| 상의 코트 | 지질 | 겉 흑라사 안 백견 | 좌동 |
| | 제식 製式 | 연미복의 製로써 背面의 자락단이 대략 무릎 주변에 이르게 하여 그 길로 한다. 허리부분의 좌우에 옆주머니(側囊)를 붙인다. | 좌동 |
| | 칼라부분 식장 襟部飾章 | 스탠딩칼라로 해서 飾章에 전체는 꼭대기의 정중앙에서 緣 모두 그 폭이 1촌 9분. 앞면 흉부에 이르기까지 沿하고 점차로 좁아지는 桐章 3개 및 桐의 당초를 자수하고 緣章을 붙인다. 桐章크기는 중앙의 것은 가로 9분 세로 8분 좌우의 것은 가로 9분 세로 7분 | 식장은 꼭대기의 정중앙에서 緣 모두 그 폭 1촌 3분 桐章 1개를 붙이고 緣 조선을 수놓는다. 桐章의 크기는 가로 1촌 세로 8분으로 하는 외는 좌동. |
| | 소매부분 식장 袖部飾章 | 식장의 전체는 緣 모두 그 폭 3촌 5분. 소매 내외의 양면에 桐章 각 1개를 붙이고 桐의 唐草를 두른 緣章을 붙인다. 桐章의 크기는 가로 3촌 8분 세로 2촌 6분. 단 수구의 한 변에는 緣章을 붙이고 소매아래 봉재선에는 緣章 1조를 부가한다. | 飾章의 바느질 모두 3촌 1분으로 하고 소매 아래, 등에 條線을 붙인다. 그 형식과 桐章의 크기는 좌동 |

27_ 『法令全書』 宮內省達 第十六號 文官大禮服改定ノ處從前ノ服ハ當分標條ヲ除キ著用スルモ苦シカラス 明治 19年 12月 4日宮內大臣伯爵伊藤博文.

28_ 『法令全書』 明治 19年 12月 4日宮內省達 第15號 奉勅宮內大臣 伯爵 伊藤博文.

29_ 『法令全書』 明治 19年 12月 宮內省達 第15號 文官大禮服制, 247~249面.

| | | | |
|---|---|---|---|
| | 앞면<br>식장<br>前面<br>飾章 | 흉부의 반쪽 면에 세로로 全形의 桐章 3개를 붙이고 그 邊端에는 半形의 桐章 3개를 붙인다. 주위에 桐의 唐草가 있다. 이 반면 양개를 합해서 흉부의 全章으로 한다. 緣邊에 둥글게 꺾어서 아래 단 자락에 이르기까지 緣章을 자수한다. 桐章크기는 위는 가로 3촌 세로 2촌 8분 가운데는 가로2촌8분 세로 2촌 6분 세로 3촌 4분 반형 동장의 치수도 역시 이에 준한다. | 흉부의 식장 없이 칼라부터 바로 봉재선을 붙이고 둥글게 꺾어서 아래 단 자락에 이른다. |
| | | 왼쪽 겨드랑이 부분에 단행 9개의 단추가 있다. 단 위에서 5, 6 단추의 사이에 이르는 흉부를 합하는 것으로 한다. | 좌동 |
| | 뒷면<br>식장<br>後面<br>飾章 | 뒷면 꼭대기 아래에 桐章 1개를 붙이고 桐의 唐草를 두른 桐章 크기 가로 2촌 7분 세로 2촌 5분 | 가장 꼭대기 아래의 식장이 없다. |
| | | 뒷면 허리부분의 한가운데에 桐章 1개를 붙이고 桐의 唐草를 두른다. 그 양변에는 각 1개의 단추가 있다. 동장의 크기는 가로 2촌 8분 세로 2촌 7분 | 뒷면 허리 부분의 飾章은 모두 좌동. 단 양변의 단추는 桐章보다 조금 아래에 단다. |
| | | 좌우측 주머니에 덮개가 있고 위에서 가로 폭 5촌 4분으로 한다. 그 단에 삼릉각을 만들고 세로 폭 前稜에서 3촌 2분 中稜에서 3촌 後稜에서 3촌 6분 桐章 1개를 붙인다. 桐의 唐草를 수놓고 그 세변에 緣章을 붙인 桐章 크기 가로 2촌 5분 세로 2촌 3분으로 한다. | 좌우측 주머니의 덮개, 위에서 가로폭 4촌 6분 아래에 가로 폭 5촌 그 단에 삼릉각을 만들고 세로 폭 前稜에 3촌 1분 中稜에 2촌 9분 後稜에 3촌 4분 桐章 1개를 붙인 桐의 唐草를 수놓고 그 세변에 緣線을 붙인 桐章 크기는 좌동 |
| | | 허리부분 飾章의 아래부터 아래 자락 단에 이르기까지 양단 모두 緣章을 수놓는다. 좌우 모두 裾端에 각 1개의 단추를 담 | 아래 자락 단에 이르기까지 緣線을 수놓는다. 그 외 모두 좌동. |
| 조끼<br>下衣 | 지질 및 색 | 지질은 라사로 해서 흰 색과 검은색의 두 가지 양식이 있다. 단 백색은 특별한 達이 있을 때 착용한다. | 지질은 라사로 해서 회색(鼠色)과 검은색의 두 가지 양식이 있다. 단 회색은 좌동. |
| | 제식 | 전개식 상의에 준한다. 가슴부분에 단행 5개의 단추를 단다. | 좌동 |
| 바지袴 | 지질색 | 모두 하의에 준한다. | 모두 하의에 준한다. |
| | 식장<br>飾章 | 좌우 모두 바깥쪽면에 電紋의 자수각 1조를 붙이고 그 폭은 1촌 8분 | 좌우 모두 바깥쪽면에 단선 각 1조를 붙이고 그 폭은 주임 1등부터 4등까지는 1촌 6분 5등 및 6등은 1촌 2분으로 한다. |
| 모자<br>帽 | 지질 | 흑모라사(黑毛羅紗) | 좌동 |
| | 제식 | 산형으로 해서 그 높이는 4촌 길이 1척 4촌 5분에 飾 毛가 있다. | 좌동 |
| | 식모 | 흰색 타조털 | 검은색 좌동 |

| | | | |
|---|---|---|---|
| | 식장 | 飾章 전체의 연 모두 그 폭은 2촌 1분 길이 4촌 4분 그 끝을 원형으로 하고 중앙에 1개의 桐章가 있다. 상하에 桐의 唐草를 자수하고 그 주변에 緣章을 붙인 桐章의 下에 다시 1개의 단추가 있다. 이 飾章을 기울여 두 폭의 우측면에 붙인다. 桐章의 크기는 가로 1촌 세로 1촌. | 飾章 전체 연 모두 그 폭은 1촌 5분 길이 4촌. 주변에는 緣線을 붙이고 桐章은 크기 가로 9분 세로 1촌. 그 방식은 모두 좌동. |
| | | 飾章과 帽 전체 사이에 원형의 나무결형(木理形) 검은색 絹을 좁힌다. 그 직경 3촌 5분. | 원형의 검은색 견을 직경 3촌으로 해서 그 방식은 좌동. |
| | | 다시 우측면의 앞뒤에 비스듬하게 나무결형 검은색 絹을 더한다. 그 폭은 1촌 8분. | 우측면 앞뒤의 검은색 견. 그 폭을 1촌 7분으로 한다. 그 방식은 좌동. |
| | | 飾章의 지질은 특히 흑라사 이용 | 좌동 |
| 검 劍 | 제식 | 총길이는 약 2척 6촌 3분. 자루의 한 측면은 머리부터 緣에 이르는 環을 붙이고 한 측면은 緣부터 해서 鳳首를 만든다. 칼날은 외면에 굴곡하고 칼집 입구를 덮는 飾章은 모두 금으로 만든다. | 좌동 |
| | 자루 柄 | 頭緣 모두 길이 4촌 7분. 자루는 바닥에 끈 달린 매듭(繩目)의 금선을 감고 다시 두꺼운 매듭의 금선을 바느질한다. 그 수는 12, 자루 중앙에서 폭8분 5리 두께 6분의 그 앞뒤가 점차로 가는 양 측면에 桐花의 唐草를 새긴다. 연 모두 폭 3분 | 자루의 바닥에 가는 매듭의 은선(銀線)을 이용하고 그 외는 모두 좌동. |
| | 머리 頭 | 머리 위의 금구(金具) 모두 길이 1촌 4분. 머리의 폭 8분 두께 6분. 桐章 1개를 붙이고 주위에 桐의 唐草를 두른다. | 좌동 |
| | 연 緣 | 길이 5분 5리 측면에 봉황의 머리가 있다. 緣 중심부터 길이 1촌 5분 5리 | 좌동 |
| | 고리 環 | 고리의 중앙과 자루의 중앙은 그 거리를 1촌 1분으로 한다. 고리에 桐花의 唐草를 새긴다. | 좌동 |
| | 칼날 鍔 | 칼날 면의 직경 세로 1촌 4분 가로 2촌 6분 5리 외면에 桐章 1개와 桐의 唐草를 투조로 한다. 칼날 단 칼집체를 거리 8분 5리로 한다. | 좌동 |
| | 칼집 鞘 | 검은 가죽제로 해서 칼집의 입구의 金具는 폭 7분 두께 4분 5리 길이3촌 5분 5리 桐의 唐草를 조각하고 칼집의 외면 칼집 입구를 거리 1촌 6분으로 해서 帶留를 붙인다. 鐺의 金具는 길이 5촌 위에 폭 4분 두께 3분5리 아래에 폭2분 5리 두께2분 오동꽃(桐花)의 당초를 조각하고 그 단을 구형(球形)으로 한다. | 좌동 |
| | 劍緒 | 평직의 金組로 해서 길이 2척 8촌 폭 4분으로 한다. 그 양끝을 묶고 모두를 붙인다. 모든 籫은 길이 2촌 3분. 모두의 중앙에서 圓徑 1촌 1분 | 모든 籫은 은사를 이용하고 그 외는 모두 좌동 |
| | 劍帶 | 흑라사로 만들고 白絹平織의 組를 붙인다. | 좌동 |

개정된 대례복의 도식화는 다음의 〈표 3-6〉에 정리하였다. 1886년(明治 19) 규정은 스탠딩칼라가 달린 후 앞중심선에서 V네크라인을 형성하고 허리 아래에서 직선으로 절개되어 뒷자락에 연결되는 형태의 연미복형[開襟의 연미복형]으로 형태상 1872년 규정과는 차이가 있다. 또한 금수의 문양을 기준으로 볼 때 1872년 규정에 비해 문양의 수, 조밀한 정도에 있어서 보다 간소화되었음을 확인할 수 있다. 앞길에 금장이 있는 칙임관과 금장이 없는 주임관의 차이만 있을 뿐 칙임관 안에서 등급의 차이는 없어졌고 소매의 등급조선도 없어져서 매우 간소화되었다는 것을 확인할 수 있다. 도식화와 함께 유물의 모습은 〈그림 3-10〉과 〈그림 3-11〉에서 칙임관 대례복의 형태를, 〈그림 3-12〉에서 주임관 대례복 형태를 볼 수 있다.

〈표 3-6〉 1886년(明治 19) 개정 문관대례복 도식화[30]_

| | 모자 | 상의 | | 조끼 | 바지 | 검 |
|---|---|---|---|---|---|---|
| 칙임관 | | | | | | |
| 주임관 | | | | | | |

30_ 『法令全書』 明治 19年 12月 宮內省達 第15號 文官大禮服制, 250~257面.

〈그림 3-10〉 문관 칙임관 대례복　　〈그림 3-11〉 문관 칙임관 대례복 확대　　〈그림 3-12〉 문관 주임관 대례복

칙임관의 앞길 금장은 당초무늬가 배치된 사이에 앞여밈선상에 반 개짜리 오칠동이 6개 배치되어 여밈 후에 앞중심선을 중심으로 3개의 완성된 오칠동문양이 생기게 되고, 길에는 완전한 오칠동이 6개 배치되게 된다. 주임관 대례복은 앞길 전면과 목뒷점 아래 부분에 금수가 생략됨으로써 대례복 제식이 전반적으로 1872년(明治 5) 규정에 비해 간소화 되었다.

### 3) 1886년(明治 19) 문관대례복 유물

1886년(明治 19) 문관대례복제식은 대한제국이 근대적 문관대례복을 제정하는데 참고가 되었다고 여겨진다. 따라서 개정 문관대례복 규정에 의해 제작된 칙임관 유물 한 점과 주임관 유물 한 점에 대해 조사한 바를 형태와 문양을 중심으로 서술하고자 한다.

〈그림 3-13〉 미야기 초고로(宮城長五郎)
대례복 상표

(1) 일본 나라여자대학 소장 문관 칙임관 유물

일본 나라여자대학奈良女子大學에 소장되어 있는 문관 칙임관 대례복은 기증자인 미야기 타마요宮城タマヨ의 남편인 미야기 초고로宮城長五郎가 착용한 것이다. 이 대례복은 1934년(昭和 9) 미야기 초고로宮城長五郎가 나가사키공소원長崎控訴院의 검사장檢事長이 되었을 때의 것으로 추정되는데 검사장은 칙임관 1등, 2등에 해당한다고 한다. 그는 1939년(昭和 14)에 단기간이지만 사법대신이 되었다.[31] 대례복 일습 중에서 상의, 조끼, 바지, 검과 검대를 조사할 수 있었고 촬영한 사진을 〈표 3-7〉에 나타내었다. 유물에 대해서 정리하면 다음과 같다.

〈상의〉　겉감은 흑라사이고 안감은 백견으로 제작되었다. 형태는 앞허리선에서 수직으로 절개된 연미복형이다. 뒷고대 안쪽에 〈그림 3-13〉과 같이 'MITSUKOSHI 6 OF FUKUTEN'이라는 상표가 붙어 있어서 미츠코시三越 양복점에서 제작한 것을 확인할 수 있다.

오칠동문양이 금몰 기법으로 자수되어 칙임관 대례복임을 확인할 수 있게 한다. 9개의 단추가 왼쪽 길에 장식적으로 부착되어 있고 앞중심선을 따라서 후크로 여미게 되어 있다. 단추는 금도금하여 오칠동문양을 붙이고 있다. 문양의 수와 배치는 모두 개정 문관대례복제의 규칙을 따르고 있다. 법령과는 달리 유물을 통해서 확인할 수 있는 것은 문양을 표현하는 방법이다. 양감이 있는 오칠동문과 당초문을 표현하기 위해 도안에 맞추어 미리 충진재로 형태를 잡은 다음 그 위를 코일형으로 제작한 금사로 메우고 다시 그 위에 광택이 있는 금사와 스팽글로 줄기를 생생하게 표현하고 있다. 이러한 자수 기법을 일본에서는 금몰자수金モール刺繡라고 부른다.

---

31_ 岩崎雅美 외, 「奈良女高師の敎員の服裝 － 大礼服と敎授服 －」, 『奈良 女子大學大學院 人間文化硏究科 學術硏究交流センター 活動 年報』 Vol.5(2004).

〈바지〉　　겉감은 흑라사이고, 전체적인 안감은 대어져 있지 않지만 허리부분에 안단이 대어져 있다. 측장은 세로의 전문電紋 두 줄이 마주 보고 있다.

〈검과 검대〉　　〈표 3-7〉의 부분 그림에서와 같이 손잡이에는 봉황머리 모양이 장식되어 있고 오칠동을 조각하고 있다.

〈표 3-7〉 일본 나라여자대학 소장 문관 칙임관 대례복 유물[32]_

| 상의 | | 조끼 | |
|---|---|---|---|
| 앞 | 뒤 | 앞 | 뒤 |

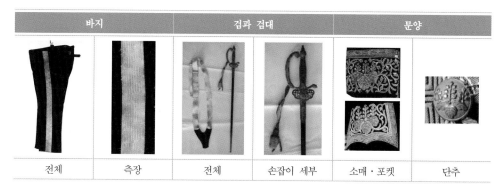

| 바지 | | 검과 검대 | | 문양 | |
|---|---|---|---|---|---|
| 전체 | 측장 | 전체 | 손잡이 세부 | 소매·포켓 | 단추 |

32_ 본 유물에 대한 조사 및 촬영은 2007년 11월 30일 일본 나라여자대학교 이와사키 마사미(岩崎雅美) 교수의 연구실에서 진행되었다. 〈표 3-7〉의 사진은 저자가 촬영한 것이다.

〈그림 3-14〉 무라이 쿠라마츠(村井倉松) 대례복의 상표
저자 촬영

(2) 독립기념관 소장 문관 주임관 유물

독립기념관에서 소장하고 있는 무라이 쿠라마츠村井倉松의 문관 주임관 대례복은 대례복 일습 중에서 상의, 조끼, 바지, 모자와 모자함을 조사할 수 있었고 촬영된 사진을 〈표 3-8〉에서 정리하였다. 유물에 대해서 정리하면 다음과 같다.

〈상의〉　겉감의 지질은 흑라사, 안감은 백견이고, 형태는 앞허리선에서 수평으로 절개되어 뒷자락이 갈라져 있는 연미복형이다. 〈그림 3-14〉에서 볼 수 있듯이 왼쪽 안주머니에 'S.Yamasaki 4, CHOME CINEA, TOKIO'라는 상표가 있어서 일본 동경에서 제작되었음을 알 수 있다. 오삼동의 문양이 금몰 기법으로 자수되어 있고 가장자리를 장식한 금선 모양에서 칙임관에는 있는 전문電文이 없다.

〈바지〉　겉감은 흑라사이고, 허리부분에 안단이 대어져 있다. 측장에 전문電紋은 없고 폭이 5cm이다.

〈모자〉　검은색 벨벳으로 제작하였고 안감은 백견으로 제작되어 검은색 깃털로 장식하고 있으며 철제로 제작한 모자함에 보관하고 있다. 모자의 우측장에도 주임관의 오삼동이 부착되어 있다.

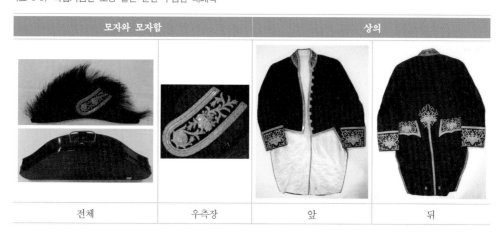

| 모자와 모자함 | | 상의 | |
| :---: | :---: | :---: | :---: |
| 전체 | 우측장 | 앞 | 뒤 |

| 조끼 | | 바지 | | 문양 | |
| :---: | :---: | :---: | :---: | :---: | :---: |
| 앞 | 뒤 | 전체 | 측장 | 소매·포켓 | 단추 |

## 3) 일본 황족대례복의 제정 및 개정

1872년(明治 6) 2월에는 태정관 제64호로 황족대례복을 제정하여 발표하였고 이는 1875년(明治 9)에 개정된다. 황족대례복의 규정은 〈표 3-9〉에 제시하였다.

---

33_ 본 유물에 대한 조사 및 촬영은 2008년 4월 21일 독립기념관 유물조사실에서 진행되었다. 〈표 3-8〉의 사진은 저자가 촬영한 것이다.

〈표 3-9〉 1873년(明治 6) 황족대례복제식[34]

| 복식 종류 | 내용 |
|---|---|
| 모(帽) | 흑라사(黑羅紗) |
| 식모(飾帽) | 백(白) |
| 우측장(右側章) | 검정 벨벳(14葉一重裏菊 한 개 주연은 電紋 폭 3分) |
| 단추(紐釦) | 직경 7분(금제14葉一重裏菊) |
| 상의(上衣) | 흑라사(黑羅紗) |
| 식장수색(飾章繡色) | 금선(金線) |
| 문장(御紋章) | 14葉一重裏菊 |
| 조식장(條飾章) | 전문선(電紋線) 폭 3분 |
| 큰 단추(大紐釦) | 직경 7분 금제14葉一重裏菊 |
| 하의(下衣) | 백라사(白羅紗) |
| 작은 단추(小紐釦) | 직경 5분 금제로 수는 정하지 않음 |
| 바지(袴) | 백라사(白羅紗) |
| 양측장(兩側章) | 전문선(電紋線) 폭 7분 |

　　다음의 〈표 3-10〉은 『법령전서法令全書』의 1872년(明治 6) 황족대례복 제도의 도식화와 1875년(明治 9)에 개정된 황족대례복 제도의 도식화를 하나의 표로 정리한 것이다.

〈표 3-10〉 1873년(明治 6) 황족대례복, 1875년(明治 9) 개정 황족대례복 도식화

| | | 1872년(明治 6) 황족대례복[35] | 1875년(明治 9) 개정 황족대례복[36] |
|---|---|---|---|
| 帽 | 전체 | | |
| | 우측장 | | |

34_ 『法令全書』 明治 6年 2月 太政官 第64號, 50面.
35_ 『法令全書』 明治 6年 2月 太政官 第64號, 51~59面.
36_ 『法令全書』 明治 9年 太政官布告 第125號 皇族大禮服制, 161~165面.

| | | | |
|---|---|---|---|
| 上衣 | 前面 | | |
| | 後面 | | |
| 조끼 | 短胴服 | | |
| 바지 | 바지 측장 | | |
| 飾章 | 소매 칼라 章 | | |

| | | |
|---|---|---|
| 脊章 | | |
| 胸章 1 | | |
| 胸章 2 | | |
| 胸章 3 | | |
| 側囊脊端章 | | |

〈그림 3-15〉
일본 황족 칙임관 대례복

〈그림 3-16〉
일본 유작자 대례복 왼쪽부터 백작, 자작, 남작 대례복

황족대례복제의 특기한 사항은 금장의 문양이 꽃잎 14개의 국화라는 데 있다. 1873년(明治 6)에는 국화만을 배치한 문양이었지만 1876년(明治 9)에 개정된 황족대례복제에서는 당초문양과 함께 배치하고 연미복의 형태도 앞자락의 곡선부분이 직선화된 모습으로 변경되었다. 〈그림 3-15〉에서 개정된 형태의 황족대례복 유물을 확인할 수 있다.

4) 유작자 대례복의 제정

왕정복고 초기부터 불평등 조약의 개정을 위해 노력하여 온 메이지明治정부는 메이지明治 17, 18년 정도부터 메이지明治 20년에 걸친 시기(1884~1887)에는 일본복식사에서 소위 로쿠메이캉鹿鳴館시대라고 하여 외관의 유럽화를 적극 추진하였다.[37] 유럽화의

---

37_ 藤澤衛彦, 『明治風俗史』(東京 : 常磐印刷所, 1929), 334面.

일환으로 1884년(明治 17) 7월 7일에 화족령華族令이 제정되어 5개의 작위제爵位制를 정하고 공신을 중심으로 작위를 부여하였고,[38] 이에 따라 10월에는 유작자有爵者 대례복제를 정하여 메이지明治 18년 1월 1일부터 착용 가능하도록 준비하라고 하였다.[39] 『법령전서法令全書』의 유작자 대례복 제도 규정을 〈표 3-11〉에 정리하였다.

〈표 3-11〉 1884년(明治 17) 有爵者 대례복 제식[40]

| 복식종류 | 爵位 | | 공작 | 후작 | 백작 | 자작 | 남작 |
|---|---|---|---|---|---|---|---|
| 상의 | 지질 | | 흑라사(黑羅紗) | 좌동 | 좌동 | 좌동 | 좌동 |
| | 제식 | 앞면 | 스탠딩칼라가 목부분에 달리고 위 칼라에 金電紋線 4분 폭의 笹緣을 그리고 칼라 아래에 1호 단추 7개를 한 줄로 단다. 착용 후 허리 아래의 단을 제외하고는 그림과 같다. | 좌동 | 좌동 | 좌동 | 좌동 |
| | | 뒷면 | 허리아래를 나누어 옷단에 미치는 사이 양 단에 삼각형을 네 곳 즉 한 단에 두 곳을 만들고 그 角에 해당하는 곳에 1호 단추 각 1개씩 좌우에 같은 단추 각 1개 도합 6개를 그림과 같이 단다. | 좌동 | 좌동 | 좌동 | 좌동 |
| | 칼라장식 領章 | | 칼라 단에 金電紋線 폭 4분의 笹緣을 붙이고 안에 五七桐章 3개 및 당초를 금수한다. 그 부분의 지질은 보라색 라사(紫羅紗) | 붉은라사 (緋羅紗) 외 좌동 | 분홍(桃色) 라사 외 좌동 | 연노랑(淺黃) 라사 외 좌동 | 연두(萌黃) 라사 외 좌동 |
| | 소매장식 袖章 | | 袖口에서 떨어져 3촌 1분의 자리에 폭 4분의 金電紋線 1조를 두르고 뒷부분의 봉합으로부터 입구 끝에 둥글게 꺾은 다음 안에 五七桐章 반면 1개 및 당초를 금수한다. 이 부분의 지질은 紫羅紗 | 緋羅紗 외 좌동 | 桃色羅紗 외 좌동 | 淺黃羅紗 외 좌동 | 萌黃羅紗 외 좌동 |
| 하의 | 지질 | | 백라사는 특별 대례에 이용. 흑라사 | 좌동 좌동 | 좌동 좌동 | 좌동 좌동 | 좌동 좌동 |
| | 製式 | | 칼라가 없고 2호 단추 7개 | 좌동 | 좌동 | 좌동 | 좌동 |

38_ 『明治天皇紀』 6卷, 220面.
39_ 『明治天皇紀』 6卷, 300面, 『法令全書』 今般有爵者大禮服制左ノ圖表ノ通リ被仰出候條來ル明治18年1月1日ヨリ著用可致此旨相達候事.
40_ 『法令全書』 明治 17年 8月 10月 宮內省達 乙第10號, 乙第18號, 有爵者大禮服制度, 1281~1282面.

| | | | | | | |
|---|---|---|---|---|---|---|
| 바지 | 지질 | 백라사 특별 대례에 이용.<br>흑라사 | 좌동<br>좌동 | 좌동<br>좌동 | 좌동<br>좌동 | 좌동<br>좌동 |
| | 제식<br>製式 | 보통의 제작으로 좌우 측면에 세로 폭 1촌의 金線 1조를 붙인다. | 좌동 | 좌동 | 좌동 | 좌동 |
| 帽 | 지질 | 흑모 벨벳 | 좌동 | 좌동 | 좌동 | 좌동 |
| | 제식<br>製式 | 산형 길이 1척 5촌 꼭대기에 흰색 타조털을 붙이고 높이가 대략 4촌 5분으로 정함. 머리의 대소에 따라 조금 신축해도 무방하다. | 좌동 | 좌동 | 좌동 | 좌동 |
| | 우측장 | 위를 향해 폭 3분의 金電紋線 2조를 비스듬하게 긋고 안에 폭 1촌 5의 안에 五七桐章 및 당초를 금수하며 아래 부분에 1호 단추 1개를 붙인다. 그 선 밖의 양변에 홍백의 日章形을 나타내는데 붉은 색 폭2분 흰색 폭4분으로 한다. 지질은 紫羅紗 | 붉은색<br>(緋色)<br>라사 외<br>좌동 | 분홍색<br>(羅紗)<br>외 좌동 | 연노랑<br>라사 외<br>좌동 | 연두(萌黃)<br>라사 외<br>좌동 |
| 단추 | 1호 | 금제 五七桐章을 붙인 직경 7분5 | 좌동 | 좌동 | 좌동 | 좌동 |
| | 2호 | 금제 五七桐章을 붙인 직경 4분5 | 좌동 | 좌동 | 좌동 | 좌동 |
| | 검(劒) | 자루는 黑晾金線을 나전하고 머리부터 緣의 길이는 4촌 5분으로 하고 鞘는 黑草卷鯉口 2촌 6분 鐺 5촌 길이 2척 3촌 5분으로 한다. 그 자루는 環柄頭鈐鯉口鐺等의 地는 金石目 조각모양에 劒緒는 그림과 같다. | 좌동 | 좌동 | 좌동 | 좌동 |

『법령전서法令全書』의 유작자 대례복 도식화는 다음의 〈표 3-12〉에 나타내었다. 이를 통해 유작자 대례복은 스탠딩칼라가 앞목부분에 달리고 좌우 어깨에 견장이 부착된 연미복 형태임을 확인할 수 있다. 칼라와 소매의 금장金章은 작위별로 다른 색의 라사로 제작된다. 〈그림 3-16〉에서 백작, 자작, 남작의 유작자 대례복 유물을 확인할 수 있다.

<표 3-12> 1884년(明治 17) 유작자 대례복 도식화[41]

| 明治 17년 유작자 대례복 | | | | |
|---|---|---|---|---|
| 帽전체<br>우측장 | | | | |
| 上衣 | 전면　　　　　　후면 | 칼라장 | 견장 | 소매의 금장 |
| 조끼<br>바지 | | | | |
| 佩劍<br>劍緒<br>단추 | 패검 | 패검세부 | 검서 | 1호단추　　2호단추 |

41_ 『法令全書』明治 17年 8月 10月 宮內省達 乙第10號, 乙第18號, 有爵者大禮服制度, 1283~1289面.

## 5) 시종직과 식부직의 대례복 제정

관제의 개편에 따라 1884년(明治 17)에는 시종직侍從職과 식부직式部職 칙주임관의 대례복이 제정되었다. 시종직 및 식부직 대례복 제도의 상세한 내용은 〈표 3-13〉과 같다.

〈표 3-13〉 1884년(明治 17) 시종직 및 식부직 칙주임관 대례복 제식[42]–

| 복식종류 | | | 칙임 | 주임 | |
|---|---|---|---|---|---|
| | | | | 4등관부터 7등관까지 | 8등관 9등관 |
| 상의 | 지질 | | 심흑감라사 | 좌동 | 좌동 |
| | 제식 | 전면 | 竪襟이 흉부에서 합해지고 허리사이에서 접차로 비스듬하게 열려져 흘러서 옷자락에 이른다. 그 사이에 반면의 가로로 된 국화모양 13 가지를 금수한다. 笹緣은 모두 폭5분의 電紋金線을 베풀고 허리부분의 양쪽 측낭 각 한 개를 붙여서 또 국화모양을 금수하는데 그림과 같이 한다. | 칼라로부터 옷자락에 이르는 사이에 반면의 가로문 국화 모양 9 가지를 금수하고 세연은 모두 폭 4분의 요철 금선을 붙인다. 그 외 좌동. | 칼라로부터 옷자락까지 이르는 사이에 반면 가로문 국화 모양 7가지를 금수하고 그 외 좌동. |
| | | 후면 | 허리아래를 나누어 양단에 도달하는 옷자락 사이에 電紋緣 및 竪菊模樣 또 脊部의 아래로 향하는 菊模樣 2가지 乘雷 자리에는 위로 향하는 菊模樣 3가지를 금수하는데 그림과 같다. | 허리 아래를 분할하는 양단은 罼의 요철 금선을 붙이고 乘雷의 자리에는 위로 향하는 국화모양 3가지를 금수하며 그 양달에는 금제 오칠 동 직경 7분 5리의 단추를 2개 붙인다. | 좌동 |
| | | 袖章 | 袖口로부터 3촌을 떨어져 雷紋 金線 1조를 두르고 뒤 부분을 합쳐서 봉제한 곳으로부터 접히는 끝단 및 그 안마다 반면의 菊模樣 2가지를 금수한다. 식부관은 이 부분의 지질을 붉은색으로 한다. | 수구로부터 3촌 떨어져 요철 금선을 두르는 거 외 좌동 | 菊模樣의 금수 1가지 외 좌동 |
| | | 領章 | 雷紋線 2조를 붙인 안에 菊模樣 2가지를 금수하고 그 양 줄기 앞부분의 좌우로부터 각 1 줄기를 일으켜 뒷부분에서 두 꽃이 서로 마주하게 한다. 식부관은 이 부분의 지질을 붉은색으로 한다. | 요철선 2조의 안에 국화모양 2가지를 금수하고 양 줄기 좌우의 앞부분부터 각 한 가지를 일으켜 뒤 부분에 이르러 양 꽃 봉우리가 서로 마주하는 것 외 좌동 | 좌동 |

42_『法令全書』明治 17年 10月 太政官達 第91號(10月 29日), 450~451面. 侍從職竝ニ式部職勅奏任官大禮服飾章左ノ圖表ノ通相定候條此旨相達候事.

| | | | | |
|---|---|---|---|---|
| | 肩章 | 두꺼운 직경 4분의 金蠅 2조를 규합하여 너비 대략 4촌 5분으로 정하고 肩巾의 길고 짧은 정도에 따라 조금 신축이 더해진다.<br>상의에 붙여서 보이도록 하고 금제 오칠동 직경 7분 5리의 단추로 붙인다. | | |
| 하의 | 지질 | 백라사는 특별 대례용으로 이용한다.<br>심흑감라사 | 좌동 | 좌동 |
| | 단추 | 금제 오칠동 직경 5분, 거리는 2촌 | 좌동 | 좌동 |
| | 제식 | 흉부부터 아래 및 허리둘레에 아래 허리에 이르기까지 無數金線<br>폭은 3분의 緣을 붙이되 그림과 같다. | 좌동 | 좌동 |
| 바지 | 지질 | 백라사는 특별한 대례용으로 한다.<br>심흑감라사 | 좌동 | 좌동 |
| | 제식 | 좌우 측면에 1조의 電紋立線을 붙이고 그 폭은 1촌으로 그림과 같다. | 좌우 측면 세로로 1조의 무문금선을 붙이고 폭은 1촌으로 그림과 같다. | 좌동 |
| 모 | 지질 | 흑모아융 | 좌동 | 좌동 |
| | 제식 | 산형으로 길이 1척 5촌 높이 대략 4촌 5분으로 정하고 머리의 크고 작음에 따라 조금의 신축이 가능하다.<br>꼭대기의 가장자리를 따라서 흰색 장식 털을 붙인다. | 장식 털이 검은색 외 좌동 | 좌동 |
| | 우측장 | 菊模樣 1가지를 위를 향해서 경사지게 붙이고 가지 끝에 직경 7분 5리의 금제 오칠동 단추로 모자에 붙이고 쓰는 모양을 따라서 양단에 폭 3분의 電紋線을 위치시키고 그 사이는 1촌 5리로 한다. 또 양변에 홍백의 일장형을 나타내고 홍은 폭2분, 백은 4분으로 하여 그림과 같다. | 菊模樣의 양단에 요철선을 붙이는 외 좌동 | 좌동 |
| | 頂緣章 | 양측에 폭3분의 電紋金線으로 2조를 붙이고 그 사이 6분 5리의 가운데에 菊模樣을 금수하되 그림과 같다. | | 좌동 |
| | 검 | 자루는 斑鼈甲 金線을 나전하고 총장은 4촌 5분 칼집은 검은색 가죽을 두른 鯉□ 2촌 6분. 그 자루머리는 弓形. 環鑞鍔 등의 바탕은 石目彫刻모양. 아래에 검서는 그림과 같다. | 자루는 검은색 鯨 아래의 검서는 그림과 같이 하고 그 외 좌동 | 좌동 |

『법령전서法令全書』의 시종직 및 식부직 대례복 도식화는 다음의 〈표 3-14〉에서 나타내었다.

〈표 3-14〉 1884년(明治 17) 시종직과 식부직 대례복 도식화[43]_

| 복식종류 | | 칙임관 | 주임관 | |
|---|---|---|---|---|
| | | | 7등이상 | 8등  9등 |
| | 帽 | | | |
| 上衣 | 前面 | | | |
| | 後面 | | | |
| | 조끼 | | | |
| | 바지 | | | |

43_ 『法令全書』明治 17年 10月 太政官達 第91號(10月 29日), 452~462面.

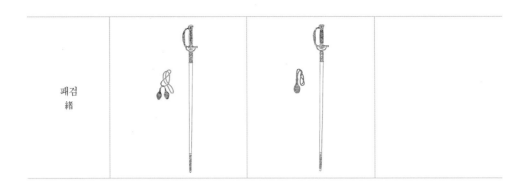

| 패검<br>緖 | | |
|---|---|---|

『일본양복사日本洋服史』에서는 '시종직 및 식부직 대례복은 제정시대의 러시아와 독일의 문관대례복과 닮은 옷자락이 긴 코트에 가슴으로부터 옷자락까지 금몰의 자수를 한 프록코트형으로, 그 호화로운 무드를 야마가타 아리토모山県有朋가 헌책하여 정해졌다'고 서술하고 있다.[44] 러시아 궁정 예복 예를 〈그림 3-17〉에서 확인할 수 있다. 본 예복은 19세기 후반의 유물로, 이러한 붉은색 라사로 만든 예복은 제정 러시아의 여제女帝 안나 이오안노브나의 재위 중(1730~1740)에 도입된 궁정 6등관의 예복이라고 한다. 6등관은 궁정 관리 외에 모든 공적 의식의 기록을 전하는 일지를 작성하는 일도 겸했다고 한다. 본 유물의 앞길 전체에는 한 송이의 꽃문양 9가지가 금수되어 있다. 이러한 유럽 국가의 코트 형태와 문양 도안이 일본 시종직과 식부직 대례복의 디자인에 참고가 되었을 가능성을 찾을 수 있다.

〈그림 3-17〉 러시아 궁정6등관 예복

44_ 日本洋服史 刊行委員會 編, 『日本洋服史－一世紀の歩みと未來展望－』(古屋屋 : 荒川印刷, 1976), 77面.

앞의 〈표 3-14〉의 도식화를 통해 보면 시종직과 식부직의 대례복은 스탠딩칼라가 달린 후 V네크라인을 형성하면서 여며지고 일본의 서구식 대례복 제도 중에서 앞 허리부위에 절개가 되지 않은 프록코트 형태의 대례복이다. 금수의 문양에 있어서도 오동문이 아니고 국화 줄기를 디자인한 형태로, 칙임관은 국화꽃 13줄기, 주임관 7등 이상은 9줄기, 8등 이하는 7줄기로 차등을 두어 금수하는 것으로 정하였다. 〈그림 3-18〉에서 시종직 및 식부직 칙임관 대례복과 〈그림 3-19〉에서 주임관 대례복의 모습을 유물을 통해 확인할 수 있다.

〈그림 3-18〉
일본의 시종직 및 식부직 칙임관 대례복

〈그림 3-19〉
일본의 시종직 및 식부직 주임관 대례복

## 3. 서구식 대례복의 결말과 고찰

### 1) 서구식 대례복의 결말

1871년(明治 5)에 처음 제정되어 1886년(明治 19)에 개정된 문관대례복, 1872년(明治 6)에 제정되어 1875년(明治 9)에 개정되는 황족대례복, 1884년(明治 17)에 제정되는 유작자 대례복, 시종직 및 식부직 대례복 등은 일본이 전시체제에 들어서면서 1938년 관보를 통해 궁중의 여러 의식에 참석할 때 육해군은 군장軍裝으로 하고 그 외의 관원은 통상 예복으로 대신하라는 명이 내려진 다음 착용하지 않게 된다.[45]

> 궁중 여러 의식 제전에 참례하는 여러 관원의 복장
>
> 지나사변과 관련하여 당분간 제령制令 제사령祭祀令 등等에 의거하여 궁중 여러 의식제전에 있어서 여러 관원의 복장은 육해군 군인은 군장軍裝으로 하고 그 외에는 통상복(프록코트 또는 모닝코트)으로 한다. 복제服制가 있는 사람은 그에 상당하는 복服으로 하고 여자는 통상복(로브 몬탄트) 또는 규고袿袴(통상복)로 정한다.

그 후 2차 대전 패전 후 1955년 '내각 및 총리부 관계 법령의 정리에 관한 법률 제203호'로 완전히 폐지되었다.[46]

> 폐지1. 대례복 및 통상예복을 정한 의복을 祭服으로 하는 등의 건(明治 5年 太政官布告 第339号)
> 폐지2. 대례복 및 통상예복 착용일의 건(明治 5年 太政官布告 第373号)
> 폐지3. 대례복 패검제(明治 6年 太政官布告 第281号)

---

45_ 『官報』 제3449호 소화 13년(1938) 7월 4일 宮廷錄事.
宮中諸儀式祭典ニ參列ノ諸員服裝支那事變ニ關シ當分ノ內儀制令祭祀令等ニ依ル宮中諸儀式祭典ニ於テ諸員ノ
服裝ハ陸海軍軍人ニ在リテハ軍裝其ノ他ニ在リテハ通常服(フロックコート又ハモーニングコート)服制アル者ハ
之ニ相當スル服女子ハ通常服(ローブ、モンタント)又ハ袿袴(通常服)ト定メラル
46_ 內閣及総理府関係法令の整理に関する法律(昭和 29年 7月 1日 法律 第203号).

폐지4. 대례복 및 군인 경찰관 등 제복 착용 외 패도 금지의 건(明治 9年 太政官布告 第38号)

일본에서 대례복이 제정되고 착용된 기간은 1872년부터 1938년까지 70년이 조금 못미치는 기간이었고, 완전히 폐지된 1955년을 기준으로 하면 그 존속기간은 80년이 넘는다. 이 기간 동안 일본은 전근대적 사회로부터 근대적인 주권국가를 수립하고 동아시아 국가 중에서는 유일하게 군국주의, 제국주의로 나아가 식민지 경영에까지 앞장섰다. 근대적 대례복 제도는 자국을 상징하는 문양을 예복에 자수함으로써 다른 나라와 구별 짓고, 자국민을 통합하는 역할로써 창안되고 제도화되었지만, 어깨에 견장을 달고 패검을 한다는 측면에서만 보아도 군복의 요소를 내포하고 있다는 사실을 알 수 있다. 결과적으로 서구식 대례복 제도는 제국주의 시대 두 차례의 세계대전을 겪고 난 다음, 시대를 대표하는 복식으로 더 이상의 의미 부여를 받지 못하고 폐지되었다.

## 2) 일본 서구식 대례복의 형태 고찰

몇 차례 개정 후 1886년(明治 19)에 체계가 완성되는 일본의 서구식 대례복의 형태를 크게 분류해 보면 다음 〈표 3-15〉의 세 종류로 나누어진다. ①유형은 개금開襟의 연미복형으로 개정된 문관대례복이 포함되고 ②유형은 프록코트형으로 시종직과 식부직 대례복이 포함되며 ③유형은 입금立襟의 연미복형으로 유작자 대례복이 포함된다. ①유형과 ③유형에는 오동문양을, ②유형에는 국화 문양을 자수하도록 규정하였다. 메이지明治 5년 문관대례복제의 형태는 ①유형과 차이를 보이기는 하지만 대한제국이 참고하는 것은 개정된 문관대례복제이므로 제외하였다.

| | 전면(칙임관) | 후면(칙임관) |
|---|---|---|
| ①유형<br>開襟의 연미복 형태<br>(1886년 문관대례복제)<br>岩倉 사절단에 의해<br>明治 5년부터 공존함 | | |
| ②유형<br>프록코트 형태<br>(1884년 시종직 및 식부직<br>대례복제) | | |
| ③유형<br>立襟의 연미복 형태<br>(1884년 유작자 대례복제) | | |

## 3) 일본 서구식 대례복의 문양 고찰

일본의 경우, 12세기경부터 유럽의 문장紋章과 비슷한 개념의 가문家紋이 형성되기 시작하였고, 왕실의 가문은 오동과 국화라는 인식이 이미 있었다.[47] 이는 하오리羽織

---

47_ 沼田頼輔, 『日本紋章學』[人物往來社, 昭和 43年(1979)], 7~30面; 佐野惠, 『皇室の御紋章』[昭和 8年(1934)]은

에 삽입되는 문양으로 이미 활용된 바 있었고 대례복을 제정하는 과정에서 이러한 왕실의 문장이 도안화되어 자수되었다.

### (1) 동문양

일본에서 동문양桐文樣이 사용된 역사를 살펴보면 다음과 같다. 근대 이전에는 주로 〈그림 3-20〉의 동죽봉황문으로 사용되었는데, 이는 대나무에 동, 봉황, 기린으로 구성된 것이다. 동과 봉황의 조합은 중국의 고사에 "봉황이라고 하는 새는 오동이 아니면 머물지 않고, 대나무 열매가 아니면 먹지 않고 예천醴泉이 아니면 마시지 않고 날게 되면 무리의 새들이 이를 따른다."고 하고,[48] 기린은 어진 짐승이라고 한 것에 기초하고 있다고 전하고 있다. 이 문양을 넣은 포袍는 황로염포黃櫨染袍로, 천황이 입는 포이다.

그런데, 동문양은 황실에 한해서 사용된 것이 아니라, 조정과 무신 사이에서도 이용되었다. 무가武家들이 천황으로부터 사여받고, 이후 그것을 가문家紋으로 사용하게 된 것인데, 이후 동문양은 사문賜紋으로 여겨지게 되어, 함부로 사용하는 것은 불가능하였다. 특히 임진왜란을 일으킨 히데요시秀吉는 토요토미豊臣의 성姓과 함께 국동문菊桐紋을 사여 받고, 부하 여러 장수 중 공이 있는 자에게도, 그 성과 문장을 주었기 때문에, 동문은 이후 무가武家에게 있어서 선망의 대상이 되었다. 동문은 국화문과 함께 상서적祥瑞的 의의가 있고 권위도 있는

〈그림 3-20〉 황로염포의 桐竹鳳凰紋

---

일본 황실의 문양으로 국화문양과 오동문양만 다루고 있다.
48_ 佐野惠, 『皇室の御紋章』[三省堂, 1933(昭和 8)], 99面.

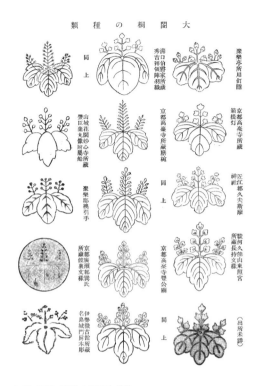

〈그림 3-21〉 일본 太閣桐의 종류

문장이기 때문에 고래 갑주 도검, 및 그 부속품의 문양으로서 이용되거나 했는데, 히데요시秀吉의 시대에 이르러 다시 이것을 일반의 공예미술품에 응용하는 것으로부터 동문이 유행하기 시작하게 되어 복식으로부터 건축조각에 이르기까지 이용되었다. 특히 〈그림 3-21〉에서와 같이 태합동太閣桐이라고 칭하는 일종의 형식이 되어. 모모야마시대桃山時代의 작품에는 이 문양의 응용이 많이 보인다.[49]

이와 같이 황실로부터 무가에 사여하고 다시 사여받은 무가에게 받는 형식으로 하여 에도시대江戸時代 말기인 1857년에 동문양을 가문으로 사용하는 무가武家는 전체의 5분의 1에 해당하였다고 한다.[50]

동문桐紋의 양식은 창작 초기에는 오동잎에 대한 사실적인 묘사를 하였지만, 시대를 내려옴에 따라 문양화되고 있다. 메이지明治 시기의 대례복에 응용된 것은 앞에서 살펴본 태합동문太閣桐紋이다. 대례복에 이용된 동문은 오칠동五七桐과 오삼동五三桐으로, 가운데 문양화된 술의 수가 다를 뿐 형상하는 모양은 거의 같다. 오칠동은 가운데 술의 수가 일곱, 양쪽 술의 수가 다섯인 오동문양이고, 오삼동은 가운데 술의 수가 다섯, 양쪽 술의 수가 셋인 오동문양이다. 1871년明治 5 대례복 규정에서 칙임관은 오칠

49_ 沼田頼輔, 『日本紋章学』(明治書院, 1926(大正 15)), 361~376面 참고. 일본의 문장을 집대성한 책으로 동문양의 역사와 형태에 대해 자세히 연구되어 있다.

50_ 위의 책, 367~370面에는 동문양을 가문으로 사용하는 성씨가 정리되어 있다.

동을, 주임관은 오삼동을 금수하도록 한 것으로 보아 술이 많은 쪽을 더 귀하게 생각한 것을 알 수 있다.[51]

이상과 같이 동문은 황실의 문장으로부터 시작하여 무가의 가문으로 사용된 후, 메이지明治 시기가 되면 일본을 대표하는 문양으로서 대례복의 문양에 채용되게 되었다. 많은 문양 안에서 동문이 대례복의 문양으로 선택된 이유에 대해서는 아직 밝혀지지 않았지만, 국화문과 같이 오랜 기간, 황실의 문양으로 인식되어 온 것으로부터 자연스럽게 선택되었다고 생각된다.

### (2) 국화문양

국화문양의 기원에 대해서 일본의 학자들 사이에서도 이견이 있지만, 예로부터 국화는 꽃 중의 군자로 여겨져 향기, 색, 품위는 물론 약초로도 이용되는 점 등을 보아 왕실의 문장으로 디자인한 것이라는 것에 대부분 동의를 하고 있다. 이러한 국화꽃이 언제부터 황실의 문장이 되었는지는 확실하게 알려져 있지 않지만 황실에서 선호한 꽃이었던 것으로 보인다.[52]

양식적으로 황실 국화문장의 형태는 꽃잎이 16장이라는 점을 제외하고는 크기, 치수, 양식 등은 다양하게 존재해 왔다. 명치유신明治維新 이후 황실 문양으로서 국화의 위상을 확립하기 위해 1868년(明治 원년) 3월 28일 포고 제19호로 국화문양을 개인적으로 사용하는 것을 금지시켰다.[53] 1869년(明治 2)에는 황실의 국화꽃 문장을 나누어 친왕가의 문장은 14 혹은 15 이하의 꽃잎으로 한다는 포고가 있었고,[54] 이후 1871년(明治 4) 황족의 문장을 정하면서 다시 금지령이 내려졌다.[55] 이때의 황족 문장은 국화 꽃잎

---

51_ 佐野惠, 『皇室の御紋章』(東京 : 三省堂, 1933), 108~110面.

52_ 위의 책, 1~14面.

53_ 提燈又ハ陶器其外賣物等ヘ御紋ヲ畵キ候事共如何ノ儀ニ候以來右ノ類御紋ヲ私ニ附ケ工事吃度可禁止致旨被仰出候事. 明治 원년 3월 28일 포고 제19호, 『皇室の御紋章』, 10面 재인용.

54_ 明治 2년 8월 25일 포고 제802호 『皇室の御紋章』, 11面 재인용.

55_ 明治 4년 6월 17일. 太政官日誌菊花紋禁止之儀兼御布告有之候處, 猶又向後由緖之有無不關皇族之外總被禁止候尤御紋紛敷品相用候儀同樣不相成候條相改可申事. 但, 從來諸社頭 於相用來候分地方官於取調可申出事 皇族家紋, 雛形之通被定候事[14葉一重裏菊].

〈그림 3-22〉 시종직 및 식부직 대례복의 국화문양

이 14장인 이국裏菊인데, 국화꽃을 안에서부터 보고 그 형태를 도안화한 것이다.[56]

일본의 서구식 대례복에서 이용된 국화꽃문양은 황족대례복과 시종직 및 식부직 대례복에서 자수하도록 규정되었다. 먼저 1872년(明治 6)에 제정된 황족대례복의 국화문양을 살펴보면 '14엽일중이국14葉一重裏菊'으로 규정되어 있다. 그 형태에 대하여는 〈표 3-10〉의 황족대례복 도식과 〈그림 3-15〉에서 확인할 수 있다.

다음으로 1884년(明治 17)에 제정된 시종직 및 식부직 대례복의 국화문양은 국화꽃만으로 도안된 것이 아니라 꽃과 잎을 이용하여 줄기로 표현한 것이다. 이를 자세히 살펴보면 〈표 3-14〉와 〈그림 3-18〉, 〈그림 3-19〉와 같다. 이를 확대한 것이 〈그림 3-22〉의 문양으로, 국화 꽃잎이 9장이고 측면에서 본 모양이기 때문에 기존의 국화문양과는 차별화되어 도안된 것으로 여겨진다.

이상으로 살펴본 일본 대례복의 문장으로 동문양과 국화문양은 황실의 문양으로부터 일본이라는 국가를 상징하는 문양으로 의미전환이 된 것이다. 동문양은 보다 넓은 의미로 문관대례복에 이용되었고 국화문양은 천황가, 황족, 시종직 및 식부직의 대례복에 이용되어 황실을 대표하는 의미가 보다 강하였던 것을 알 수 있다.

56_ うらぎく[裏菊]菊の花を裏から見た形の図案. 紋所・衣服の模様, 鎧(よろい)の飾り金具などに用いる. 『大辞泉』 참고.

# 서구식 대례복의
# 초기 인식과
# 경험

## 04

서계문제를 통해 보는 서구식 대례복에 대한 최초 인식
수신사, 조사시찰단의 일본에서의 양복 경험

## 1. 서계문제를 통해 보는 서구식 대례복에 대한 최초 인식

### 1) 서계문제로 인한 서구식 대례복의 인식

조선후기에 조선과 일본의 관계는 교린의 관계로 쓰시마對馬島를 경유하여 바쿠후幕府로 연결되었다. 대마도는 조선이 수여한 도서圖書, 즉 인장印章을 사용함으로써 조선과 대마도의 관계는 상하관계로 인식되어 왔다.[1]

『통문관지通文館志』 교린편을 살펴보면 "만력萬曆 기유년己酉年(1609, 광해군 1)에 약조를 정하였다. 일본 국왕이 사신을 보내는 관례가 없어지고, 일이 있으면 대마도의 왜인들이 관백關白의 뜻이라고 하여 대차왜大差倭를 정하여 보내었다. 상경하기를 청하였으나 모두 상경하는 것을 허락하지 않고 그들로 하여금 부산관에 나아가 숙배하고 사례하게 하며 연향을 베풀어 음식을 접대하고 서계를 수납한다."고 기록되어 있다. 이때 주고받는 외교문서를 서계書契라고 하는데 여기에도 규정과 격식이 엄격하게 정해져 있었다.

조선과 일본에서 임진왜란 이후 다시 설정된 교린관계가 250년 이상 지속되고 있던 1868년, 일본에서 명치유신明治維新이 일어나 정체政體에 변화가 생기가 되었다. 일본은

---

1_ 김용구, 『세계관 충돌과 한말 외교사, 1866~1882』(서울 : 문학과 지성사, 2001), 149쪽.

이를 조선에 알리고자 새로운 형식의 서계를 보낼 테니 받아줄 수 있는지를 묻는 서계, 소위 선문서계先問書契를 보냈다. 『용호한록龍湖閒錄』에 수록되어 있는 서계에는 일본의 정권이 일소一掃하여 황실에서 직접 통치함을 알리고, 쓰시마 번주의 명칭이 좌근위소장대마관평조신左近衛少將對馬官平朝臣으로 변경되었으며, 앞으로의 국서에는 조선이 수여한 도서가 아닌 새로운 인장을 사용하겠다는 내용이 담겨 있다. 일본을 황실로 칭하는 문제와 쓰시마 도주의 명칭 변경문제, 조선으로부터 받은 인장을 쓰지 않는 것은 기존의 교린 질서에서 사용할 수 없었던 형식이었다. 이에 서계를 받은 부산훈도訓導 안동준은 서계의 형식과 내용에 대해 항의하고 이를 접수하지 않으려고 하였고 다음 해에는 조선 조정도 접수할 수 없다는 것을 공식화하였다.[2]

1871년(明治 5) 8월 일본에서는 폐번치현廢藩置縣이 단행되어 대조선 업무를 쓰시마도주가 아닌 외무성에서 직접 담당하게 되었다. 또한 같은 해 일본은 서구식 대례복 제도를 공식적으로 채택함으로써 복식제도에 있어서도 변화가 생기게 되었다. 이에 1872년 2월 22일 일본의 국체가 변경되었음을 알리는 서계를 다시 보내오게 되었고, 조선이 계속 반발하였지만 일본은 일방적으로 조선과의 외교제도를 사실상 변경하는 조치를 계속 취하였다.[3]

새로운 형식의 서계접수 문제와 관련하여 조선과 일본 간 교섭과정을 간략하게 표로 정리하면 〈표 4-1〉과 같다.

---

2_ 『고종실록』 고종 6년 12월 13일 경무 庚戌.
3_ 金壽岩, 『韓國의 近代外交制度 硏究－外交官署와 常駐使節을 중심으로』(서울대학교 박사학위 논문, 2000), 31쪽.

| 조선 | | 일본 |
|---|---|---|
| 흥선대원군 집권 시기<br>서계의 형식과 내용에 의거하여 접수 거부<br>(고종실록 권6, 고종 6년 12월 13일 庚戌條) | ↙<br>↘ | 1868년 明治維新<br>先問書契(황실, 새 인장, 대마도주 명칭 변경)<br>(『龍湖閒錄』四, 1060<br>對馬島主書契及大修大差倭平和節書契別幅膽本) |
| | ↙ | 1871년 廢藩置県<br>조선문제를 외무성에서 담당함<br>1872년 서계를 다시 보냄 |
| 1873년 12월 고종 친정<br>1874 서계접수로 정책 변경<br>(승정원일기, 고종 11년 6월 29일 庚子條) | ↘<br>↙ | 1875년 外務大丞 서계<br>(일본어로 작성, 외무성 도장, 황상, 대일본)<br>(『龍湖閒錄』四, 1129 日本書契) |
| 서계접수는 보류하고 연향의식 제안 및 논의<br>(고종실록 권12, 고종 12년 2월 5일 癸酉) | → | 서구식 예복 착용, 정문 출입 주장<br>(고종실록 권12, 고종 12년 3월 4일 辛丑) |
| 거부<br>(고종실록 권12, 고종 12년 5월 10일 丙午) | ↙ | |
| | ↘ | 협상 결렬<br>1875년 8월 운요호 사건<br>(고종실록 권12, 고종 12년 8월 22일 丙戌) |

| 1876년 2월 강화도조약 체결(고종실록 권13, 고종13년 2월 3일 乙丑) |
|---|

\* (　)는 내용의 출전

서계로 인해 조선과 일본이 갈등을 겪고 있던 시기인 1873년 12월 조선에서는 흥선대원군이 물러나고 고종의 친정이 시작되었다. 고종은 서계접수에 찬성하는 입장을 가지고 있었던 박규수와 함께 일본과의 서계문제를 우호적으로 해결하려고 하였다. 박규수는 "(일본이 보낸 서계가) 규정에 어긋난다고 하여 그 글을 물리치고 받지 않은 지 여러 해 되었다. 이대로 그냥 둔 채 마무리를 짓지 않으면 어찌 혐의하여 틈이 생기지 않을 수 있겠는가."라며 서계의 접수를 주장하였고 이러한 논의 끝에 조선 조정이 직접 서계접수를 추진하게 되었다.[4] 이로부터 1874년 8월 9일 새로 부임한 훈도 현석운玄昔運, 별차 현제숙玄濟舜과 일본 외무성 직원 모리야마 시게루森山茂가 부산에서

---

4_ 『고종실록』 고종 11년 6월 29일 庚子條.

회담하게 되었는데 이는 조선이 최초로 직접 일본의 외무성 관리를 접견한 것이다.[5] 이 자리에서 조선이 먼저 서계를 만들어 가지고 일본에 사신을 청해서 오게 하는 것을 결정하였다.[6]

1875년 2월 24일 모리야마가 일본 외무대승이 조선 예조참판에게 보내는 새로운 서계를 지참하고 화륜선을 타고 다시 부산에 도착하였다. 이때의 서계 역시 원문은 일본어로 작성되었고 외무성 도장을 찍었으며 '대일본大日本', '황상皇上'의 자구가 그대로 있었다.[7] 이에 훈도 현석운은 화륜선을 타고 온 점, 일본어로 작성된 점, 황상의 '황皇', 대일본의 '대大' 등을 쓴 점을 강력히 문제 삼았다.[8] 조선 조정에서는 이에 대한 보고를 받고 온당치 못한 부분이 있지만, 교린을 위해 먼 길을 건너온 점을 생각하여 연향을 베풀어 위로하고 한문 번역본을 받아보고 규례에 어긋난 부분을 고쳐 받기로 하였다.[9] 이와 같이 새로운 형식의 서계접수에 대한 것은 설득하여 다시 받는 것으로 하고 연향을 베풀려는 과정에서 서구식 예복 문제가 발생하였다.

동래부사가 먼 바닷길을 건너온 수고를 위로하기 위해 연향을 베풀려고 하는 상황에서 일본측은 '서구식 예복'을 입고 '정문 출입'을 하겠다고 주장하기 시작하였다. 이에 동래부사는 혼자서 결정할 수 없는 일이라고 판단하고 조선조정에 문의를 하게 된다. 조선조정에서는 1875년 2월에 일본 사람들에게 연회를 차려주는 문제와 서계의 격식이 어긋나면 돌려주는 문제, 새 인장을 사용하는 문제, 통행증명서의 격식을 고치는 등의 문제를 가지고 연이어 회답보고를 올리고 규례에 어긋나지 않으면 받아들이고 격식을 어긴 것은 돌려주게 하는 회답을 보내고, 수고롭게 멀리 바다를 건너와 교린의 우호를 닦은 데 대해 별도로 연향을 베풀어 주라고 누차 지시하였다.[10] 1875년 3월 5일 의정부의 보고에서 바뀐 복식을 착용하는 문제가 등장하고 있다. 동래부사

---

5_ 김용구, 앞의 책(2001), 171쪽.
6_ 『고종실록』 고종 11년 8월 9일 己卯조.
7_ 김용구, 앞의 책(2001), 171~172쪽.
8_ 『龍湖閒錄』四, 日本書契.
9_ 『고종실록』 고종 12년 2월 5일 癸酉조.
10_ 『고종실록』 고종 12년 2월 5일 癸酉, 2월 9일 丁丑.

황정연이 올린 장계 중 "일본인들이 음식을 차려주는 날에 여러 가지 의식절차를 미리 의논하여 결정하자고 하는데 의상을 바꾸어 착용하겠다는 등 이전의 규례와는 어긋나는 것이다. 이러한 문제로 토의하던 중 왜관 밖으로 뛰쳐나오겠다고 위협할 모의를 하고 있으니 뒷날의 폐단과 관계되기 때문에 당장 음식을 차려주기에 곤란한 점이 있어 묘당에 문의하여 처리해 주기 바란다."는 내용을 언급하면서 제반 문제는 옛 규례대로 엄격하게 시행하도록 지시하기를 청하여 고종이 이를 승인하고 있다.[11] 또한 5월 10일에는 현임 및 전임 대신들, 의정부 당상관들을 불러 서계접수와 관련된 제반 사항에 대한 의견을 물었다. 이 날 회의에서 판부사判府事 박규수는 '일본이 계속 거절 당한 데 대해 감정을 가질 것'을 우려하고 서계접수에 찬성하는 의견을 개진하였다. 그러나 좌의정 이최응李最應은 '서계를 외무성에서 보낸 것, 칭호를 마음대로 높여서 쓴 것, 연회의식 절차를 모두 바꾼 것'으로 인해 접수할 수 없다고 하였고, 우의정 김병국金炳國은 '서계에 사용되는 글자가 전례에 비교할 바 없이 다른 점, 특별히 연회를 차려주고자 하는데 의복 출입 문제를 야기 시켜 일을 지연시키는 점' 등을 들어 이 날 회의는 서계를 접수하지 않는 방향으로 종결되었고 조정에서는 따로 일에 능숙한 역관을 동래로 내려 보내어 바로잡게 하였다.[12] 이때 파견한 역관이 모리야마를 만나서 '이웃나라와의 모든 규례는 토의 결정한 옛 규례를 따라야 한다'고 타일렀다. 이에 대해 모리야마는 '파견관이 귀 조정의 파견관인 이상 예의의 도리로 볼 때 예복 차림으로 서로 만나야 할 것'을 강조하였고 역관은 '예복차림으로는 만날 수 없으며 서계도 볼 수 없다'고 하여 회담은 결렬되고 만다.[13] 보고를 받은 조정에서는 계속해서 서구식 대례복 문제와 정문출입 문제로 일이 지연되는 것을 우려하여 동래부사를 잘 타일러서 일본측이 우선 문건을 고쳐 오도록 몇 차례 더 지시하였다.[14]

일본 조정에도 "조선국 정부가 작년 가을 일본과의 수호 사건을 담당하여 노력하였

11_ 『고종실록』 고종 12년 3월 4일 辛丑.
12_ 『고종실록』 고종 12년 5월 10일 丙午.
13_ 『고종실록』 고종 12년 7월 9일 癸卯.
14_ 『고종실록』 고종 12년 8월 2일 丙寅, 8월 6일 庚午.

던 대신을 면직시키고 일본 서계의 국문체[日文體]를 한문체로 하지 않으면 안 되고, 황, 칙의 문자를 이용하고, 일본에 대자大字를 붙이는 것을 바꾸어 달라고 하며, 부사를 만날 때 새로 제정한 예복을 착용하고 정문으로 출입하는 것이 구례舊例에 없다고 하면서 거부하고 있다. 옛 관례에 의거하지 않는 것은 복색에만 한정하지 않고 모두 응낙하지 않는다고 확답함으로써 회견을 거부하고 있다."고 보고되고 있었다.[15]

서구식 대례복 착용 및 일본의 행례 절차 변경 요구와 조선의 거부가 팽팽하게 계속 맞서 이어짐으로써 결국 정상적인 교섭은 중단되고 말았다. 이후 이사관이 부산을 떠나 귀국하는 당일 강화도에서 운요호雲揚號 사건이 일어나게 되어[16] 결국 조선은 무력적인 개항에 직면하게 된다. 강화도에서 일어난 운요호 사건의 해결을 위해 이루어진 회담의 결과로 병자년 2월 강화도조약이 맺어지게 된다.[17] 이는 1856년 일본과 미국 간에 맺어진 조약 상황과도 같은데 일본은 조선 스스로 개항하고자 하는 의지를 무시하고 미국과의 불평등 조약 체결에서 배운 방법을 조선에 적용시킨 것이다. 이 과정에서 첨예한 문제로 작용한 서구식 예복은 조선의 정체성과 동일시되어 온 의관문물에 대한 자부심이 처음으로 문제시된 것이다. 이는 새로운 세계에 대한 개항으로 인해 조선이 새로운 정체성을 모색하여야 하고 그 변화가 의관문물로부터 시작됨을 의미한 것이자 반대로 조선의 의관문물이 조선의 정체성에서 가장 기본이 되는 것임을 반증하는 것이라 하겠다.

한편, 이 책의 3장에서 살펴본 바와 같이 일본은 1872년에 문관대례복을 서구식으로 제정하였고, 1875년(明治 8) 2월 9일에는 태정관 제18호로 문관대례복을 착용할 때의 행례로써 경례식敬禮式을 제정하고 발표하였다.[18] 이에 대하여 1881년 조사시찰단의 조사로 일본을 다녀온 강문형(1881~ 1999)은 『문견사건聞見事件』에서 "백관은 예복을 입고 장검을 패용하고 세 번의 국궁을 하는데 꿇어앉아 예를 표하는 절은 없이 대포

---

15_ 『明治天皇紀』明治 8년 6월 24일조에 첨가됨.
16_ 『고종실록』 고종 12년 8월 22일 丙戌.
17_ 『고종실록』 고종 13년 2월 3일 乙丑.
18_ 『法令全書』 1875년 2월 9일 태정관 제18호.

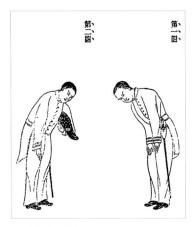

〈그림 4-1〉 最敬禮

일백일성을 쏘아서 이를 예로 한다고 칭한다."고 서술하였는데 복장의 변화뿐만 아니라 절하는 풍습의 변화는 당시 조선의 입장에서는 중요한 변화로 인식되었던 것을 알 수 있다. 〈그림 4-1〉은 대례복 착용 시의 최경례로 규정된 경례식으로, 경절, 천황 배알시, 제사 참배 시에 행하도록 규정되었다.

이상 고찰한 내용을 바탕으로 조선에서 연향절차의 논의라는 문제를 두고 일본과 갈등을 빚고 있던 1875년 당시 일본은 서양을 중심으로 하는 근대 주권 국가 간에 통용되던 서구식 대례복 제도를 받아들이고 이와 함께 행례절차의 변화로써 경례식을 제정함으로써 전통적인 예법이 아닌 서양의 예법을 따르게 되었음을 알 수 있다. 이로 인해 1875년 서계문제가 교착 상태에 빠질 때 일본의 서구식 예법과 조선의 전통식 예법이 충돌하게 된 것이다.

조선 측에서 베푸는 연향에 일본 측 대표인 모리야마는 서구식 예복을 착용할 것을 주장하였다. 하라다 다마키原田環는 이 예복을 대례복으로 보았는데 조선과 일본의 국가 간 외교적 상황이라는 측면에서 대례복이었을 가능성이 크다. 이에 대해서 『명치천황기明治天皇紀』에는 '신제新制의 예복제禮服制'로 기록되어 있고,[19] 『조선교제록朝鮮交際錄』에는 '아대소례복我大小禮服'으로 언급하고 있으며,[20] 『박규수전집朴珪壽全集』(1978)에는 '양복洋服'으로 수록되어 있다. 이는 대례복을 중심으로 하는 서구식 예복제도에 대한 조선과 일본의 인식 차이를 보여주는 것이다. 당시 일본은 서양적인 개념을 기준으로 대례복과 통상예복을 구별하여 착용하는 복식제도를 받아들였다. 따라서 일본은 조선과의 외교적 상황에서 서양 중심적 근대 국가 개념이 내포된 복식으로서 서구식 예복

19_ 『明治天皇紀』 明治 8년 6월 24일조에 첨가됨.
20_ 『對韓政策關係雜纂 朝鮮交際錄』 60호, 연도미상, 日本 東京 外交史料館 소장본.

을 착용하고자 한 것인데 비하여, 조선은 교린의 관계를 회복하기 위해 베푸는 연향 의식이라는 측면에서 구례舊例의 복식을 착용하지 않는 이상 모두 서양인의 옷, 즉 양복으로 인식한 것이다.

## 2) 서구식 대례복 제도에 대한 조선의 최초 시각

『통문관지通文館志』 교린상交隣上의 연향의宴享儀에는 일본의 복색服色에 대하여 "복색은 그들에게 서로 억압하려는 뜻이 없기 때문에 그때에 착용하는 바에 따라서 접대한다. 임신년(1632, 인조 10)에 법식으로 정하였다."고 기록되어 있다. 이를 통해 조선이 교린 관계인 일본의 복색에 대해 특별히 규정한 바가 없었고 오히려 그들이 무엇을 착용하든 개의치 않았음을 확인할 수 있다. 이러한 인식은 전통적으로 조선과 일본이 동아시아 유교 문화권 복식의 보편성을 공유한 가운데 각 국의 특수성을 인정하였기 때문에 가능하였다. 그러나 조선은 개항 직전 서계문제 당시의 서구식 예복에 대해서는 강하게 반발하고 있다. 이는 당시 새롭게 부각해 온 서양인의 복식으로서 서구식 예복 제도에 대한 조선의 시각이 더해져서 생긴 반발이라고 할 수 있다.

〈표 4-2〉 1875년 조선 訓導 玄昔運과 일본 理事官 森山茂의 논쟁

| 조선 訓導 玄昔運 | 일본 理事官 森山茂 |
|---|---|
| 57호, 乙亥 4월 초5일<br>客使의 의복 變改와 정문 출입, 本官이 영접하고 좌석이 서로 가까운 것은 전례가 없다. | 58호 明治 8년 5월 14일<br>무릇 (의관)제도문물은 수시로 바뀔 수 있다. 정문 출입은 대일본국의 파견관리로서 당연한 것이다. 이 두 가지는 일본국의 명분과 관련된 것으로 양보할 수 없다. |
| 59호, 乙亥 4월 12일<br>300년 서로 접해 있는 땅인데, 의제를 홀연히 바꾸니 우리의 놀라고 괴이함은 의문이 아니겠는가. 인정은 같을 텐데 하물며 의제가 닮아 있으면 우리 쪽에서 배척하겠는가. 객사의 의복은 다른 나라와 같다. … 고로 그 의제를 배척한다…. 무릇 옛 성왕의 예복은 상의하상의 제도가 있어서… 객사가 진실로 제도를 바꾸고자 한다면 어찌 이를 취하지 않고 저쪽 편을 취한 것인가. 옛적의 의복은 300년도 더 되었고 이 옷은 예경을 이루는 것이거늘 전후의 가불가가 어찌 있겠는가. | 60호 明治 8년 5월 17일<br>의제개혁에 대해서 이미 전년 가을(1874년)에 복제 도식을 전달했지만 아무 답이 없었다. 지금 수개월이 지나고 의제가 홀연히 바뀌었다고 말하는데 참으로 놀랍 |

| | |
|---|---|
| 61호 乙亥 4월 14일<br>일본의 근래 의복은 옛적의 의복이 아니라 다른 나라를 따른 것이다.<br><br>64호 乙亥 5월 21일<br>서로 접대의절을 행할 때 귀국의 복색이 옛것과 다른 것으로 인해 시행이 불가하다. | 고 괴이하다…. 일본의 大小禮服은 上古의 제도를 모방한 것이다. 오늘날 그 의제를 배척함은 일본을 배척하는 것이다. |

\* 당시 조선은 음력을, 일본은 양력을 사용하고 있었다.

조선에서 서구식 대례복에 대한 최초의 시각이 어떠했는지 살펴보기 위해 대한정책관계잡찬對韓政策關係雜纂 『조선교제록朝鮮交際錄』의 57호, 58호, 59호, 60호, 61호, 64호의 훈도 현석운과 모리야마 간 논쟁에서 예복 관련 내용을 정리하면 위의 〈표 4-2〉와 같다. 본 연구에서 참고한 『조선교제록朝鮮交際錄』은 일본 외교사료관 소장본으로, 서울대학교 고문헌자료실 소장의 『조선교제시말朝鮮交際始末』에는 같은 내용으로 '호수號數' 없이 날짜순으로 기록되어 있다.

내용을 간략화한 〈표 4-2〉를 중심으로 볼 때, 일본 측이 서구식 예복을 착용하고 그에 따라 행례 절차를 바꾸고자 하는 것은 연향의식의 형식에 관련된 문제이긴 하지만 조선의 입장에서는 아직 받아들이기 어려운 사항이었음을 확인할 수 있다. 서구식 예복에 대한 조선의 입장은 다음의 두 가지로 정리될 수 있다.

먼저 전통적인 조선 복식에 대한 자부심이다. 이는 "성왕의 예복은 상의하상上衣下裳의 제도가 있어서… 옛적의 의복은 300년도 더 되었고 이 옷은 예경禮敬을 이루는 것이거늘 전후의 가불가가 어찌 있겠는가."라는 조선 측 대표의 대응에서 확인된다. 이를 이해하기 위해서는 '의상衣裳, 의관衣冠'의 함의에 대한 이해가 있어야 한다. 조선에서 의관문물의 중요성은 조선과 거의 동일시되었다. 특히 조선의 의관문물衣冠文物은 조선후기의 조선중화주의와 결부되어 조선만이 유일한 중화문화의 계승자라는 자부심의 표상으로 인식되었다. 따라서 당시 유교적인 세계관에 의하면 이는 형식적이고 지엽적인 복장문제 정도로 치부될 사항이 아니라 조선의 정체성과 직결되는 문제였다고 할 수 있다.

서계문제 당시 일본과의 협상 과정에서 나타나는 일본의 서양 예복 제도 수용에 대한 반감은 후술할 일본으로 파견된 수신사, 조사시찰단의 기록에서도 찾아볼 수 있다. 또한 이후 조선에서 의제개혁을 논의하는 과정에서도 반복적으로 개입되어 정치적, 외교적으로 심각한 상황을 초래하게 된다. 이는 그만큼 조선인에게 의관문물이 중요했었다는 반증이 될 수 있을 것이다.

다음으로, 일본이 새롭게 받아들인 예복을 '다른 나라, 저쪽 편'의 의복으로 표현하고 있는데 이는 서양을 지칭하고 있는 것이다. 개항 직전 조선의 대서양 정책을 통해 조선이 서양인의 옷, 즉 양복을 어떻게 보고 있었는지 미루어 짐작할 수 있다. 조선은 서양세력의 계속적인 도전으로 인해 병인양요(1866)와 신미양요(1871)를 겪었으며 특히 남연군묘 도굴 시도라는 충격적인 사건으로 인해 홍선대원군은 전국에 척화비를 세워서 '서양 오랑캐가 침범할 때 싸우지 않고 화평하려 한다면 나라를 파는 것과 같다'는 것을 국가 시책으로 삼았다.[21] 중화사상을 근거로 하여 서양을 '양이洋夷'로 규정한 것이다. 따라서 서양이 양이인 이상 양복은 '양이의 복식'일 수밖에 없다. 이와 같이 당시 양이로 여겼던 서양인들의 복식인 양복에 대한 반감이 먼저 형성되어 있었기 때문에 양복을 착용하고 새로운 관계맺음을 요구하는 일본 역시 인정하기는 어려운 상황이었다. 서계문제 이후 조선에서는 일본이 양이洋夷와 한 통속이라는 '왜양일체倭洋一體' 개념이 확산되게 되는데 그 매개체로 작용한 것은 바로 양복(대례복)과 화륜선이었다.[22] 이러한 측면에서 조선이 일본의 서구식 예복 수용을 인정하기 위해서는 서양에 대한 인정이 선행되어야 함을 추론할 수 있다.

일본 측에서는 서구식 예복에 대해 '(의관)문물제도는 수시로 바뀔 수 있는 것'인데 '현행의 대소예복大小禮服은 상고上古의 제도'였다고 주장하고 있다. 이는 1871년(明治 4) 시행된 일본의 '산발폐도령散髮廢刀令'과 함께 내려진 메이지천황의 '복제일신服制一新에 관한 조칙'의 내용과 같다.[23] 일본에서도 유교 의식이 투철한 이들에 의해 존왕양이尊

---

21_ 『고종실록』 고종 8년 4월 25일 甲申.
22_ 김수암, 「1970년대 조선의 대일관 : 교린질서와 만국공법질서의 충돌」, 『한국정치외교사논총』 25(1)(2003), 12쪽.

王攘夷 운동이 있기는 했지만 조선보다는 유교의 토착화 정도가 깊지 않았다는 점, 서양문물에 대한 기호와 호기심이 이전 시기부터 있어 왔다는 점, 메이지 정부에 의한 서양화 개혁이 철저히 진행되면서 양복의 형태가 일본의 오래된 전통에 부합됨을 강조한 점 등에 의해 서구식 대례복 제도가 어느 정도 받아들여지고 있었고,[24] 조선과 교섭할 당시에는 이미 법적인 측면에서 서구식 예복을 착용하지 않으면 안 되는 상황이었다. 그러므로 바뀐 복제와 행례 절차를 고수하여 자국의 법을 지킨다는 것은 어찌 보면 당연한 것이다. 이러한 측면에서 조선에 대해서 '일본의 예복을 인정할 수 없는 것은 사실상 일본을 인정할 수 없는 것'이라고 주장한 것이다. 즉 양복착용의 거부는 명치유신明治維新에 대한 거부이고 이는 일본국의 명분과 관련이 있다고 여겼다.

이와 같이 조선과 일본 양측에 있어 복식제도는 정체성과 직결된 문제로 인식되었고 자국의 입장을 고수함으로써 타협의 여지를 남기지 못했던 것으로 생각된다. 조선이 7, 8년에 걸쳐 받아들일 수 없었던 서계의 내용과 형식까지도 어느 정도 양보하면서 다시 작성하여 접수하려고 하고 먼 바닷길을 건너온 노고를 치하하기 위해 마련할 예정이었던 연향예식은 서구식 예복 착용 문제로 인해 결국 결렬되기에 이른다.

그런데 일본 측에 있어서 이전까지 있어 왔던 조선과의 교린관계와 일본 내에서 복제개혁을 단행한 경험에 비추어 볼 때, 복장문제에 대한 조선의 반응을 전혀 예상하지 못했을 것으로는 생각되지 않기 때문에 조선의 거부반응을 예상하고 무력으로 조선을 개항시키고자 하는 의도를 염두에 두고 억지를 부린 측면 역시 간과할 수 없다. 이태진은 1875년 국교수립 마지막 절차에서 일본 측이 복제문제로 협상을 결렬시킨 것은 조선의 개방주의로 협상이 그들이 바라지 않는 방향으로 흘러갔기 때문이라고 보았다.[25] 다시 말해서 일본은 조선 스스로 개방을 취하여 정상적 협상으로 흘러가는 것을 바란 것이 아니라 무력 위협으로서 운요호 사건을 염두에 두고 있었다고 보는 견해이다. 하라다 다마키原田環(1997)도 모리야마가 양복을 고집하는 것에 대해 양복 착

---

23_ 『明治編年史』 明治 4년 4월 9일.
24_ 이경미, 「19세기 개항이후 한일 복식제도 비교」, 『복식』 50(8)(2000), 159~161쪽.
25_ 이태진, 『고종시대의 재조명』(서울 : 태학사, 2000), 160~162쪽.

용을 국가의 명분으로까지 생각하여, 막다른 곳으로 치닫게 했다고 평가하면서도 조선 내에 서계접수를 주장하는 사람들의 입장을 곤란하게 하여 조선 내부의 정치적 대립을 이용해서 유리한 상황을 만들어 내었다고 보았다.[26] 이들 견해는 일본이 서구식 예복 문제를 외교적으로 이용하여 자신들에게 유리한 상황을 만들었을 가능성을 지적한 것이다.

서구식 대례복 착용 및 일본의 행례 절차 변경 요구와 조선의 거부가 팽팽하게 계속 맞서 이어짐으로써 결국 정상적인 교섭은 중단.되고 말았다. 이후 이사관이 부산을 떠나 귀국하는 당일 강화도에서 운요호雲揚號 사건이 일어나게 되어[27] 조선은 무력적인 개항에 직면하게 된다. 강화도에서 일어난 운요호 사건의 해결을 위해 이루어진 회담의 결과로 병자년 2월 강화도조약이 맺어지게 된다.[28]

〈그림 4-2〉는 앞에서 살펴본 서계문제 당시 일본 측 대표로 부산에 파견되었던 일본 외무성 이사관理事官 모리야마 시게루森山茂의 서구식 대례복 차림이다. 서계의 접수라는 오랜 갈등에 현명하게 대처하지 못한 조선과 일본은 강화도조약으로 회담장에서 만나게 되는데 〈그림 4-3〉은 당시의 회담모습을 스케치한 것으로 알려진 일러스트이다. 양복을 입은 일본 측과 전통식 관복을 입은 조선 측으로 양자가 구별되고 있음을 확인할 수 있다. 이는 1856년 일본과 미국 간에 맺어진 조약 상황과도 같은데 일본은 조선 스스로 개항하고자 하는 의지를 무시하고 미국과의 불평등 조약 체결에서 배운 방법을 조선에 적용시킨 것이다. 이 과정에서 첨예한 문제로 작용한 서구식 예복은 조선의 정체성과 동일시되어 온 의관문물에 대한 자부심이 처음으로 문제시된 것이다. 이는 새로운 세계에 대한 개항으로 인해 조선이 새로운 정체성을 모색하여야

〈그림 4-2〉 森山茂

26_ 原田環, 『朝鮮の開國と近代化』(廣島 : 溪水社, 1997), 168~169面.
27_ 『고종실록』 고종 12년 8월 22일 丙戌.
28_ 『고종실록』 고종 13년 2월 3일 乙丑.

〈그림 4-3〉 강화도조약 회담장면

하고 그 변화가 의관문물로부터 시작됨을 의미한 것이자 반대로 조선의 의관문물이 조선의 정체성에서 가장 기본이 되는 것임을 반증하는 것이라 하겠다.

한편, 〈표 4-2〉의 문서 60호에 의거하면 1874년 가을에 일본의 대례복 도식이 조선에 전달된 것을 알 수 있지만, 일본이 도입한 서구식 예복 제도를 조사해 보려는 시도가 있었던 것으로는 생각되지 않는다. 오히려 대수롭지 않게 여겼던 것으로 여겨지고 1875년까지도 조선에서는 일본이 제정한 서구식 예복 제도에 대해 계속 괴이하게 여기고 있었던 것으로 보인다.

이상 살펴본 바와 같이 개항에 앞서 서계문제와 관련된 교섭 과정에서 조선에 서구식 예복 문제가 공식적으로 등장하였고 조선에 최초로 소개된 양복은 일본에서 제정한 서구식 예복이었다. 일본은 서구식 예복을 제도로 받아들인 자국을 인정해 줄 것을 조선에 강력하게 요구하였다. 이를 통해 조선은 서구식 예복 착용이 새로운 외교관계에 있어서 문제시 될 수 있다는 것을 처음으로 경험하게 되었다.

조선은 오랫동안 교린관계였던 일본의 복식에 대해 특별한 제약을 두지 않았다. 그러나 개항 직전의 조선에 있어서 일본이 새롭게 받아들인 서구식 대례복은 국경을 넘보는 '양이洋夷'의 복식으로 여겨졌으므로 이를 일관되게 거부하였다.

결과적으로 일본이 받아들인 서구식 대례복 제도는 조선 정체성의 가장 대표적인 의관문물제도에 대한 인식전환을 전제로 하여 인정될 수 있는 것이었고, 복식 양식적 문제를 떠나 새롭게 등장한 서양 세력을 어떻게 받아들일 것인가와 맞물려 있었다. 이로써 동아시아의 전통적인 국가 관계로서 사대교린 체제가 근대 국가 관계인 외교 체제로 변화되어야 할 상황에서 서구식 대례복 제도의 채택은 새로운 정치 외교적 쟁점으로 부각되고 있었음을 추측할 수 있다.

## 2. 수신사, 조사시찰단의 일본에서의 양복 경험

### 1) 1876년 수신사 김기수의 복식 및 복식관

조선은 일본에 개항한 직후인 1876년 4월에서 5월(음력)에 걸쳐 예조참의禮曹參議 김기수를 수신사로 하여 일본에 처음으로 사절을 파견하였다. 김기수의 수신사 복명기록으로는 『일동기유日東記游』, 『수신사일기修信使日記』 권1이 있다.

먼저 수신사 김기수 일행의 복식에 대해서 살펴보면 다음과 같다. 1876년(明治 9) 5월 30일(양력) 일본의 신문들에는 조선 수신사 일행의 입경入京에 대한 묘사가 자세히 나와 있다. 『동경서東京曙』에서는 수신사에 대해서 "검은색 립笠과 려絽나 사紗로 만든 자색 포袍를 입고 있다."고 서술하고 있고, 『동경일일東京日日』에서는 "검은색 관과 검은색 포를 입었다."고 서술되어 있으며, 입경入京 장면을 묘사하고 있는 〈그림 4-4〉의 일러스트에도 갓으로 보이는 검은색 쓰개와 검은색 포로 표현되어 있다.

한편, 실내 사진관에서 촬영한 〈그림 4-5〉에서 김기수는 사방관에 학창의를 입고 있고, 〈그림 4-6〉과 같이 인력거를 타고 있는 수행원의 외출 상황과 〈그림 4-7〉의 숙소에서도 역시 편복을 입고 있다. 『수신사일기修信使日記』 권1의 입시례入侍禮에는

| 1 | 2 |
| 3 | 4 |

1 〈그림 4-4〉 入京하는 김기수 일행    2 〈그림 4-5〉 수신사 김기수
3 〈그림 4-6〉 인력거를 탄 수신사일행    4 〈그림 4-7〉 숙소에서 김기수 일행

일본의 천황을 알현하기 위한 행례를 논의하는 자리에서 합문閤門 밖에서 흑단령을
입고 숙배례를 한 후 입시하라는 명이 있으면 '홍단령'으로 갈아입는 조선의 행례行
禮를 설명하고, 실제로 왕을 만나는 장소에서는 흑단령과 홍단령을 차례로 착용하였
다. 따라서 이를 종합하면 왕을 알현하는 공식적인 자리에서 관복인 흑단령을 착용
하고 그 외는 사복으로서 조선의 편복관과 편복포를 착용한 것으로 추정할 수 있다.
　『일동기유日東記游』의 일본의 외무대승大丞과 의복제도 및 행례에 관하여 논하는 기
록을 통해 그의 복식관을 살펴보면, 일본인의 의복이 상의하상上衣下裳의 여유로운 옷

이 아닌 것에 놀람을 표현하였고 이에 대해 대승大丞은 '부득이한 것'이라고 답하고 조무령왕 고사를 예로 들면서 조선의 의제 역시 수시로 변하지 않느냐고 되묻고 있다. 이에 김기수는 "조선은 명明의 의복제도를 따른 지 오백 년에 이르러 상하 귀천이 하나로 같은 규정을 따르고 아직 변한 바가 없었다."고 답함으로써 전통적인 조선후기의 복식관을 그대로 보여주고 있다. 일본의 복식 변화와 그 모습에 대해 『일동기유日東記游』 행례行禮 의복부십일칙衣服附十一則'에서 다음과 같이 서술하고 있다.

의관은 모두 양제洋製라고 한다. 그들의 공복公服은 바지가 몸에 착 붙어서 조금도 여유가 없으므로 일어서면 뒤의 둔퇴臀腿와 앞의 외신外腎 있는 곳을 만져 보지 않고도 알 수가 있다. 저고리도 팔꿈치에서 어깨까지는 바지의 다리 부분과 같고, 몸 가까이 붙은 데는 넓고 여유가 있어 마치 스님[僧]의 저고리와 같다. 옷감은 흑전黑氈을 많이 쓰지만, 백색과 흑백을 섞어서 쓰기도 한다. 바느질도 역시 가로 세로를 어긋나게 하고, 조각조각을 서로 붙이며, 느슨하게 벌어진 틈(주머니)이 있어서 여기에다 물건을 넣어 둔다… 신은 검은색 칠을 한 가죽을 신는데 앞은 돼지 주둥이처럼 뾰족하고, 뒤는 나막신처럼 굽이 있다. 신기는 버선과 같이 하는데 복사뼈를 훨씬 올라가고, 벗기는 신처럼 하는데 땅에 놓아둔다. 그러나 복사뼈에 너무 끼기 때문에 벗고 신는데 모두 힘이 드니, 중국 여자들의 전족과 같이 더할 수 없이 고통스러운 일이다… 모자는 이마가 둥글고 바로 두뇌를 누른다. 둘레에는 첨簷이 있어서 겨우 볕을 가리울 만하다. 검은색도 있고 흰색도 있는데 모두 모전[氈]을 사용한다… 그들의 이른바 품복品服이라는 것은, 저고리는 금 비단조각金繡로 만드는데 그 조각의 많고 적음이 품의 높고 낮음을 표시한다. 모자는 퍼지지 않는 연잎[荷葉]과 같은데, 대개 초피貂皮를 쓰고 털은 매우 길다…일없이 한가히 거처할 때는 천황 이하의 관원이 모두 그 옛날 제도의 의상衣裳을 입는데, 머리털을 모두 잘라 버렸으니 어떤 관冠의 제도가 있는지 보지를 못하였다…[29]

이를 보면 새롭게 제정된 서양식 복제服制를 공복公服, 품복品服으로 지칭하면서 당시

29_ 金綺秀, 『日東記游』, 120~121쪽; 국사편찬위원회 편, 『한국사료총서』 제9 修信使 記錄을 참고하였음.

일본에서 공식적으로 착용하고 있는 양복의 상의, 바지, 모자, 신은 물론이고, 의료衣料와 구성법에 대해서까지 상세히 묘사하고 있다. 양복 상의에 대해 바지와 같이 여유분이 적다는 것을 중심적으로 서술한 것으로 보아 이를 전통 복식과 가장 다른 점으로 인식한 것으로 여겨진다. 특기할 것으로 의복 재료로 검은색 전氈을 많이 쓴다는 것과 한복과는 다른 양복의 구성법으로써 가로세로를 어긋나게 붙이고 주머니가 있다는 것을 서술하고 있는데 이를 통해 김기수가 양복에 대해 매우 세밀하게 관찰하였음을 알 수 있다. 새롭게 본 서양식 구두와 모자에 대해서 신기한 느낌과 함께 편하지 못함을 지적하고 있는데 여기에서의 '편하다'는 오랫동안 적응하여 '익숙한' 상태가 아니기 때문에 겪는 느낌이 아닌가 한다. 오늘날의 관점에서는 오히려 그 반대로 여겨질 수 있는 이러한 느낌에 대해 개항 당시의 조선인들의 입장에서 생각할 필요가 있을 것으로 여겨진다. 김기수는 연거시에 구제舊制를 입는다는 것과 단발에 대해 언급하면서 아쉬운 감정을 비쳤는데 이는 김기수가 일관되게 조선의 전통 의관에 대해 가진 자부심을 반영하여 표현한 것으로 볼 수 있다.

### 2) 1880년 수신사 김홍집의 복식 및 복식관

2차 수신사 김홍집金弘集은 세계대세를 살피기 위하여 1880년 6월부터 8월(음력)에 걸쳐 일본으로 파견되었다. 김홍집의 수신사 복명기록으로는 『수신사일기修信使日記』권2가 있다. 그는 일본에서 머무르는 동안 〈그림 4-8〉의 사모를 쓰고 쌍학흉배를 단 단령 차림의 사진을 남기고 있는데, 김기수의 사진과 마찬가지로 수신사 인장을 옆에 두고 사진을 찍고 있다. 조선으로 돌아오는 길에 동행한 영국인 화가가 그린 삽화인 〈그림 4-9〉에는 갓을 쓰고 편복의 포류와 전복을 입은 수신사 일행의 모습을 확인할 수 있다. 이들 두 자료를 통하여 김홍집도 공식적인 일정을 위해서는 사모, 단령의 관복을 착용하고 사적인 일정에서는 편복을 착용한 것을 추측할 수 있다. 김홍집의 『수신사일기修信使日記』권2에서 일본의 의복제도에 대해 "근년에 국가 규칙으로 완전히 서양제를 따르고 있지만 구식의복도 역시 존재하여 비록 조사朝士이더라도 집에 있을 때는 옷

〈그림 4-8〉 수신사 김홍집　　　　　　　　　　〈그림 4-9〉 귀국하는 배 안에서 김홍집 일행

을 갈아 입는다."고 적고 있다.[30] 1880년(고종 17) 8월 28일 실록과 『수신사일기修信使日記』 권2를 보면, 김홍집이 돌아오자 고종이 일본의 행정, 외교, 교통, 풍속의 변화 양상에 대하여 매우 자세하게 질문을 하는 내용이 나온다. 당시 고종은 일본의 여러 가지 변화를 자세히 알고 싶어 하였던 것으로 여겨지는데 김홍집의 일본 경험을 소상하게 묻고 있다. 이 중 복식에 관해서 고종은 의제개혁 후에도 풍속을 고치지 않고 구복舊服을 입는 사람들에 대한 질문을 하였고 김홍집은 "그들 중에 글을 하는 사람들이 많았고 자못 가상하다."고 전하고 있다. 이를 통해 김홍집 역시 김기수와 마찬가지로 전통적인 복식관으로부터 크게 벗어나지 않고 있음을 확인할 수 있다. 한편, 고종은 스스로 복제개혁에 대한 관심이 있었고 나름의 정보 수집을 하고 있었다는 사실을 확인할 수 있는 대목이라고 할 수 있다.

---

30_ 金弘集, 『修信使日記』 二, 155~159쪽. 본 사료 역시 위의 자료를 참고함.

## 3) 1881년 조사시찰단의 복식 및 복식관

### (1) 조사시찰단의 구성

조사시찰단(소위 "신사유람단紳士遊覽團")의 공식명칭은 '동래부東萊府 암행어사暗行御史'로, 1881년 4월초부터 윤 7월까지 약 4개월에 걸쳐 일본의 문물제도를 시찰하고자 파견되었다. 총 인원 64명으로 구성된 조사시찰단은 강문형姜文馨(1831~?), 김용원金鏞元(1842~?), 민종묵閔種默(1835~1916), 박정양朴定陽(1841~1904), 심상학沈相學(1845~?), 어윤중魚允中(1848~1896), 엄세영嚴世永(1831~1899), 조병직趙秉稷(1833~1901), 조준영趙準永(1833~1886), 이원회李元會(1827~?), 이헌영李𨯶永(1835~1907), 홍영식洪英植(1855~1884)의 12명의 조사朝士, 27명의 수원隨員, 10명의 통사通事(통역관), 13명의 하인, 2명의 일본인 통역으로 이루어져 있었다.[31] 조사朝士 중 한 명인 이헌영의 『일사집략日槎集略』의 봉서奉書에는 마패와 함께 "일본의 조정논의와 시세 형편, 풍속과 인물, 수교와 통상을 시찰하고 별단別單으로 조용히 보고하라."는 어명이 적혀 있다.[32] 이들의 파견은 고종에 의해 이루어졌지만 일본 정부에 공식적으로 의뢰한 시찰단은 아니었고, 이들의 움직임도 매우 조심스럽게 지시되어 동래부에 개별적으로 모인 다음 일본행 화륜선에 오르는 형식이었다. 이들 조사시찰단에는 복식사에서 자주 거론되는 최초의 양복신사인 서광범은 속해 있지 않고, 어윤중의 수행원으로 최초의 일본 유학생인 유길준, 유정수, 윤치호가 포함되어 있다.

이들 조사들에게는 일본의 실정 전반을 관찰 보고할 임무 외에 일본 정부의 각 성과 세관의 운영상황 그리고 육군의 조련 등에 관한 것 가운데 한 가지를 각자 전문적으로 연구 조사하여 그 결과를 보고하는 임무가 부여되어 있었다. 이들은 자신들의 임무 수행을 보고서로 작성하여 그것을 고종에게 올렸는데, 이들의 보고서는 크게 두 종류, '문견사건聞見事件'과 '시찰기視察記'로 나눌 수 있다.[33] 이 중 복식에 관한 것은

---

31_ 허동현, 「朝士視察團(1881)의 日本見聞紀錄總攬」, 『史叢』 제48집, 23~24쪽. 조사시찰단을 다룬 연구로는 鄭玉子, 「紳士遊覽團考」, 『歷史學報』 27(1965) 이래 허동현의 연구가 다수 있다.

32_ 이헌영, 『日槎集略』, 東萊府暗行御史李𨯶永開坼簡紙外封書, 한국고전번역원 번역 참조.

33_ 허동현, 『近代韓日關係史硏究』(국학자료원, 2000), 70쪽.

'문견사건聞見事件'류에 서술되어 있다.

### (2) 조사시찰단의 복식 및 복식관

조사시찰단은 일본에 머무르는 동안 촬영된 몇 장의 사진을 남겼는데 이헌영의 『일사집략日槎集略』에도 7월 3일(계해癸亥)에 "낮에, 사진국寫眞局에 가서 사진을 찍었다. 엄령과 심령, 오위장도 동행하여 함께 찍었다. 사진국의 주인은 영목건운領木攓雲이었다."라고 적고 있어서 사진 오른쪽 하단에 붙어 있는 명함에서도 확인할 수 있다.

현재 한국교회사연구소에 소장되어 있는 사진 중 두 명의 조사와 네 명의 수행조사 사진이 1998년 "한국사진역사전"에서 소개된 바 있는데, 이를 근거로 하여 당시 이들이 일본에서 착용한 복식을 살펴보면 다음과 같다.

〈그림 4-10〉, 〈그림 4-11〉의 조사朝士 엄세영과 이헌영은 와룡관에 학창의를 입고 세조대를 띠고 있다. 또한 〈그림 4-12〉에서 수행조사 엄석주와 이필영은 와룡관을, 이종빈은 정자관을, 이상재는 사방관을 쓰고 있다. 포에 있어서는 소매가 넓거나 좁은 편복포에 세조대를 띠고 있기 때문에 모두 조선후기의 편복의 관과 포를 입고 있다고 할 수 있다. 조사시찰단 일행은 조선정부에서 파견되긴 하였으나 일본정부를 공식적으로 방문한 것은 아니기 때문에 왕을 알현하는 일정이 없으므로 이러한 차림을 주로 하였음을 추정할 수 있다. 이는 『일사집략日槎集略』 5월 3일 "아침을 먹고 나서 제공들과 함께 도포를 입고 적판성赤坂省 밖 동구東區로 나가 문묘文廟로 향했다."는 기록이 있어[34] 문헌을 통해서도 편복 착용을 확인할 수 있다.

〈그림 4-10〉 조사 엄세영

〈그림 4-11〉 조사 이헌영

〈그림 4-12〉 수행조사 엄석주 · 이필영 · 이종빈 · 이상재

　한편, 이들이 남긴 '문견사건聞見事件'을 살펴보면, 일본의 복식변화에 대한 관찰과 감상을 조금씩 남기고 있는데 조사들이 남긴 기록을 통해 확인할 수 있다. 박정양은 "상투머리인 자는 명령에 의해 머리를 깎고 예전의 천한 노예 가운데 문신하는 것은 폐지하고 부녀자가 이를 검게 물들이는 것도 금지하였다. 버선이 없었지만 홑버선을 신고 이전에 뒤가 없던 짚신은 가죽구두로 바뀌고 군주에서 군병에 이르기까지 모두 서양복을 모방하였다. 조사朝士는 영국 옷을 모방하고 그 색은 항상 검고 군병은 러시아 옷을 모방하여 그 색은 항상 희다. 서양 옷은 공복이 되고 옛 복식으로 사복을 한다."라고 서술하였다.[35] 일본에서 이루어진 단발령, 복제 개혁에 대한 관심을 표방한 것인데 이와 같은 취지로 엄세영(1871~1999) 역시 "의복의 제는 오모烏帽 하오리羽織 히타타레直垂 등을 입는데 명하기를 모두 착수窄袖 단몌短袂의 제도이고 단 공복에만 패도를 허용하였다. 군졸 무관으로부터 시작하여 5년 임신에 이르러 국주로부터 이하 내외 군민 모두 신복으로 변하였다. 그 전년 이미 국중 산발령을 행하였다. 조사는 예복을 행제시에 이용하고 사거에서 연거할 때는 구복의 상의하상을 입는다. 이로써 변하지

---

34_ 이헌영, 앞의 책, 地, 5월 3일, 甲子.

35_ 朴定陽, 「日本國聞見條件」, 『朝士視察團關係資料集』 12, 196쪽.

않은 법이 없고 고치지 않은 제도가 없다. 칭하여 말하기를 개화 유신 문명이라고 한다."고 서술하고 있다.[36] 조사들이 일본의 복제개혁에 관심을 둔다고는 해도 공적인 영역의 사무가 끝났을 때 집으로 돌아와서는 옛 복식으로 다시 돌아가는 것에 대해 특별히 언급한 것으로 보아 복제 개혁에 대한 아쉬움을 표현한 것이 아닐까 한다. 이는 앞서 살펴본 김기수, 김홍집과 마찬가지로 조선후기의 복식관을 통해 일본의 복제 개혁을 바라보고 있다고 할 수 있다. 이러한 견해는 조사 강문형과 조사 이헌영의 『문견사건聞見事件』에도 언급되고 있고 특히 이헌영은 "웃옷과 아래옷은 여유가 매우 적고 전모를 쓰고 칠한 가죽을 신는데 이를 서양제의 의복이라고 하지만 고친 이가 드물고 대수활령大袖闊領이 오히려 한가한 서배에게 많아서 옛 것을 따른다."고 서술함으로써 복제 개혁이 실제로는 그다지 실효성을 가지지 못한 것처럼 서술하고 있다.[37]

이를 종합해보면, 먼저 단발령에 관한 언급으로 당시에는 상투를 자른다는 것만으로도 매우 충격적인 개혁으로 받아들여졌을 것이다. 복식 개혁에 대한 언급으로, 양복형 의복에 대해 '서양복, 신복, 서제, 서양제' 등으로 서술하고 공식복의 경우는 공복, 예복의 명칭을 쓰고 있다. 박정양의 경우에는 영국제를 모방했다는 것과 색에 대해 기록하고 있다. 박정양, 엄세영, 강문형은 연거시에 구복을 입는 것을 특히 더 강조하여 서술하고 있는 것으로 보아 앞에서 살펴본 수신사 김기수, 김홍집과 마찬가지로 조선후기의 전통적인 복식관을 고수하고 있음을 확인할 수 있다. 본문에 소개한 내용 이외에도 장검 패용과 행례 풍습의 변화 등에 대한 서술도 일부 언급되고 있다. 조사시찰단은 일본의 복식제도 변화에 대해 자세히 조사할 의무가 없었는지 이전의 통신사나 연행사가 남긴 기록과 같은, 자신이 본 바에 대한 감상 수준에서 자신의 세계관을 투영하여 일본 복식의 변화를 서술하고 있는데, 일본이 받아들인 양복에 대한 이들의 시각은 조선후기의 복식관에 더 가깝다고 할 수 있다. 또한 이들이 국왕의 특명을 받고 조선 개혁과 관련된 시찰을 위해 파견된 암행어사 신분이라는 점에서 일본

---

36_ 嚴世永,「聞見事件」,『朝士視察團關係資料集』 12, 319쪽.

37_ 姜文馨,「聞見事件」,『朝士視察團關係資料集』 12, 12~13쪽; 李金憲 永,「聞見事件」,『朝士視察團關係資料集』 12, 510~511쪽.

에서 단발하고 양복을 착용하여 하이칼라의 개화신사가 되었다는 것은 추측하기 어려운 행동으로 여겨진다.

### 4) 1882년 수신사 박영효의 복식 및 복식관[38]

#### (1) 1882년 특명전권대사 겸 수신사 박영효의 복식

1882년 임오군란의 수습을 위해 박영효朴泳孝가 특명전권대사特命全權大使 겸 수신사의 명을 받아 일본으로 파견되었고, 전권부사 겸 수신부사 김만식金晩植, 종사관 서광범徐光範과 김옥균, 민영익이 수행원으로 동행하였다. 박영효의 수신사 복명 기록으로는 『사화기략使和記略』이 있는데 8월 9일(음력)에 제물포를 출발하여 일본 도착 후 11월 27일(음력) 돌아올 때까지 3개월 동안의 행적을 일자 별로 적고 있다.

〈그림 4-13〉 수신사 박영효의 사진

박영효의 복식에 관해서 조사해 본 결과, 안타깝게도 『사화기략使和記略』에는 그가 어떤 옷을 입고 있었는지 명칭이나 형태에 대한 언급은 나오지 않고 있다. 다만 앞의 수신사들과 마찬가지로 일본 도착 당시에는 전통적인 관복 차림이었을 것으로 추측되고 일본 도착 이후 어느 시점에서 단발에 양복을 착용한 것으로 추정되는데 그 단서는 다음의 세 가지이다.

첫 번째는 박영효의 사진 〈그림 4-13〉이다. 『사화기략使和記略』에 언급되고 있는 몇 차례의 사진 촬영 기록으로 보아 일본에서 박영효 일행이 찍은 사진이 여러 장 남아 있을 가능성이 있지만, 알려진

---

38_ 박영효의 복식 및 복식관에 관하여는 『한국학 그림과 만나다』(태학사, 2011)의 「근대화의 관문, 양장의 선구자」에서 자세히 다룬 바 있다.

사진은 박영효 사진 한 장이다. 현재까지 공개된 사진 중에서는 가장 먼저 단발하고 양복을 착용한 사진을 남기고 있는 것으로 여겨진다. 사진의 하단을 자세히 보면 동경 구단자카의 스즈키 사진관S. Suzuki, Kudanzaka Tokio, Japan에서 촬영하였다고 적혀 있다. 이를 통해 촬영 일자는 알 수 없지만, 촬영된 사진관과 사진사를 알 수 있다.

두 번째는 『사화기략使和記略』에 나오는 동경에서의 행적을 추적해 볼 때 음력 9월 15일자의 '왕사진국조영往寫眞局照影' 기록으로, 이 날짜에 사진을 찍었다는 것을 확인할 수 있다.

세 번째는 일본 『아사노신문朝野新聞』 1882년(明治 15) 10월 27일(음력 9월 16일)의 "조선 사절 박영효 부사 김만식 종사관 서광범의 세 사람과 함께 종자 3명은 어제 오전부터 구단자카九段坂에 올라 사진사 쓰즈키 신이치嶺木眞一의 사진관에 가서 촬영하였다."라는 기사이다.

이들 세 가지 단서를 종합해 보면, 일본에서 찍은 여러 사진 중에서 이 사진이 10월 26일(음력 9월 15일)에 촬영한 것이 확실하다. 당시 일본은 태양력을 사용하고 있었기 때문에 음력으로 기록하고 있는 박영효의 기록과는 날짜의 차이를 보일 뿐 같은 날로 생각된다. 사진만으로는 당시의 통상예복인 색코트背廣로 생각되는데 칼라가 매우 좁고 목 바로 밑에서 여며지는 형태로, 당시의 유행과 일치하는 스타일이다.

사진촬영 일자와 가까운 시기인 11월 3일(양력)은 천황의 생일인 천장절天長節이었는데, 『사화기략使和記略』에는 일본 외무경인 이노우에井上로부터 받은 초대장의 내용이 실려 있다. 초대장에 천장절 축하식에는 '대례복'을, 오후의 외무경 연회에는 '소례복'을 갖추어 입어야 한다는 규정이 적혀 있고, 이에 대해 착용하고 가겠다는 답신 역시 남아 있다.[39] 이와 같이 연회의 성격에 따라 초대장에 드레스코드를 명시하는 것은 서양식 외교의 관례이다. 〈그림 4-14〉는 1907년 대한제국 황실에서 독일인 헤르만 산더에게 발급한 황제 알현 초대장으로, 일자와 발신일을 표기한 다음 '착대례복着大禮服

---

39_ 박영효가 메이지 천황의 천장절 초대를 받고 응답하는 과정에 대해서는 이경미, 앞의 논문(2000), 155~156쪽 에서 다룬 바 있다.

〈그림 4-14〉 1907년 발급된 대한제국 황실 초대장

패대수장佩大綬章'이 명시되어 있어서 대한제국에서도 당대의 외교 관례를 따르게 되는 것을 알 수 있다.

명치천황의 천장절에 박영효가 어떤 형태의 대례복과 소례복을 착용하였는지에 대해서는 전혀 언급이 없고 아직 자료로 확인된 바가 없기 때문에 본 연구를 통해서 제시할 수는 없다. 그러나 위의 사진과 복장 관계의 다른 기록을 통해서 추측할 수 있는 것은 다음의 두 가지 가정이다.

첫째, 박영효가 양복의 대례복과 소례복을 마련하여 착용하였을 가능성이다. 위의 사진을 통해 이미 단발하고 양복을 착용하고 있으므로 가능성이 전혀 없다고 할 수는 없지만, 이를 위해서는 조선정부와의 협의가 있어야 하고 제작하는 데 어느 정도의 시간이 걸린다는 것을 생각해 볼 때 가능성이 크다고 보기는 어렵다.

둘째, 천황을 만나는 자리에서 여러 차례 곡배례를 행한 기록으로 보아, 양복차림이라기보다는 전통적인 관복 차림이었을 가능성이 더 크므로, 공식적인 자리에서는 전통적인 관복을 입고, 사적인 자리에서는 양복의 통상예복을 착용하였을 가능성이다. 조선에서 아직까지 대례복, 소례복의 기준이 제시되지 않은 상황이기 때문에 조선의 관복을 활용하였을 것으로 보인다.

어떤 형태의 복식이었건 간에 박영효 일행은 이러한 경험을 통해 당시 국제사회의 복식체계인 대례복, 소례복, 통상예복의 개념을 이해하고, 양복의 통상예복을 통해 양복 착용의 경험을 하였던 것은 확인할 수 있다. 한편, 왕을 알현하는 자리가 아닌 사적인 외교 활동에서 양복형 통상예복을 입은 것도 이전의 수신사들과는 다른 행동이라고 할 수 있는데, 이에 대해서는 박영효가 수신사이기도 하지만 근대적 외교 개념인 특명전권대사特命全權大使이기도 하였기 때문에 서구국가들과의 외교활동을 위해 고종으로부터 특명을 위임 받았을 것이므로 상대적으로 자유로웠을 수도 있다.

〈그림 4-15〉 후쿠자와 연구센터 소장
유길준 민영익 외 단체사진

한편, 일본 게이오 대학 후쿠자와 연구센터에 소장되어 있는 〈그림 4-15〉는 앞서 서술한 조사시찰단의 일행으로 일본에 파견되어 현지에서 유학중이었던 유길준과 민영익으로 보이는 사람이 1882년 수신사 파견 당시 후쿠자와의 아들들과 함께 찍은 사진이다. 이 사진에서 민영익과 유길준은 갓과 사방관을 쓰고 편복의 포를 착용하고 있다. 이를 통해 수신사 박영효 일행의 모든 사람들이 양복착용을 한 것은 아니었을 것으로 보이고, 일본 유학생인 유길준 역시 일본에 머무른 기간까지는 조선의 복식제도를 그대로 따르고 있음을 확인할 수 있다.

### (2) 수신사 박영효의 복식관

『매천야록梅泉野錄』에서 지목하고 있는 갑신의제개혁의 제안자로서[40] 박영효의 복식관을 알 수 있는 기록은 거의 없고, 일본의 복식 개혁에 대해서 어떻게 생각하고 있는

---

40_ 이 책의 제5장 조선의 의제개혁 1. 갑신의제개혁 참조.

지도 확인되지 않는다. 그러나, 박영효가 수신사로 일본에 가는 배 안에서 국가 상징물로서 태극기를 제작하였다는 사실을 통해 그는 전통적인 조선의 세계관이 아닌 근대적 주권국가에 대한 인식을 지니고 있었음을 간접적으로 확인할 수 있다. 그런데 태극기 고안이 그의 자의로 이루어진 것이 아니라 고종의 명에 의한 것이었다는 것으로 보아[41] 1882년 수신사 복명 당시 박영효의 행적은 조선 조정과 분리하여 생각할 수는 없을 것으로 여겨진다.

미국을 시작으로 영국, 독일과도 조약을 체결하고 있는 상황에서 발생한 임오군란을 해결하기 위해 특별히 파견된 박영효는 조선이 개화를 준비하고 있다는 사실을 알릴 임무를 지니고 있었다고 할 수 있다. 『사화기략使和記略』을 통해 박영효 일행이 일본에 주재하고 있는 서양 외교관들에게 적극적인 외교활동을 펼쳤음을 알 수 있는데, 영국 공사, 미국 공사, 이태리 대리공사, 독일 대리공사, 프랑스 공사, 러시아 임시대리공사 등을 지속적으로 접촉하였고, 천황의 생일(텐쵸오세츠天長節), 외무경 만찬에 초대받아 참석하는 등 적극적으로 외교 활동을 하였다. 이는 앞으로 있을 구미 제국들과의 조약비준에서 조선이 자주독립국이고 문명국임을 알림으로써 조약상 대등한 지위를 확보하고자 이루어진 활동이었고 이는 당시 조선 정부의 외교 방침이었음을 간접적으로 추측할 수 있다. 따라서 이러한 외교 활동을 위해서 양복에 대해 적극적으로 대응하였을 가능성은 충분히 생각할 수 있다.

수신사를 마친 다음 귀국 후 박영효는 서양문물의 도입에 매우 적극적이었다고 한다. 1885년(明治 18) 1월 20일 『동경일일東京日日』에는 갑신정변 이후의 기사이긴 하지만 갑신정변이 일어나기 전 박영효에 관한 내용을 적고 있어서 박영효가 "일본식 변소를 설계하고, 집안에 욕실을 설치하였으며, 서양 안장을 놓은 말을 타고, 양복 착용을 하였다."고 서술하고 있다.[42]

아직 조선에서 의제개혁이 이루어지기 전 조선 내에서 양복을 착용하고 있었다는 것

41_ 이태진, 앞의 책(2000) 참고.
42_ 明治 18년(1885) 1월 20일 東京日日.

〈그림 4-16〉 1884년 개화파 단체사진          〈그림 4-17〉 갑신정변의 주역들

은 매우 큰 모험이었을 것으로 여겨진다. 일본에 수신사로 다녀온 경험, 특히 단발하고 양복을 착용했던 경험을 토대로 생활양식의 서양화를 도모하고자 한 것은 나름의 시도였으나 이 당시까지는 조선 내에서 받아들이기에 시기상조였을 것으로 추측된다.

1884년 5월의 갑신의제개혁을 이끌어내고 추진하였던 박영효를 비롯한 급진 개화파 정치인들이 갑신정변 직전에 남긴 〈그림 4-16〉에는 앞줄 가운데의 박영효를 중심으로 홍영식, 서광범과 뒷줄의 유길준도 모두 양복 차림은 아니다. 오히려 갑신정변 실패 후 일본 공사관에 몸을 숨기고 있다가 머리를 깎고 양복을 입고 일본으로 망명길에 오른 뒤 찍은 〈그림 4-17〉에서 박영효, 서광범, 서재필, 김옥균 등은 단발에 양복을 착용하고 있다. 이는 조선 정부의 반역자가 되어 일본으로 망명하기에 앞서 조선의 의관 차림으로는 눈에 띄기 쉽기 때문에 이루어진 행동으로 여겨진다.

## 5) 1883년 견미사절단의 서구식 대례복 인식

1883년 조선은 조미수호조약의 비준을 위해 민영익閔泳翊을 전권대신全權大臣으로, 홍영식洪英植을 부대신으로 하여 미국으로 견미사절단遣美使節團(이하 보빙사報聘使로 씀)을 파견

〈그림 4-18〉 견미사절단  1883

하였다.[43] 수행원으로는 종사관에 서광범과 부속 무관인 유길준 외 4인, 청국인 통역과 일본인 통역관 3명의 11명으로 구성되어 있었다. 〈그림 4-18〉은 보빙사절의 단체사진이다. 보빙사 일행은 1883년 9월 2일 미국의 샌프란시스코에 도착하여 시카고, 워싱턴을 거쳐 9월 18일 뉴욕에 머무르고 있던 미국 대통령 아더Chester Arthur를 예방하고 국서를 봉정하였다.[44] 당시 조선에서 파견된 보빙사의 대통령 예방은 뉴욕 타임즈 New York Times에 게재되었는데 그들의 복식과 대통령에 대한 행례行禮에 관해서도 자세한 묘사가 있었다.

43_ 『고종실록』 20권, 고종 20년 癸未(1883) 6월 5일 癸丑.
44_ 손정숙, 「한국 최초 미국 외교사절 보빙사의 견문과 그 영향」, 『한국사상사』 vol.29(한국사상사학회, 2007), 260쪽.

대통령의 접견 장소는 23가에 있는 제5 아비뉴 호텔Fifth Avenue Hotel의 응접실이었다. 약 11 시경 대통령이 응접실로 들어가니, 대기실에서 대기 중이던 보빙사절들은 응접실로 민영익을 선두로 줄을 지어 들어갔다. 이때 사절의 형상을 살펴보면 다음과 같다. 보빙사절 일행은 모두 비단 대나무 말총으로 만든 사모관대紗帽冠帶의 관복 차림을 하고 있었는데 꽃을 수놓은 자주색의 헐렁한 관복 사이로 눈같이 흰 비단으로 만든 바지가 보였다. 사절 일행은 모두가 황금으로 엮어 만든 넓은 각대角帶를 차고 있었다. 보빙사의 앞가슴에는 붉은 바탕에 흰색으로 수놓은 두 마리의 학흉배를 하고 있었으며 그 그림의 색깔은 유난히도 특징적이었다. 민영익 뒤에 걸어가고 있었던 사람은 홍영식인데 그의 옷은 대부분 민영익과 같았다. 한 마리의 학 그림이 다만 그의 신분이 민영익보다 낮음을 나타내 주고 있었다. 그 뒤에 서광범이 따랐는데 그는 단순히 흰 바지와 자색 관복만 입고 있었고 머리에는 관모冠帽를 썼을 뿐이었다. 보빙사절을 맞이하는 대통령은 모닝 코트를 착용하고 있었다. 보빙사절 일행은 응접실 문밖에서 대통령을 향하여 줄을 선 다음에, 대통령에게 큰 절을 한 후 다시 한 번 더 하고 나서 응접실로 들어가니, 대통령과 그 수행원들도 허리를 굽혀 인사했다. 보빙사절들은 대통령의 연설이 끝나자 대통령과 악수하고 응접실을 물러난 다음, 응접실 밖에서 들어갈 때와 마찬가지로 큰절을 하였다.[45]

인용문을 통해 볼 때 보빙사절 일행이 착용하고 있는 복식은 일본에 파견된 수신사와 같이 사모에 단령이었고 보빙대사인 민영익은 쌍학흉배를, 부사인 홍영식은 단학흉배를 부착한 것으로 보인다. 아더 대통령을 향해 행한 이들의 행례는 조선에서 파견된 사절이 외국의 최고통치자를 알현할 때 행한 보편적인 방식으로, 앞서 서술한 수신사의 경우와 같다. 아더 대통령은 낮의 정장인 모닝 코트를 착용한 것으로 여겨지는데 당시 미국은 서구식 대례복 제도를 채택하지 않았다.

보빙사절의 전통적 관복과 행례의 모습은 〈그림 4-19〉의 일러스트로 묘사되어 『뉴

---

45_ 이민식, 『근대 한미관계 연구』(백산자료원, 1998), 115~124쪽에서 재인용.
     *New York Times*, Sept. 18, 1883, 주제는 동양식 인사와 의복(Orient Salaans and Dress), 부제는 보빙사절 아더 대통령 예방(The Corean Embassy Received By Presidene Arthur)이라고 게재되어 있다.

〈그림 4-19〉
아더 대통령을 알현하는 보빙사절

스 페이퍼*News Paper*』 9월 29일자에 실렸다.[46] 그림에서 절하고 있는 세 명의 사절들은 민영익, 홍영식, 서광범으로 보이고 무릎을 꿇고 절하는 그들의 손 모양을 볼 때 미국의 최고 통치자인 대통령에게 신하가 임금에게 바치는 절인 고두배叩頭拜를 행하고 있기 때문에 전통적인 조선에 있어서 최고의 예를 갖춘 것이라 하겠다. 고두배는 공수한 손을 풀어서 두 손을 벌려 바닥을 짚으며 하는 절로, 신하가 임금에게 하는 절이며, 한 번 절할 때 세 번을 이마로 바닥을 두드리기 때문에 고두배라 한다.[47]

보빙사 일행의 복식에 대해서는 당시 신문지상에서 자주 기사화된 것으로 보이는데 바지, 저고리는 물론이고 쓰개, 포袍, 신에 대해서도 구체적으로 묘사 되었다. 특히 '외출시에는 도포道袍를 입고, 공식행사에는 관복을 입는다'는 기사를 통해 앞에서 살펴본 일본 파견 수신사와 같은 차림을 하였다는 것이 확인된다.[48] 이들이 미국 시찰 중에 양복을 한 벌씩 사왔다고 하는 것은 구전에 의해 전해지고 있다.[49] 보빙사절은 이미 일본을 통해서 양복과 대례복을 인식하고 있는 인물들로 구성된 상황이다. 그러나 조선 역사상 최초로 서양 현지에서 서구 복식 체계를 경험하였다는 점에서 이들이 당시에 양복을 착용하는 경험이 없었다고 해도 귀국 이후 조선의 복식제도 개혁에 선구자로서의 역할을 하게 된다.

미국에서의 보빙사절의 임무가 끝난 다음 두 그룹으로 나뉘어 홍영식 일행은 1883

46_ *Frank Leslie's Illustrated Newspaper*, New York, September 29, 1883; 김원모,「朝鮮 報聘使의 美國使行 (1883) 硏究(上)」,『동방학지』Vol.49, No.0(1985), 78쪽에서 재인용.

47_ 김득중,『실천예절개론』(교문사, 1997), 63~93쪽 참고.

48_ *New York Times*, September 17, 1883; 김원모, 앞의 논문(1985), 58쪽에서 재인용. 김원모의 본 논문에서 보빙사의 복식에 대한 미국측 기사의 자세한 내용을 다루고 있다.

49_『조선일보』1972년 3월 15일 생활혁명 어제-오늘-내일을 엮는 長期 시리즈〈世相 달라졌다〉제2집 服飾의 章 양복 18회 '양복의 공인'편.

년 12월에 바로 태평양을 건너 귀국하고, 민영익과 서광범 일행은 미국 측의 제안과 편의 제공에 따라 6개월간 유럽, 아프리카, 동남아시아 등 중요 도시들을 둘러보고 1884년 5월말에 조선으로 귀국하였다.[50] 따라서 민영익은 윤 5월에 이루어지는 갑신 의제개혁 직전에 귀국한 것인데, 다음 절에서 다루어지는 바와 같이 갑신의제개혁의 지지자로서 중요한 역할을 한 것으로 알려져 있다. 1884년 10월에 일어나는 갑신정변 당시 홍영식, 서광범과 민영익은 완전히 반대되는 정치적 행로를 걷게 되지만, 서양 복식을 먼저 경험한 선구자로서 복식제도 개혁이라는 측면에서는 입장이 같았던 것으로 여겨진다.

지금까지 살펴본 바와 같이 개항 이후 기존 복식제도에 대한 개혁 논의가 이루어지기 이전에 해외에서 단발 양장을 개인적으로 경험하거나 서구식 대례복을 인식한 외교관들로 일본 파견 수신사, 미국 파견 보빙사와 일본의 문물 변화를 시찰하러 파견된 조사 시찰단이 있었다. 국외에서의 외모 변화에 조선정부가 어떻게 관여하였는지는 아직 확인되지 않았지만 1882년 이후에는 서양제국들과의 조약비준을 준비하고 있던 조선의 상황에서 이들의 행동은 단순히 개인적인 것으로만 이해될 수 없는 상징성이 있다.

1880년대에 들어서면서 고종은 본격적으로 개화정책을 시행하면서 한편으로는 개화에 필요한 정보를 수집하였다. 중국으로부터 한문으로 번역된 서양문물 소개서들을 포함해 3천여 종 4만여 권의 중국서적들을 사들였고[51] 일본에서 수집한 자료 중에는 일본 황족을 비롯한 각국의 주요인사와 각국 황제의 사진도 있었다.[52] 이 과정에서, 구미歐美와 일본에서 전반적으로 시행되고 있는 서양식 대례복 제도에 대한 자료를 복제개혁 이전에 입수한 것으로 보이고, 그 결과 조선조정에서는 개항 당시 보다는 세계의 복식제도 현황에 대해 잘 이해하고 있었을 것으로 여겨진다.

---

50_ 손정숙, 앞의 논문(2007), 251~276쪽.

51_ 자세한 사항은 이태진, 앞의 책(2000)을 참고할 수 있다.

52_ "韓人이 寫眞을 구함. 오사카의 상인(山本房太郎)이 조선정부로부터 일본의 奏任官 이상이 고위관료들의 사진과 영국, 프랑스, 독일, 러시아, 미국 등 각국 제왕, 귀족의 촬영을 조선정부에서 주문받아 오사카 安堂寺町의 사진사 나카가와(中川)와 함께 급히 수집하여 등기우편으로 보내게 되었다. 나카가와는 이 사진들을 사기 위해 분주하게 돌아다닌 끝에 동경까지 상경하였다. 한국정부는 어떤 필요 때문인지 알 수 없으나 그런 사진들을 요구했다." 『東京日日新聞』, 1881. 2. 1. 雜報의 기사.

복식제도 개혁을 앞두고 서양식 대례복 도입 문제를 이 당시부터 염두에 두었는지
는 아직 알 수 없다. 그러나 1884년 갑신의제개혁 당시에는 수면 위로 떠오른 문제였
다. 그 시행이란 문제에서 고종은 국민적 정서를 충분히 고려한 결정으로 갑신의제개
혁의 내용을 잡았던 것으로 여겨진다. 정부에서 이루어진 이와 같은 자료 수집의 결과
백성들에게 우선적으로 새로운 정세와 문화에 대한 계몽의 필요성을 인식하고 1883년
부터는 정부의 기관지로서 『한성순보』(1883년 10월 31일~ 1884년 12월)[53]와 『한성주보』
(1886년 1월 25일~1888년 12월)를 발행하게 된다. 두 신문에서 복식 관련기사로 확인되는
것은 서양과 일본에서 착용되는 양복에 대한 간략한 기사,[54] 재봉기계에 대한 기사,[55]
갑신년에 발표된 의제개혁의 보도 정도이다.[56] 신문의 발행의도가 서양사정에 대해
계몽하는 데 있었고 1880년대까지는 기존의 형태를 간소화하는데 중점적이었기 때문
에 서구식 대례복을 계몽하는 데까지는 확대되지 않은 것으로 보인다.

53_ 1883년 10월 31일 『한성순보』 서문을 보면 옛날에는 산천이 막혔고 문물과 제도가 달라서 선왕들이 먼 곳까
    지 경략하는데 마음을 쓰지 않았으나, 지금은 선박이 전 세계를 누비고 전선이 서양까지 연락되는데다가 공법
    을 제정하여 국교를 수립하고 교역하므로 세무에 마음을 둔 사람이라면 몰라서는 안될 것이라고 했다. 그러므
    로 우리 조정에서도 박문국을 설치하고 관리를 두어 外報를 폭넓게 번역하고 아울러 內事까지 기재하여 나라
    안에 알리는 동시에 列國에까지 반포하기로 하였다. 먼 것을 외면하고 가까운 것만 좋아한다면 자기 걸음걸이
    마저 잃어버리는 격이 될 것이고, 새 것에는 어둡고 옛 것만을 고집한다면 우물에 앉아서 제 것만 크다고 하는
    격이 될 것이니, 반드시 때와 형세를 살펴 무작정 남만 따르거나 자기 것만 고집하지 말고 취사와 가부를 반드
    시 道에 맞도록 하여 정도를 잃지 않은 뒤에야 거의 開局한 본래의 뜻에 맞을 것이라고 밝히고 있다.
54_ 『한성순보』 1884년 6월 14일자, 「日本王의 政治에 부지런함」.
55_ 『한성순보』 1884년 5월 5일자, 「미국의 利名登 製造廠에 對하여」.
56_ 『한성순보』 1884년 7월 22일자.

# 조선의
## 의제衣制개혁

## 05 ————————

갑신의제개혁
갑오 · 을미의제개혁
단발령

조선의
의제衣制 개혁

　　조선에서는 서구식 대례복을 공식적으로 받아들이기 이전에 전통복식에 대한 간소
화를 먼저 실시하였다. 최초의 의제개혁은 1884년 갑신의제개혁甲申衣制改革으로, 전통
시대 복식제도의 간소화를 그 내용으로 한다. 이후 갑오甲午·을미의제개혁乙未衣制改革
(1894년, 1895년)은 형식상 조선에서 처음으로 대례복 제도를 도입한 것이다. 내용적인
측면에서는 갑신의제개혁을 계승하고 있다. 뒤이어 내려진 단발령斷髮令(1895년)은 갑오
개혁의 연장선상에 있다.[1]


## 1. 갑신의제개혁

　　앞에서 살펴본 바와 같이 1882년 일본에 파견된 수신사인 박영효와 그 일행인 서광
범, 김옥균, 민영익 등은 1883년 미국에 보빙사로 파견되어 외국 시찰을 다녀온 다음
고종의 개혁 의지에 힘입어 1884년(고종 21, 갑신) 윤5월 24일에 갑신의제개혁을 발표하
게 된다.

---

1_ 조선정부의 의제개혁에 관한 내용은 이경미, 「19세기 개항이후 한일 복식제도 비교」(서울대학교 석사학위 논
문, 1999)에서 자세히 다루었다.

갑신의제개혁의 배경을 비교적 자세하게 서술하고 있는 황현의 『매천야록梅泉野錄』에서는 다음과 같이 서술되어 있다.[2]

6월, 복식제도를 개정하여 공사公私나 귀천貴賤을 막론하고 모두 신식으로 할 것을 반포했다. 이때에 박영효 등이 서양제도를 흠모한 나머지 미친 듯이 좋아하여 임금에게 복식제도를 바꿀 것을 권하되, 한결같이 간편함을 좇는 것이 부강의 급선무라고 주장했던 것이다. 민영익 또한 마침 청나라로부터 돌아와 함께 의논하여 합의를 보았다. 윤 5월에 비로소 절목을 정했는데, 공복公服은 넓은 소매의 홍단령을 폐지하고 대소 관원은 모두 좁은 소매의 흑단령을 입도록 하였다. 사복私服은 도포, 직령, 창옷 등의 넓은 소매옷(廣袖)을 폐지하고 귀천 모두 좁은 소매의 두루마기(窄袖周衣)를 입게 했다. 관직에 있는 자는 전복戰服을 추가했다. 그 나머지 조목들이 세세한데 대체로 넓은 소매의 옷을 금지하고 번거로운 형식을 제거하는 데에서 벗어나지 않았다.

위의 인용문을 통해 갑신의제개혁의 제안자에 대해 살펴보면, '박영효 등'이 제안하고 '민영익'과 의논하여 합의를 보았다는 것을 확인할 수 있다. 이는 갑신의제개혁이 '개화파 정객'의 의지에 의해서만 이루어진 것이 아니라 조선 조정 내에서 논의와 합의를 거쳐 이루어진 것임을 알 수 있게 해 준다.

고종실록을 바탕으로 하여 의제개혁의 내용을 살펴보면 다음의 두 가지를 골자로 한다.

첫째는 공복公服 즉, 관복에 대한 개혁이다. 윤 5월 24일에 '관복은 흑단령으로 통일하되 착수로 만들도록 하라'는 고종의 명이 있었고,[3] 공복에 대한 시행세칙으로 다음 날 '관복이 새로 제정되었다고 해서 전에 입던 것을 고쳐서 반령盤領으로 하면 구차하니 옛 것은 다만 소매만 줄여서 입고 홍단령은 검은 물을 들여서 입어도 좋다. 그러

2_ 황현 지음, 임형택 외 譯, 『梅泉野錄』 上(2005), 208쪽.
3_ 『고종실록』 권21, 고종 21년(1884) 윤5월 24일.

나 새로 짓는 것은 반드시 새 양식에 따르도록 하라'는 단서를 달았다.[4] 관복에 대한 규정은 다음과 같다.

관복에 대한 규정(1884년 윤 5월 24일) : 관복을 흑단령으로만 쓰는 것은 바로 고제古制로서 매우 간편하다. 그러니 당상관堂上官의 시복時服인 홍단령紅團領은 『대전통편大典通編』과 「원전原典」의 예에 따라 입지 말고, 지금부터 조정의 모든 관원들은 항상 흑단령을 입되, 대소의 조의朝儀에 진현進見할 때와 궁내외의 공고公告가 있을 때에는 흉배를 달아서 문무관文武官 품계品階의 구분으로 삼을 것이다. 그리고 단령의 제도를 반령착수盤領窄袖로 하는 것도 역시 국초國初의 제양制樣을 따르라.

관복규정을 '단령'으로 규정한 점에서 복종의 변화는 없으나, '흑색'의 색 규정과 '착수窄袖'의 소매 넓이 규정은 특기할 사항이다. 조선시대를 통틀어 상복常服으로 착용된 단령은 관복冠服의 대명사라고 할 수 있었다. 품계별 색규정을 살펴보기 위해 최남선의 『조선상식朝鮮常識』을 참고하면 다음과 같다.[5]

단령포는 1,2품은 다 홍紅, 3품의 정正은 홍紅, 종終은 청靑, 4,5,6품은 청靑, 7,8,9품은 녹綠으로 되어 있으니 곧 당상관은 홍紅, 출육出六해서부터 청靑, 그 이하는 록綠인 것이다. 품직자 이외의 것은 대개 청靑이요, 다만 법사法司는 조皂, 간원諫院은 토황土黃, 공옹주公翁主의 배陪는 초록草綠이었다. 그러나 조신의 복색이 반드시 정제대로 되지 않아 여러 색이 잡용雜用되고 성종조에 아청鴉靑, 초록, 목홍 세 가지 색을 정하였으되, 이 또한 각준恪遵되지 못하고 언제부턴지 천담홍색淺淡紅色을 습용하더니, 선조 임란 후에 군신 동색임을 피하여 조관은 흑단령을 입게 하였으나, 이내 도로 홍색을 따르고 영조 정축丁丑에 당하관의 청록포제를 려행勵行하여 홍포는 차차 감소를 보았다.

4_ 『고종실록』 권21, 고종 21년(1884) 윤5월 25일 戊辰.
5_ 최남선, 高大亞細亞問題研究所 編, 『崔南善全集』3(1973), 『朝鮮常識』「풍속편」黑團領條, 220쪽.

인용문에서와 같이 단령의 색은 문무별, 품계별로 달랐기 때문에 흑색으로만 통일한다는 것은 매우 중요한 변화였다. 의제를 개혁하면서 고종은 관복으로 거론된 흑단령에 대해 고제古制이고, 간편하다는 특성을 강조한다. 여기에서 고제는 선조년간 기해년 논의를 의미한다. 당시 선조는 임란으로 인해 7년 동안 군복을 입었던 것을 폐지하고 관복을 복구하면서 흑단령을 입도록 지시하였지만 곧 홍색을 착용하는 것으로 되돌아갔다.[6] 기해년 논의와 함께 최근 시복時服과 조선시대 흑색에 대한 연구를 종합해 보면[7] 흑단령이 완전히 낯설고 근거가 없는 것은 아니다. 또한 소매의 폭을 줄이라는 것 역시 대원군 당시부터 나왔던 풍속 교정의 내용이기도 하기 때문에 새로운 문제제기는 아니었다. 그러나 관복을 간소화하기 위해 특별히 고른 색이 검은색이라는 점에서는 고종의 특별한 의도가 있었을 가능성을 생각하지 않을 수 없다. 즉 서양의 신사복이 흑색 위주인 것과 관련이 있는 결정인지에 대해서는 좀 더 자료를 보완하여 논의하여야 할 문제이다. 전통적인 관복인 단령의 흑색과 근대적인 대례복의 흑색이 완전히 다른 개념이라고 하더라도 개항 이후 관복을 검은색으로만 정한 개혁은 특수성을 가지고 있었다고 여겨진다.

둘째로 사복私服에 대한 개혁이다. 윤 5월 25일 고종은 기존 복식의 불편함을 개선하고 생활을 간편하게 하기 위해서 새로운 사복제도 절목을 짜도록 예조禮曹에 명하였다.

사복에 대한 규정(1884년 윤 5월 25일) : 의복 제도에 변통할 수 있는 것이 있고 변통할 수 없는 것이 있는데 예를 들면 조복朝服, 제복祭服, 상복喪服과 같은 옷은 모두 옛 성현이 남겨놓은 제도인 만큼 이것은 변통할 수 없는 것이고, 수시로 편리하게 만들어 입는 사복私服과 같은 것은 변통할 수 있는 것이다. 우리나라의 사복私服 중에서 도포道袍, 직령直領, 창의氅衣, 중의中衣와

---

6_ 『선조실록』 선조 31년 12월 19일에 임진왜란으로 인해 군복차림으로 7년을 보낸 것을 冠帶로 다시 복구하자는 논의가 있었는데 이때 단령의 색을 흑색으로 정하였다. 다음 해인 선조 32년(기해) 8월에 흑단령 제도를 확립하게 되므로 이후의 실록에서 기해년의 흑단령 기사로 나오는 것은 이를 지칭하는 것이다. 이후 선조 34년에는 흑색이 임시의 제도라고 하면서 홍색으로 다시 제정하게 된다. 선조 34년 6월 8일.

7_ 이은주, 「조선시대 백관의 시복과 상복제도 변천」, 『복식』 55권 6호(2005); 이은주 외, 『길짐승흉배와 함께하는 17세기의 무관 옷 이야기』(서울 : 민속원, 2005).

같은 것은 겹겹으로 입고 소매가 넓어서 일하는데 불편하고 고제古制에 비하여 보아도 너무 차이가 있다. 지금부터 약간 변통시켜서 오직 착수의窄袖衣와 전복戰服을 입고 사대絲帶를 대어 간편하게 하는 방향으로 나가도록 규정을 세워야 할 것이니 해당 조曹에서 절목을 짜서 들여 보내도록 할 것이다.[8]

이에 따라 예조에서 6월 3일에 상정한 사복변통절목私服變通節目의 내용은 다음과 같았다.

> 사복변제절목私服變制節目(1884년 6월 3일) : 사복私服으로서 착수의窄袖衣를 신분의 귀천을 막론하고 상복常服으로 하므로 이전의 상복 중 도포道袍, 직령直領, 창의氅衣, 중의中衣 같은 것은 다 없앤다. 벼슬이 있는 사람은 전복戰服을 더 입고 일반 백성들은 착수의窄袖衣만 착용한다.

이와 함께 사복에 대한 시행세칙으로 이를 비준하여 중앙에서는 15일을 한정하고 지방에서는 공문이 도착한 뒤 15일을 한정하여 시행하도록 하였다.[9] 위의 사복변통절목을 보면, 착수의窄袖衣, 곧 두루마기로 사복을 일원화하고자 한 것은 조선조 전반을 흐르는 복식사적 흐름상 매우 변혁적인 시도였다고 판단된다. 조선후기에 두루마기가 지닌 의미를 확인하기 위해 최남선의 『조선상식朝鮮常識』을 참고하면 "두루마기는 옛날에 있어서는 도포의 밑옷쯤 되었으니 대개 사대부 계급에서는 연거할 때에도 창옷이나 두루마기를 입고 있음이 위의威儀요, 외출시에는 다시 중치막, 도포를 덧입음이 예였다. 다만 중치막, 도포의 착용이 허락되지 않는 상민 계급에서만 웃옷으로 입던 것이다."라고 서술되어 있다.[10] 이와 같이 두루마기의 신분 상징성을 생각해 볼 때 조선 후기 사대부 남성의 사회적 계급을 상징하는 다양한 편복포류 중에서도 유일하게 고종이 채택한 포袍가 착수의窄袖衣인 것은 당시의 맥락상 매우 획기적인 결정이

---

8_ 『고종실록』 권21, 고종 21년(1884) 윤5월 25일 戊辰.
9_ 『고종실록』, 고종 21년(1884) 6월 3일.
10_ 최남선, 앞의 책, 『朝鮮常識問答』, 32~33쪽, 『朝鮮常識』, 219쪽.

아닐 수 없다. 고종이 왜 착수의를 택했는지에 대해서는 아직 완전하게 밝혀지지 않았다. 사민평등의 의미로 채택한 유일한 포가 하향전파로서의 도포가 아닌 상향전파로서의 두루마기였다는 것은 복식의 신분 상징성보다는 기능성에 더 주력하겠다는 함의를 지닌다고 추측할 수는 있겠다. 그러나 조야의 반발을 염두에 두면 상당히 모험적인 선택이었다. 바로 이러한 맥락으로부터 관료들과 유생들은 특히 사복변통에 대한 반발을 상소를 통해 연달아 호소하기 시작하였다.

『고종실록』 권21에는 갑신의제개혁이 처음 거론된 윤 5월 24의 이틀 뒤인 26일부터 7월말까지 고위직에 있는 관리, 성균관의 유생을 비롯하여 전국각지의 유생들로부터 들어온 상소문이 20건 정도 기록되어 있다.[11] 이에 비하여 지지하는 상소는 반대상소보다 훨씬 적었는데,[12] 주로 간편하고 절약하는 생활을 위하여 새로운 의제 개혁안이 적당하다는 내용으로 이루어져 있다.

끊임없이 올라온 의제개혁 반대 상소에서 이들이 주장하는 반대의 이유는 다음의 두 가지로 요약된다. 첫째, 조선중화주의朝鮮中華主義적 복식관이다. 우리나라의 의복제도는 중화中華의 고제古制를 준수하고 유일하게 한漢·명明의 유제遺制를 남기고 있으므로 주변국의 부러움을 받고 있는 것인데 비하여

우리 왕조의 공복公服과 사복私服은 모두 명明나라의 제도를 따른 것으로서 오늘날에 와서 고칠 것이 아니다. 간편한 것만 가지고 말한다면 어디에서 문물제도와 위엄 있는 의식을 가질 수 있겠는가.                    5/27 전임 현임 대신의 1차 연명차자聯名箚子

우리나라의 사복私服이 소매가 넓은 것은 주周나라로부터 이어지는 것으로, '송宋나라 사신

---

11_ 『高宗實錄』 권21, 고종 21년에서 갑신 의제개혁 반대상소가 실린 날짜와 상소인을 정리하면 다음과 같다. 5/26 禮曹判書 李寅命, 5/27 5/28 전임 현임 대신 領府事 洪淳穆, 領議政 金炳國, 右議政 金炳德의 聯名箚子, 5/29 弘文館 聯名箚子, 正言 李秀洪, 洪祐禎, 6/1 전임 현임 대신의 3차 聯名箚子, 6/3 奉朝賀 李裕元 6/4 성균관 유생 沈魯正, 6/6 承文院 副正字 安孝濟, 6/8 副護軍 朴齊敎, 남원유학 李興宇, 6/15 判府事 宋近洙, 6/17 지방유생 徐相肅, 온양유생 金健弘, 경상도 진사 宋殷成, 6/21 영의정 金炳國, 6/25 贊善 宋秉璿, 6/30 經筵官 金洛鉉, 7/3 判府事 宋近洙, 7/9 前應敎 宋道淳, 7/22 書筵官 朴性陽, 7/24 安義의 유학 田鶴淳, 7/27 經筵官 金洛鉉.

12_ 『高宗實錄』 권21에 실려있는 갑신의제지지 상소는 다음과 같다. 6/6 副護軍 金敎煥, 6/4 承文院副正字 許錫, 6/8 副司果 趙尚學, 6/17 청풍유학 金商鳳, 7/9 副司果 朴基溟.

이 조선의 소매 넓은 옷을 보고 삼대三代의 문물이 여기에 있다고 감탄한 적이 있었으므로, 이전 왕조에는 소매 좁은 옷이 없었음을 알 수 있다.　　6/3 봉조하奉朝賀 이유원李裕元

유독 우리나라에서만이 한漢나라 관리의 위엄 있는 차림새를 보존하고 있으므로 보잘 것 없는 작은 나라지만 세상에서 중시되고 있다.　　6/15 판부사判府事 송근수宋近洙

## 새롭게 정한 복식제도는 고제古制의 근거가 없는 것이고,

홍단령을 「통편通編」과 「원전原典」의 조례대로 쓰지 못하게 하였는데 원전에 이러한 문구가 있다는 것을 듣지 못했다. 사복私服을 착수의에 전복을 착용하는 것도 원전에 쓰여 있는 조례가 아니다.　　5/27 전임 현임 대신의 1차 연명차자聯名箚子

명나라의 제도에 문관은 소매의 길이가 손을 지나서 절반을 꺾어 팔꿈치까지 오고 무관은 손을 지나서 7촌寸이었으니 모두 심의深衣의 제도로… 원래 소매 좁은 옷은 일상적으로 입지 않았다. 소매 넓은 두루마기[周衣]도 옛 제도가 아니고 정식正式복장이 아닌데…

6/4 성균관 유생 심노정沈魯正

## 오히려 오랑캐인 일본의 것과 비슷하니 해괴하기 그지없다는 것이다.

새로 제정한 절목이 저편 나라 사람들이 입는 괴상한 옷과 크게 유사하다고 하는데… 넓은 소매와 위엄 있게 드리운 띠는 여유 있고 크며 거룩하여 저들의 너덜한 옷과 대비한다면 하늘과 땅의 차이만으로도 설명될 수 없다.　　6/25 찬선贊善 송병선宋秉善

이번 이 절목은 보통으로 변통하는 제도에 비할 것이 아니며 실상 중화와 오랑캐를 가르는 계선界線으로 되는 것인데… 춘추의 법에 오랑캐로서 중국에 나가면 중국화되고 오랑캐에 들어가면 오랑캐로 된다고 하였으니…　　7/3 판부사判府事 송근수宋近洙

또한 비록 시운時運이 가볍고 편리함과 절약을 요구하는 것은 인정이 되지만 우리 것을 완전히 무시하고 전혀 다른 것을 제시하는 것은 오히려 혼란만 가져올 뿐이므로 만약 시세에 맞는 경첩한 차림을 시행하고자 한다면 군인을 중심으로 이루어지는 것이 옳다고 하였다.

> …지금 우리나라의 옷을 다른 나라에 비추어 볼 때 겹겹이 되어 있는 소매 넓은 옷이 현실과 맞지는 않지만 다른 나라는 우리와 영토가 다르고 풍습도 다르다. 우리나라는 기자箕子가 동쪽으로 온 때부터 예의의 나라로 이름이 난데다가 어른을 존경하고 윗사람을 위하여 몸을 바치는 의리를 알고 있다. 하루아침에 떳떳한 성품을 변경시킨다면 원숭이같이 날랜 사람이 되더라도 충효와 의리를 믿지 않게 될 것이다. 번잡과 사치를 막는 것은 조금씩 시행하여야 가능하고 시세에 맞는 경첩한 차림은 군인을 중심으로 이루어지는 것이 마땅하다.　　　　　　　　　　　　　　　　6/6 승문원부정자承文院副正字 안효제安孝濟

둘째, 상하귀천의 신분 상징성을 들 수 있다. 포袍의 소매가 넓은 것은 예의에 맞을 뿐만 아니라 귀천을 구분하는 것이었는데 모두 착수의窄袖衣를 입으면 이를 가릴 수가 없다는 것이다. 이에 따라 선비와 하인을 구별할 수 있도록 소매 넓은 포를 입도록 허락해 달라는 상소가 올라왔다.

> 대체로 개포蓋袍와 중의中衣는 모두 선비의 웃옷인데 이런 의복이 없으면 어떻게 위엄있는 차림새를 형상하며 귀천을 구별할 것인가.　　　　　6/3 봉조하奉朝賀 이유원李裕元
>
> 착수窄袖의 두루마기[周衣]를 난삼襴衫이나 학창의鶴氅衣 중에서 변통하여 유생과 하인을 구분할 수 있도록 해야 한다.　　　　　　　　　6/17 지방유생 서상숙徐相肅
>
> 심의深衣는 간편하여 적합하지 않은 곳이 없으니 착수의窄袖衣에 심의를 더해줄 것.
> 　　　　　　　　　　　　　　　　　　6/17 경상도 진사 송은성宋殷成

아직 기존의 신분체제가 그대로 존재하는 조선에 있어서 상하 모두 같은 옷을 입으라고 명하고 그것도 윗계급의 사람들이 아랫계급의 옷을 입도록 하는 이러한 명령은 인정할 수 없는 것이었다. 상소를 통해 당시 반대론의 근거를 살펴보면 조선의 의관문물에 대한 자부심인 조선중화주의朝鮮中華主義와 복식을 통하여 상하 존비를 구별하고자 하는 유교적 예의식이 고스란히 나타나고 있다. 이와 같은 반대상소의 내용은 기존의 복식관을 그대로 반영하는 것으로 조선의 사대부들에게는 지극히 정상적인 생각이었다. 이들의 상소에 대해 고종은 일관되게 다음과 같은 비답批答으로 반대를 물리치고 의복 개혁을 강행하였다.

> 병정들의 복장으로 말한다면 저편의 것은 정예하고 우리의 것은 둔하기 때문에 때에 맞게 고치는 것이다. 지금 나라의 형편이 문학만 숭상하여 약하고 군사제도는 말이 아닌데… 옛 습관에 젖어서 나태하게 지내며 진흥시킬 생각을 하지 않을 수 있겠는가.[13]
>
> 의복제도를 변경하는 것은 옛날을 참작하고 현재를 기준 삼아 번잡한 것을 제거하여 간편하게 하자는 것이다.[14]
>
> 윗사람과 아랫사람이 힘을 다하고 마음을 합쳐 일체 문란한 제도를 빨리 정돈하여 갱신하며… 의복 제도의 변통은 갱신하는 것 중의 한가지이다.[15]

고종은 조선이 개항하기 이전의 폐쇄적인 정치적, 사상적 여건 하에서도 비교적 풍부한 정보를 지속적으로 접할 수 있는, 거의 가장 유리한 위치에 있었던 존재로서[16] 당시부터 양복을 도입하자고 강력히 주장하는 젊은 개화파 관료들의 의견과 조선 내의 정서를 충분히 절충하여 내린 결정이었기 때문에 의제개혁의 근거가 고제에 있다는 것을 강조하면서 대신들을 설득한 것으로 보인다. 당시의 상황에 대해 『매천야록梅川野錄』에서는 다음과 같이 서술하고 있다.

> 나라 안이 들끓고 사람들의 마음이 새 제도를 따르지 않았다. 정언正言 이수홍 등의 상소

---

13_ 『고종실록』 권21 고종 21년 5월 27일 1차 대신 연명 차자의 批答.
14_ 『고종실록』 권21 고종 21년 5/29, 6/3, 6/4, 6/15, 6/25, 6/30, 7/3, 7/22 批答.
15_ 『고종실록』 권21 고종 21년 6/1 批答.
16_ 강상규, 「명성왕후와 대원군의 정치적 관계 연구 : 왕실내 정치적 긴장관계의 구조와 과정」, 『한국정치학회보』 40(2)(2006).

가 있었고 옥당의 연명소가 있었고 성균관 유생 심노정 등의 상소가 있었으며 임하林下에서는 송병선의 상소가 있었고 경재卿宰로서는 박제교의 상소가 있었다. 예조판서 이인명은 즉시 거행하지 않고 대죄待罪하며 상소를 올렸고, 지방에 있던 대신으로는 봉조하 이유원의 상소가 있었고, 봉조하 송근수의 상소가 있었고 시원임대신으로는 김병국, 홍순목, 김병덕 등이 연명 차자를 연달아 올렸다. 이처럼 모두 강경하게 반대했으나 임금은 일체 배척하여 군신간에 거리가 있게 되었고 조정은 떠들썩했으나, 점차로 물리치고 이때 비로소 전국에 반포하게 되었던 것이다.[17]

논란이 많아서 조정이 소란하였지만 결과적으로는 그 제도에 대해 받아들이는 분위기가 되었다는 것은 중요한 내용이다. 비록 기존의 복식관으로는 받아들이기 어려운 개혁이었다고 해도 조선의 강한 중앙집권체제에서 국왕으로부터 내려진 결정이므로 점차 자리를 잡아 나갈 수 있었다는 것을 나타내는 것이다. 이와 같이 복식 간소화의 움직임이 다소 수그러지고 있던 시기인 10월에 갑신정변이 일어났다. 이에 대해 강상규는 '갑신의제개혁이 수개월간의 정치적 줄다리기 상태에 머무르자 개혁의 성공 여부에 대한 불안감과 열악한 정치현실 앞에서 무력감과 초조함에 빠진 급진 개화파들이 갑신정변이라는 극단적인 정변을 도모하였다'고 보았다.[18] 즉, 젊은 개화파 정치인들이 주도하였던 갑신의제개혁이 순조롭게 진행되지 못하고 수 개월간 조정 내에서 난항을 거듭하자 갑신정변이라는 획기적인 사건을 일으켰다고 보는 시각이다. 지금까지 복식학계에서는 윤 5월의 갑신의제개혁과 10월의 갑신정변을 분리하여 생각해 왔다. 즉, 의제개혁이 진행될 여지를 갖지 못한 시기에 갑신정변이 발생하여 이를 추진하던 개화파 관료들이 처단되는 결과를 가져왔기 때문에 고종의 개혁의지를 약화시켰다고 보아 왔었다. 갑신정변이 의제개혁의 부진에 대한 반발로 발생하였다고 설명한다면, 갑신정변이 실패한 직후인 10월 21일의 조서인 "지난번에 의복 제도를 변통한 것이 평

17_ 황현 지음, 임형택 외 譯, 앞의 책(2005), 208쪽.
18_ 강상규, 『19세기 동아시아의 패러다임 변환과 한반도』(논형, 2008), 146~147쪽.

상시에 입는 옷의 번거로운 부분을 없애고 간편하게 한 것에 불과한데, 옛 것에 얽매인 사람들의 소견으로는 고치는 것을 의아하게 여기는 이가 많다. 대체로 평상시에 입는 옷은 법복法服과 다른 만큼 억지로 인정人情을 거스르는 것은 풍속을 따르는 도리에 크게 어긋난다. 지금부터 관료와 사서인土庶人이 평상시에 입는 옷은 편리할 대로 입게 내버려 두라."라고 하는[19] 의제 복구 지시는 당연한 결과라고 할 수 있을 것이다. 이로써 선비 및 서민들은 두루마기를 폐지하고 다시 옛날 의복을 입었다.[20]

이후 조선에서는 10년 동안 복식제도의 변경이 사실상 이루어지지 않았고 다음 복제개혁은 갑오개혁의 연장선상에서 이루어졌다.


## 2. 갑오·을미의제개혁

갑신의제개혁이 거론된 지 10년이 지난 1894년(고종 31, 갑오) 다시 의제개혁이 논의되었으니 이것이 바로 갑오경장의 일환으로 이루어진 갑오, 을미의제개혁이다. 갑오년은 동학농민운동과 청일전쟁이 발발한 해로, 갑오경장은 청일전쟁을 일으키고 승리한 일본에 의해 집권하게 된 온건개화파 정권에 의해 진행되었다.

갑오경장은 초정부적인 기관인 군국기무처에서 안건을 올리면 고종이 윤허하는 형식으로 개혁이 진행되었다. 복식제도는 6월 28일부터 시작하여 12월 16일에 완성되기까지 여러 안건이 제안되었는데, 완성된 복식제도를 보면 다음과 같다.

칙령勅令 제16호
조신朝臣의 대례복大禮服은 흑단령黑團領을 쓰고 진궁시進宮時의 통상예복通常禮服은 토산 주포紬

布로 지은 주의周衣, 답호褡護, 사모紗帽, 화자靴子를 착용하되 다음해 설날부터 시행한다.[21]

19_ 『고종실록』 고종 21년(1884), 10월 21일 壬辰조.
20_ 황현 저, 김준 역, 『梅泉野錄』(서울 : 교문사, 1994), 164쪽.
21_ 『고종실록』 권32, 고종 31년 12월 16일 朝臣大禮服. 用黑團領. 進宮通常禮服. 周衣褡護. 用黑色土産紬布及紗

이는 10년 전 갑신의제개혁에서 공복公服으로 흑단령을, 사복私服으로 주의周衣를 정하였던 것을 대례복과 통상예복의 형식으로 바꾼 것이다. 특히 주의周衣는 갑신년에 사복私服으로 정했던 것을 갑오년에는 통상예복으로 정한 것이다. 이때 조선에서 형식상 최초로 대례복 제도가 도입된다는 점에서 그 내용이 전통 복식 안에서의 흑단령과 주의라고 하더라도 중요한 의미를 지닌다.

대례복 제도는 갑오경장을 통해 고종이 '대군주폐하'로 사실상 황제에 해당하는 칭호를 사용하게 됨으로써 가능하게 된 복식체계로, 이에 따라 의제개혁도 황제가 내리는 '칙령勅令'의 형식을 갖추고 있다. 『매천야록』에는 다음과 같이 서술되어 있다.

　　여러 신하들이 임금을 높여 '대군주폐하'로 하였다. 금년 6월 이후는 개국한지 503년이 되는데 오오토리 게이스케大鳥圭介가 굳이 임금을 황제라고 높여 부르며, 연호를 제정하고 머리를 자르고 양복을 입자고 하였다. 그러나 상하가 모두 따르지 않자 차선의 방도를 취하여 행하였는데, 임금에 대해서는 대군주大君主라는 칭호로써 황제로 부르자는데 대응했고 개국 몇 년으로 기록하여 연호를 쓰자는데 대응했고, 의복제도를 대략 변경하여 머리를 깎고 양복을 입자는데 대응하였다. 이에 조야朝野가 흉흉하였는데, 불원간에 차례대로 시행할 것이라고 생각하였기 때문이다.[22]

임금을 칭하는 명칭과 개국연호의 사용으로 인해 근대 황제국의 복식제도인 대례복과 통상예복이라는 형식은 도입할 수 있었지만, 백성들의 정서상 바로 양복인 서구식 대례복을 도입하지는 못한 것으로 생각된다. 이로 인해 복식제도의 내용은 갑신의제개혁을 계승하도록 하였지만, 이 역시 조야 간에 완전한 합의를 이루지는 못한 것을 확인할 수 있다. 고종실록에는 갑오경장의 의제개혁에 반대한 것으로 전승지 신기선申箕善의 상소를 싣고 있다. 그 내용을 보면 자립과 개화가 좋은 일임은 틀림이 없으나

---

帽靴子. 自來歲正朝施行.
22_ 황현 지음, 임형택 외 譯, 앞의 책(2005), 379쪽.

다른 나라와 외국 군대가 대궐에 침범하고 요충지에 주둔하며 생사존망이 남의 손아귀에 쥐어 있는데 한갓 개국開國 연호나 내세우면서 어찌 자립이 될 수 있겠으며 한갓 관직 제도나 고치고 관청이름이나 바꿈으로써 외국을 모방한다면 개화가 되겠느냐고 하고 있다.[23] 또한, 개화라는 것은 나라를 부유하게 하고 군사를 강하게 만드는 도리를 다하는 것을 말함인데 어찌 의관 제도를 허물어 버리고 오랑캐의 풍속을 따라야만 개화가 될 수 있겠으며 외국의 통제를 받으면서 인심을 거슬리고 여론을 어기며 근본도 없고 시초도 없이 새로운 법을 시행할 수 있느냐고 하였다.

이와 같이 갑오의제개혁은 갑신의제개혁을 그대로 따라서 복식의 간소화를 지향하고 있지만 이 역시 조야 간에 합의가 이루어진 사항이 아니었음을 알 수 있다. 그러나 갑신년과는 달리 사회 전반적인 개혁과 함께 이루어졌으므로 갑신의제개혁보다 강한 추진력으로 긴 기간에 걸쳐 진행되어 다음해까지 계속해서 다듬어지는 과정을 겪게 되고 이를 을미의제개혁이라 한다.[24]

을미의제개혁의 내용은 다음과 같다. 먼저 3월 29일 마련된 의제개혁에서는 공사예복公私禮服에서 답호褡護를 없애고 대궐로 들어 올 때만 모帽, 화靴, 사대絲帶차림을 하며 주의周衣는 관리와 백성들이 똑같이 검은색으로 할 것을 명하였다.

> 지금부터 공사예복公私禮服 중 답호褡護를 제외하고 진궁시進宮時만 모화사대帽靴絲帶를 사용하고 주의周衣는 궁민窮民이 일체로 흑색류를 따르라.[25]

4월 5일에는 내부 고시문에 '개국504년 칙령 제67호'로 반포하였다.[26] 여기에 덧붙여서 "이는 대군주가 관리와 백성을 똑같이 보는 더없이 공정하고 사사로움이 없는

---

23_ 『고종실록』 권32, 고종 31년 10월 3일 丙午.
24_ 을미의제개혁에는 문관의 복식 규정 이외에도 서양식 제복이 도입된 육군복장규칙, 경무사 이하 복제규칙, 시위대 복장에 대한 규정도 포함되어 있다. 이는 후속 연구서를 통해 다룰 예정이다.
25_ 『고종실록』 권33, 고종 32년 3월 29일, 更子.
26_ 『勅令存案』 1권 勅令第六十七號 開國五百四年 三月 二十九日 總理大臣 金弘集.

훌륭한 덕으로 의복 제도에서조차 관리와 백성들의 차별을 두지 않는 것이며 또한 검은색으로 하는 것은 백성들의 편의를 위한 훌륭한 뜻"이라고 하였다.[27] 이에 따라 사서인의 복식이 검은색 두루마기 한가지로 통일되었다.

다음으로, 을미의제개혁의 골자를 이루는 8월 10일의 의제개혁은 '조신이하복장식朝臣以下服章式'이라는 규정으로 궁내부대신이 황제의 명을 받아 발표하였다.

> 궁내부대신조신이하복장식봉칙반포宮內府大臣朝臣以下服章式奉勅頒布
>
> 1. 조복朝服과 제복祭服은 그전대로 한다.
>
> 1. 대례복大禮服은 흑단령黑團領・사모紗帽・품대品帶・화자靴子 차림을 하되 모든 동가시動駕時・경절慶節・문안問安・예접시禮接時에 착용한다.
>
> 1. 소례복小禮服은 흑단령착수포黑團領窄袖袍・사모紗帽・속대束帶・화자靴子로 대례복으로도 사용하고 무시 진견시에 이를 입는다.
>
> 1. 통상복색通常服色은 편리한 대로 하여 주의周衣・답호褡護・사대絲帶 차림을 하되 내외관리가 사진시仕進時에 입는 것은 무관하지만 진현시進見時에는 입지 못한다. 사서의 복색服色도 편리한대로 하되 광수廣袖는 하지 말고, 예복 이외에는 되도록 검약하도록 하라.[28]

갑오년부터 시작된 의제개혁을 완성하는 의미를 지닌 을미의제개혁의 내용을 살펴보면 다음과 같다.

첫째, 갑신년의 의제개혁에서 천명한 바 있듯이 "의복 제도에 변통할 수 있는 것이 있고 변통할 수 없는 것이 있는데 예를 들면 조복朝服, 제복祭服, 상복喪服 같은 옷은 모두 옛 성현이 남겨놓은 제도인 만큼 이것은 변통할 수 없는 것"이므로 그대로 유지하기로 하였다.

둘째, 갑오의제개혁에서 대례복만 정했던 복식제도의 형식을 대례복, 소례복, 통상

27_ 『고종실록』 권33, 고종 32년 4월 5일.
28_ 『고종실록』 권33, 고종 32년 8월 10일 戊寅.

복색으로 나누어 근대적 개념에 대응시켰다.

셋째, 복식제도를 적용하는 방법을 구체적으로 제시하였다. 대례복, 소례복, 통상복색이 언제 착용되는지, 일습의 구성이 어떠한지를 규정하였다.

넷째, 복식제도의 형식은 국제 통용의 대례복 체계이지만 내용은 전통적인 관복과 편복을 활용하였다. 갑오의제개혁에서 공복으로 규정되었던 흑단령의 소매를 달리하여 넓으면 대례복, 좁으면 소례복으로 하고, 사복으로 규정되었던 두루마기를 검은색으로 한정하여 통상복으로 정한 것이다.

특기한 것은 형식적으로 근대적 개념의 대례복 제도를 도입하였지만 전통의 영역인 조복, 제복, 상복을 가장 먼저 배치함으로써 새로운 복식제도가 전통을 인정한 바탕위에 서양식 형식을 가미하도록 정한 것이다.

이와 같이 갑오, 을미의제개혁이 일본의 간섭하에 진행된 개혁이라고 하더라도 전통적인 복식관을 넘어서 전혀 다른 양복체제를 도입하는 것은 아직까지 동의할 수 없는 사안이었던 것으로 보인다. 갑오, 을미의제개혁의 개혁적 성격은 고제를 준수하는 바탕에서 새로운 형식을 도입한 것이었고, 고종이 주도적으로 추진하였던 갑신의제개혁의 내용을 이어받고 있다.

그런 의제개혁의 완성을 보기 전인 6월 20일에 군부대신 신기선申箕善은 의제개혁에 대해 다시 조심스럽게 우려를 하고 있다. 공평하고 개화된 정사를 하는 것이 급한 일이기는 하지만 의관과 문물제도 관계의 풍속은 죄다 없앨 수 없는 것인데, 의복 제도를 너무 지나치게 고친 결과 위아래의 구분을 뒤섞어 놓고 온 나라의 민심을 거슬러 놓았다고 하고 있다. 또한 비록 이웃 나라에서 대신 계책을 세워주는 후한 뜻과 내각의 신하들이 입헌 제도를 세우려는 원대한 생각에서 나온 것임은 인정하지만, 잘못을 바로잡으려다가 지나쳐서 명분과 교화를 해칠 뿐만 아니라, 근본까지 없애버리고 무턱대고 외국만을 모방하여 원래의 좋은 점마저 놓치는 격이 되었다고 한탄하고 있다.[29]

---

29_ 『고종실록』 권33, 고종 32년 6월 20일.

그러나 반대 상소가 여전히 많음에도 불구하고 의제개혁이 어느 정도 받아들여진 것으로 보인다. 『매천야록梅泉野綠』에는 "지난 갑신년 가을 주의를 입도록 하는 영을 내렸을 때에는 온 나라가 들끓으며 따르지 않아 얼마 안 있어 옛날로 돌아갔는데, 지난 여름 주의周衣를 입도록 하는 영으로 종이 한 장이 내려지자 백성들이 기꺼이 좋아서 그 간편함을 좋다고 여기는 사람들도 있었다. 십 년 사이에 세상이 이처럼 변한 것이다."라고 서술하고 있다.[30]

지금까지 살펴본 바를 정리하면, 을미의제개혁으로부터 조선은 대례복, 소례복, 통상복으로 구성되는 근대 대례복 제도의 복식체계를 형식적으로 완전하게 갖추게 되었다. 특히 대례복은 당시의 국제 관례상 한 국가의 왕을 알현할 때 반드시 착용해야 하는 복식이었다. 조선에서 대례복 제도를 마련해 가는 과정에 있었던 1895년 8월 1일 『승정원일기承政院日記』에는 고종이 보현당에서 각국 공사를 접견할 때 "일본 공사 미우라 고로三浦梧樓만 대례복을 입지 않고 들어와서 다른 공사와 같이 알현할 수 없었으며, 뒤에 나아가서 뵙기는 했지만 사연賜宴에는 참석하지 못하고 물러났다."는 기사가 실려 있다.[31] 이와 같은 예를 통해 근대적인 조약을 맺고 있는 상황에서 대례복 제도의 도입은 무시할 수 없는 과정이었다.

을미의제개혁시 마련된 조선의 대례복 제도에서 대례복은 대군주폐하와 관련된 동가, 경절, 문안, 예접의 경우, 소례복은 특별한 예를 갖추지 않고 진현進見할 경우, 통상예복은 임시적으로만 착용할 뿐 진현進見할 경우에는 착용하지 못하도록 정함으로써 상황에 따른 복식 규정에서 근대적 시스템을 따르고 있다. 그러나 내용이 되는 복식의 종류에서 대례복은 소매폭이 넓은 흑단령, 소례복은 소매폭이 좁은 흑단령, 통상복은 두루마기로 정함으로써 근대적 형식에 전통적 내용을 결합시킨 과도기적 개혁에 머물렀고 이는 갑신의제개혁에서부터 이어져 오는 전통대례복 제도의 완성이라고 볼 수 있다.

---

30_ 황현 지음, 임형택 외 譯, 앞의 책(2005), 435쪽.
31_ 『국역승정원일기』, 고종 32년 8월 1일.

이와 같이 갑오개혁으로부터 비롯한 의제개혁이 어느 정도 성공을 이루고 있을 때에 명성황후 시해사건(1895년 8월 20일)이 발생하였고, 이후 성급한 단발령이 내려지게 되어 복식제도 개혁은 다시 한 번 새로운 문제에 직면하였다.


## 3. 단발령

단발령斷髮令이 내려진 것은 고종 32년(1895, 을미) 음력 11월 15일(양력 12월 30일)이다. 단발문제가 처음 대두된 것은 갑신정변 때이다. 김옥균은 갑신정변을 일으킨 후 신정부新政府의 정치 강령을 발표하였는데 갑신일록甲申日錄에는 14개조로 기록되어 있지만, 이 외에도 80여 조목이 더 있었는데 그 중에는 '국민은 일제히 단발할 것'도 있었다고 한다.[32] 그러나 갑신정변의 실패로 이는 실현되지 못하였다.

비숍에 의하면 미국을 다녀온 한국인들이 단발령을 이전부터 주장하였고 일본인도 지지하고 있었으며[33] 내각에서도 논의되어 오던 것이었다.[34] 이에 최익현은 "지금에 와서는 한 번 변하여 갑신년 일이 있게 되고, 두 번 변하여 검은 옷을 입게 되었으니, 이대로 따라 가다가는 차츰차츰 단발하는 일을 하게 될 것"[35]을 미리 우려한 바 있다.

단발령은 양력으로 12월 25일(음력 11월 10일) '경성京城의 사정'이라는 제목으로 실린 신문기사에서 '오는 1일 국왕, 대원군, 관리, 병사는 단발하고 인민은 자유롭게 할 것으로 내정함'[36]으로 기록된 것으로 보아, 건양 원년 1월 1일(음력 11월 17일)로 내정되어

---

32_ 金道泰, 『徐載弼 博士 自敍傳』(을유문화사, 1972), 155쪽.

33_ 황현 저, 김준 역, 앞의 책(1994)에는 다음과 같은 기사가 기록되어 있다. 大鳥圭介는 칭제건원할 것과 머리를 깎고 양복을 입으라고 하였으나(296쪽, 고종 31년) 10월 중 일본공사가 고종을 위협하여 일찍 삭발하기를 재촉하므로 고종은 因山을 마친 후에 삭발하겠다고 하였다(368쪽, 고종 32년).

34_ E. B. 비숍 지음, 이인화 역, 『한국과 그 이웃나라들』(서울 : 살림, 1994), 417쪽.

35_ 최익현 저, 민족문화추진회 편, 『國譯勉菴集』 I (서울 : 민족문화추진회, 1977), 請討逆復衣制疏 을미(1895) 6월 26일.

36_ 明治 28년(1895) 12월 26일. 『日本』 25일 京城發 來一日國王, 大院君, 官吏, 兵士は 斷髮し, 人民は 自由にする 事に內定せり. 『명치편년사』 9권, 341面.

있었던 것으로 보인다. 그러나 단발령이 내려지기로 내정된 날 이틀 전인 12월 30일(음력 11월 15일)에 고종부터 강제로 단발을 당하였고, 관보官報에는 이 날짜로 발표되었다.

이때 유길준兪吉濬, 조희연趙羲淵 등이 일본인을 인도하여 궁궐 주위에 대포를 묻고 삭발을 하지 않는 사람은 모두 살해하겠다고 하자, 고종은 긴 탄식을 하며 조병하趙秉夏를 돌아보고 "당신이 내 머리를 깎으시오."라고 하므로 조병하는 가위를 들고 고종의 머리를 깎고, 유길준은 태자太子의 머리를 깎았다.[37]

15일(신해辛亥) 이날 단발斷髮의 칙勅이 내리고 신년부터 기원紀元을 건양建陽이라 하다. 저녁 식사 후에 총리대신總理大臣 및 천신賤臣이 소명召命이 있어서 입시入侍하니 상上이 성발聖髮을 먼저 자르고 물러가 각료속各僚屬과 더불어 일체 이를 행하라 명命하시다. 내각內閣에 돌아와 총리대신總理大臣과 함께 단발斷髮하고 외서外署에 나가 여러 관료에게 명하여 차례로 단발하니 체읍涕泣하는 자가 많아 차마 자르기 어려웠다. 이날 내부서리內部署理 유길준, 법부서리法部署理 장박, 농상공부서리農商工部署理 정병하는 모두 대신大臣으로 오르다. 학부대신 이도재는 상소하고 사직하다. 지방에서 올라와 머무르는 자들도 체발剃髮의 설說을 듣고 서둘러 하향하였다. 16일(임자壬子) 오늘은 즉 양력의 제석除夕이라. 어젯밤 금조今朝의 구부관九部官 및 액정掖庭과 병대兵隊, 순찰巡察 등이 모두 단발하니 도로에는 구슬픈 빛이 많이 보이더라.[38]

관보에서는 위생에 이롭고 일하는데 편리하도록 하기 위하여 단발하는 것이라고 그 이유를 밝히고 고종이 먼저 단발하였으므로 신민臣民된 도리로 일제히 단발할 것을 내부고시內部告示로 싣고 있다. 또한 다음과 같이 단발령과 함께 양복 착용에 대한 허가도 내리고 있다.[39]

[內部告示] 今此斷髮ᄒᆞᆷ믄 生을 衛ᄒᆞᆷ에 利ᄒᆞ고 事를 作ᄒᆞᆷ에 便ᄒᆞ기 爲ᄒᆞ야 我 聖上陛下계옵셔

---

37_ 황현, 앞의 책, 435쪽.
38_ 金允植, 국사편찬위원회 편, 『續陰晴史 上』卷七(檀紀 4293(1955)), 386쪽.
39_ 『官報』제204호, 건양원년 1월 4일 土曜.

政治改革과 民國富强을 圖猷ᄒ사 率先躬行ᄒ사 表準을 示ᄒ시미라. 凡我 大朝鮮國民人은 如此ᄒ신 聖意를 仰體ᄒ되 衣冠制度ᄂᆫ 左開ᄒ야 告示흠.

開國五百四年 十一月十五日 內部大臣 署理 內部協辦 兪吉濬.

一 國服이 身에 在ᄒ니 衣冠은 國服期限前에 仍舊ᄒ야 白色을 用흠.

一 網巾은 廢止흠.

一 衣服制度ᄂᆫ 外國制를 採用ᄒ야도 無妨흠.


[內部告示] 今十五日 大君主陛下게옵셔 頒降ᄒ신 詔勅內에 「朕이 髮을 斷ᄒ야 臣民에게 先ᄒ노니 爾有衆은 朕의 意를 克體ᄒ야 萬國으로 立立ᄒᄂᆫ 大業을 成케 ᄒ라」ᄒ시니 今此更張ᄒᄂᆫ 會를 當ᄒ야 大奮發ᄒ신 詔勅을 伏讀ᄒ니 凡我 大朝鮮國 臣民되ᄂᆫ 者ᄂᆫ 誰人이 感泣지 아니며 振作지 아니리오. 一心同德ᄒ야 更張ᄒ시ᄂᆫ 聖意를 奉體ᄒ기를 切望흠

開國五百四年 十一月十五日 內部大臣 署理 內部協辦 兪吉濬. (생략)


이어서 정부에서는 인민된 도리로 이 훈시의 뜻을 이어서 서로 권유하라는 내부훈시를 다시 내렸다.[40]

단발령은 외국에 있는 조선인에게도 적용되어 일본에 도착한 대원군의 손자 이준용李埈鎔 일행은 단발을 지시 받은 날 바로 단발하고 양복을 입게 하였다.[41] 그런데, 조칙의 내용과는 달리 단발은 권유가 아니라 체두관剃頭官에 의해 강제로 행해졌다.

경무사警務使 허진許璡은 순검巡檢들과 함께 가위를 들고 길을 막고 있다가 사람만 만나면 달려들어 머리를 깎아 버렸다. 그리고 그들은 인가人家를 침범하여 남자만 보면 마구 머리를 깎아 버리므로 깊이 숨어 있는 사람이 아니면 머리를 깎이지 않는 사람이 없었다. 그중 서울에 온 시골 사람들은 문밖을 나섰다가 상투를 잘리면 모두 그 상투를 주워 주머니에 넣고 통곡을 하며 성城을 빠져나갔다. 머리를 깎인 사람들은 모

---

40_ 內部訓示 建陽元年 一月二日 內部大臣 兪吉濬,『官報』제207호 건양원년 1월 9일.
41_ 明治 29년(1896) 1월 8일,『國民』(『명치편년사』9권), 356面.

두 깨끗이 깎이지 않았는데, 상투를 잘린 사람은 긴 머리가 드리워져 그 모습이 장발 승長髮僧과 같았다. 오직 부녀자들과 아이들만 머리를 깎이지 않았다.[42] 각부로 체두 관剃頭官을 파견하여 바로 당일에 삭발을 독촉하였다. 공주公州관찰사 이종원李淙遠이 금 강錦江을 차단하고 행인의 머리를 마구 깎으므로 길을 다니는 행인의 발길이 거의 끊 기었다.[43]

이와 같이 강제로 진행되는 단발령 때문에 각지에서 단발령으로 인한 문제점이 야 기되었다. 외국공사는 가마꾼이 나오지 않아서 설날 궁전에 나가지 못했고[44] 백성들 은 자기 상투가 잘릴까 두려워서 문밖으로 나가지 않는 바람에 도성 안에 사람의 발 길이 끊어졌다. 목재, 토산물들이 들어오지 못하여 생필품의 가격은 심하게 치솟았 고[45] 이를 악용하여 머리를 자르고 대신 도성출입을 하면서 몇 배의 이윤을 남기는 상인도 등장하였다.[46] 어떤 아버지는 그의 두 아들이 머리를 깎은 비탄과 치욕을 못 이겨 독약을 먹고 자살하였다.[47] 독일 공사 크리인은 외부대신 김윤식에게 제물포에 서 거간인居間人이 모두 낮에 문을 잠그고 외부로부터 상민도 들어오지 않게 되어 각 국 통상에 크게 방해가 되므로 단발령 강행을 금지시켜 달라는 요청을 하였다.[48] 머 리를 깎고 지방 임지로 들어가던 관리는 지방민에 의해 죽임을 당하거나 임지로 들어 가지 못한 채로 사직서를 올렸다.[49] 전체 나라가 단발령의 강행으로 인해 마비되는 상황을 초래한 것이다. 상투는 머리의 정수리부분을 면도하고 아랫부분을 위로 올려 서 틀기 때문에 상투가 잘린 사람들은 정수리 부분에는 머리카락이 전혀 없는 상태가 되므로 황현은 '장발승長髮僧'으로 표현하였다.[50]

42_ 황현, 김준 역, 『梅泉野錄』(서울 : 교문사, 1994), 368쪽.

43_ 위의 책, 370쪽.

44_ 金允植, 국사편찬위원회 편, 『續陰晴史』 下 卷八[檀紀 4293(1955)], 387쪽.

45_ E. B. 비숍 지음, 이인화 역, 앞의 책(1994), 419쪽.

46_ KBS TV 역사저널 1998년 9월 15일 방영 〈상투전쟁 - 단발령〉.

47_ E. B. 비숍 지음, 이인화 역, 앞의 책(1994), 419쪽.

48_ 『구한국 외교문서』 제5권 德案 1583호 건양원년 2월 9일, 1584호 건양원년 2월 9일, 『外記』 건양원년 2월 9 일을 『고종시대사』 건양원년 2월 9일에서 재인용.

49_ 황현, 김준 역, 앞의 책, 377쪽, 『고종시대사』 권4 건양원년 4월 18일, 건양원년 6월 4일.

50_ KBS TV 역사저널 1998년 9월 15일 방영 〈상투전쟁 - 단발령〉.

이러는 가운데 단발령으로 인해 이익을 보는 사람들도 있었다. 당시 일본측 기록에 의하면 단발령의 시행으로 인해 특히 일본 이발관이 번창하게 되어서 매일 수십 명의 조선 손님이 몰려들고 각 점마다 20원 내외의 수입을 올리고 있다고 한다. 또한 양복점, 구두, 모자 그 외 양복 부속품도 평소의 두 배 이상이나 팔렸으며, 검은 산고모山高帽와 도리우찌鳥打 모자도 역시 품절되었고, 셔츠, 칼라, 커프스, 칼라장식 등의 수요도 많으며, 궐련초와 시계도 잘 팔렸다고 한다.[51] 또한 이전에는 혼魂이 나간다고 해서 두려워했던 사진도 이 시기부터 상투 튼 모습을 사진으로라도 남겨두기 위해 많이 찍었다고 한다.[52] 이와 같이 이익을 보는 사람은 극소수의 상인들과 일본인 상인들 정도였고 대다수의 사람들은 단발령을 반대했다.

단발령이 내려진 직후부터 대신들과 유생들에 의해서 반대 상소가 끊이지 않았는데, 학부대신 이도재李道宰는 단발령이 내려진 날 반대하는 상소를 올리고 사직하였다. 그는 "지금 내란이 빈번하고 나라가 위태로우며 백성이 쪼들리고 강한 이웃이 넘겨다보는 형편에서" 아직은 나라가 부유해지고 군사가 강해지기를 기다려야 하는데 단발에 대한 논의가 나온 것은 당치도 않은 일이라고 하고, 특히 우리나라는 "단군, 기자箕子이래로 편발編髮의 풍속이 고발高髮의 풍속으로 변하였으며 머리칼을 아끼는 것을 큰 일처럼 여기기 때문에" "하루아침에 깎아버린다면 4천년 동안 굳어진 풍습은 변화시키기 어렵고 억만 백성의 흉흉해 하는 심정을 헤아릴 수 없는 것"이라고 하였다. 그는 "정말 나라에 이롭다면 비록 목숨이 진다하더라도 결코 사양하지 않겠는데 더구나 한줌의 머리칼을 아껴서 나라의 계책을 생각하지 않을 리 없지만, 단지 여러 번 생각해 보아도 그것이 이로운 것은 보이지 않고 해로운 점만 당장 보이기 때문에 감히 부당하게 따를 수 없다."[53]고 하였다. 유인석柳麟錫은 단발하는 것이 위생에 좋다는 논리에 대하여 "(머리를 깎는 것이) 위생 때문이라면 남자만 위생을 따지고 여자는 위생을 따지지 않는 것이니 이 어찌 진정이라 하겠는가."라고 반박하였고,[54] 특진관 김병시

51_ 明治 29년(1896) 2월 2일 『報知』(『명치편년사』 9권), 366~367面.
52_ KBS TV 역사저널 1998년 9월 15일 방영 〈상투전쟁 – 단발령〉.
53_ 『고종실록』 권33 고종 32년 11월 16일.

는 "신체발부身體髮膚는 부모로부터 물려받은 것으로서 감히 손상시킬 수 없다는 것은 바로 공자孔子의 말입니다. 만대를 두고 내려오는 공자의 말도 믿을 것이 못된단 말입니까."[55]라고 반대상소를 올렸다.

이에 대하여 정부에서는 "상투와 망건도 한때는 새로운 규정이었던 것이 풍속으로 고정된 것"이라고 규정하고 "세계가 왕래하는 때에 이르렀으니 일신하여 부강하도록 하여야 한다."고 설득하였다.[56]

급기야 의병이라는 이름으로 전국각지에서 반대운동이 일어나게 되었는데 이를 을미의병이라고 한다. 을미의병은 일본의 명성황후 시해 사건과 단발령에 반대하여 국모의 원수를 갚고 친일개화정권을 타도하려고 한 것이었다. 단발령의 발표와 을미의병이라는 초유의 사태에 있어서 국왕 고종의 선택은 단발령이 고종의 의지와 무관하게 진행된 것임을 알 수 있게 한다. 사실 발표되는 과정에서 유길준 명의의 내부고시로 이루어진다는 점과 고종이 비밀리에 시행의도가 없다는 사실을 알리고 있다는 점,[57] 무엇보다도 단발령 직후에 고종이 러시아 공사관으로 이어移御(소위 아관파천俄館播遷)한 다음 사실상 단발령을 철회하는 조치를 내린다는 사실이다.

…상투를 자른 것에 대해서 짐이 무슨 할 말이 있겠는가? 그것이 그렇게 긴박한 문제였던가? 반역자들은 힘과 강압을 사용하여서 상투 사건을 일으켰다. 물론 모두가 잘 알고 있듯이 이러한 결정은 짐의 의지에 반대되어 이루어졌다. 그것은 백성들의 뜻이 아니었기 때문에 정의의 분노를 자극했고 정규군이 힘으로 진압하기까지 유언비어가 돌고 살인과 부상이 속출했다.… 상투를 자르는 경우와 같이 어느 누구도 의복제도와 갓에 대해 강요할 수 없을 것이다. 백성을 괴롭히는 악은 정부에 의해 바로잡힐 것이다. 건양 원년 2월 11일 국왕의

---

54_ 서준섭 외 역, 『毅菴 柳麟錫의 思想 − 宇宙問答』(1984), 47쪽을 정혜경(1995), 55쪽에서 재인용.

55_ 『고종실록』 권34 고종 33년 1월 7일.

56_ 『고종실록』 권34 고종 33년 1월 11일.

57_ 단발령에 있어서 일본의 개입에 대한 논의는 이경미, 앞의 논문(1999)과 김어진, 「문명표준(文明標準)으로서의 두발 양식(頭髮 樣式) : 1895년 조선 단발령의 국제정치」(서울대학교 석사학위 논문, 2003)에서 자세히 다루었다.

명을 받아 내부 및 총리대신 박정양[58]

고종의 단발령 철회 조칙과 함께 역적을 잡아서 처단하라는 명이 내려짐으로써 전 내각대신 김홍집과 농상공부대신 정병하가 경무청에 포박되어 문전에서 참살되었다. 유길준, 조희연, 장박 등 개화파는 일본공사관으로 피신하였다가 일본으로 망명하였다.[59] 단발을 철회하고 대신들이 처형되자 군중들은 일본인을 습격하여 살해하기도 하는 등[60] 곳곳에서 유혈사태가 생겼다. 이에 조정에서는 최익현을 비롯한 명망 있는 유학자들에게 선유사宣諭使의 임무를 부여하여 단발을 편의에 따르는 것으로 백성들을 설득하도록 하였다. 곧 고종도 다시 결발結髮을 하였고,[61] 군인들도 다시 머리를 길러서 10월경 고종을 접견했던 비숍여사는 군인들의 머리털이 귀 뒤에 헝클어진 채로 있어서 마치 야만인과 흡사한 인상을 주었다고 적고 있다.[62] 강제적인 단발령에도 불구하고 '상투는 승리'[63]했던 것이다.

단발령은 고종의 아관파천으로 인해 일시적으로 복구되었지만 완전히 상투로 되돌아가지는 못하고 배재학당 학생들, 순검, 관리, 일진회원一進會員 등에 점차 단발하는 사람들이 많아졌다. 그러나 조선에서는 단발이 개화의 상징이라기보다는 친일의 상징으로 여겨지는 경우가 많았으므로 이후에도 단발한 사람은 의병의 표적이 되곤 하였다.[64]

지금까지 갑오개혁의 진보성은 강조되고 '아관으로의 이어'는[65] 러시아까지 끌어

---

58_ E. B. 비숍 지음, 이인화 역, 앞의 책(1994), 421~422쪽; 황현 저, 김준 역, 앞의 책, 379쪽.

59_ 『고종실록』권34 고종 33년 2월 11일, 관보 건양원년 2월 11일, 고종시대사 건양원년 2월 11일.

60_ 명치 29년 2월 18일『東京日日』"2월 11일 저녁 종로에서 일본인이 살해되다".『명치편년사』9권, 374面.

61_ 明治 29년(1896) 3월 1일『國民』"韓國王 又 結髮".『명치편년사』9권, 385面.

62_ E. B. 비숍 지음, 이인화 역, 앞의 책(1994), 486쪽.

63_ 위의 책, 420쪽.

64_ 隆熙元年 9월 25일 의병장 朴來秉이 의병 70여 명을 거느리고 철원군 대광리에서 斷髮人을 살해하였다.(『고종시대사』권6, 1907년 9월 25일) 의병들은 삭발한 사람만 만나면 모두 살해하였는데……(『매천야록』隆熙元年, 730~740쪽).

65_ 공식 기록에서는 '파천'이란 용어를 쓰지 않았고 국왕은 이후에도 공사관에 숨어있었던 것이 아니라 경복궁을 왕래하면서 국왕으로서 해야 할 일을 하고 있었다고 한다. 이태진, (서울 : 태학사, 2000)『고종시대의 재조명』, 332~334쪽.

들이는 고종의 나약함으로 강조되는 면이 컸다. 그러나 최근 사학계에서 이루어진 아관 이어 후 고종의 대한제국 선포까지의 시기에 대해 고종이 가장 강력하게 자신의 의지대로 조선을 탈바꿈하도록 준비하는 치밀하게 계획된 과정이었음을 밝히는 연구들을 통해[66] 복식사학계에서도 이 부분에 대해서 다시 살펴볼 필요성이 대두되었다고 본다.

앞에서 살펴본 바와 같이 갑신의제개혁으로부터 시작하여 단발령에 이르기까지 조선 정부가 기존 복식을 근대적인 체제로 전환하고자 한 일련의 개혁들에 대해 그 실효성 문제에서 어느 정도 실현되었는가를 몇 가지 자료를 통해 생각해보고자 한다.

러시아공사관에서 촬영된 것으로 여겨지는 다음 장에 제시한 〈그림 6-7〉의 고종의 사진에서 명성황후의 상중이기 때문에 고종은 상복喪服을 착용하고 있는데 백립에 흰색 두루마기를 착용하고 있다. 조선시대에 국왕도 연거시에는 사대부와 같은 편복포를 착용하였고, 두루마기는 갑신의제개혁 당시부터 사복으로 규정된 것이기 때문에 고종이 이를 착용하고 있는 것은 의제개혁을 고종 스스로 따르고 있다는 것을 보여주는 것이라고 할 수 있다. 한편, 이미 단발을 하였지만 백립을 쓰고 있기 때문에 망건으로 머리를 정리하였을 것으로 추측되는데, 이는 고종이 단발에 동의하지 않았음을 단적으로 확인할 수 있는 옷차림으로 여겨진다. 〈그림 5-1〉은 1909년 대한협회 창립2주년 기념사진으로 부분적으로 확대한 사진 〈그림 5-2〉를 자세히 들여다보면 흉배를 달지 않은 흑단령, 즉 소례복을 입었거나 두루마기, 즉 통상예복을 입고 있는 사람들이 여러 명 보인다. 1909년은 대한제국에서 이미 양복 도입을 합법화한 이후이지만 양복을 갖추어 입는다는 것은 일반인에게는 힘든 일이었을 것이고, 또 당시의 양복은 관복의 의미를 가진 것으로 보아야 하므로 의제개혁의 내용대로 시행되고 있음을 보여주는 자료라고 할 수 있다.

---

66_ 위의 책, "대한제국의 서울 황성만들기"를 비롯한 내용들. 한영우, 『명성황후, 제국을 일으키다』(경기도 : 효형 출판, 1994); 한영우 외, 한림대학교 한국학연구소 편, 『대한제국은 근대국가인가』(서울 : 도서출판 푸른역사, 2006)의 논의들.

〈그림 5-1〉 대한협회 창립2주년 기념사진 1909    〈그림 5-2〉 〈그림 5-1〉의 부분 확대

　이와 같이 의제개혁 당시는 여러 가지 정치적, 외교적 문제와 맞물려 개혁과 철회를 반복하기도 하였지만, 실질적으로 대한제국 성립 이전 조선왕조의 복식개혁은 조선 정부의 고민과 노력을 통해 점차로 시행된 것을 확인할 수 있었다. 다만 단발령에 대해서는 일본의 개입, 친일이라는 문제와 함께 시행되기까지 시간이 더 소요되었다.

# 대한제국의
# 서구식 대례복
# 도입

## 06 ─────────

대한제국 초기 전통식 대례복 계승과 변화 모색
원수부 선포와 황제의 서구식 대원수복 도입
대한제국의 서구식 대례복 제도의 도입과 그 형태

대한제국의
서구식 대례복
도입

　대한제국은 제국 선포 초기에는 전통식 대례복을 계승하여 착용하였으나 1900년(광무 4) 4월 17일에 칙령 제14호 '문관복장규칙文官服裝規則'과 칙령 제15호 '문관대례복제식文官大禮服制式'을 발표함으로써 서구식 관복제도를 정하였다. 본 장에서는 고종이 대한제국을 선포한 후 본격적으로 서구식 대례복을 도입하는 과정을 살펴보고자 한다. 이를 통해 전통식 복식체계와 서구식 대례복 체계가 어떻게 공존하게 되는지, 서구식 대례복의 개정 및 정체성 변화는 어떻게 이루어지는지 설명하고자 한다.

　1897년 10월 황제 즉위식 당시 고종황제는 명나라 황제의 12류면 12장복을 착용하였다. 이는 동아시아 황제의 전통복식을 계승한 것이라 할 수 있다. 1898년(광무 2) 6월 18일에 발표된 칙령 제20호에서는 외국으로 파견 나가는 각국 외교관, 영사관 이하 관원들의 대례복과 소례복은 흑반령黑盤領으로 정하고, 소례복과 통상복은 주재하는 각국의 상례를 따르도록 규정함으로써 사실상 일상적인 생활복은 양복을 허용하고 공식적으로 대례복과 소례복을 착용하여야 할 경우에는 조선의 관복을 착용하도록 하였다. 이후 1899년(광무 2)부터는 외교관의 경우부터 먼저 외국의 규정을 참작하여 개정하려고 준비한 것으로 보인다. 이 시기까지 문관은 전통식 대례복과 소례복을 착용하였는데 품대의 착용 여부에 따라 대례복과 소례복을 구분하도록 하였다. 이상의 내용을 정리하면 대한제국 성립 초기에는 동아시아 전통의 황제국 복식을 계승한 바탕 위에 근대식 대례복이라는 형식을 첨가하도록 한 것이라고 할 수 있다.

〈표 6-1〉 대한제국 성립 초기 전통식 대례복 규정

| 발표일자 | 내용 |
|---|---|
| 1897년 10월 9일~14일<br>대한제국선포 | 고종의 칭제건원, 명나라 황제의 12류면 12장복으로 즉위 |
| 1898년(광무 2)<br>6월 18일 | 칙령 제20호 파견 가는 각국 외교관, 영사관 이하 관원의 服裝式<br>대례복과 소례복은 黑盤領으로 정하되 소례복과 통상복은 주재하는 각국의 常禮에<br>따라 편히 착용할 것 |
| 1899년(광무 3)<br>8월 3일 | 외국으로 파견 가는 사신의 복식은 먼저 외국의 규정을 참작하여 개정하도록 함[出<br>疆使臣服飾 爲先參酌外規而改正].<br>대소 관원은 盤領窄袖의 소례복을 입고 여기에 品帶를 가하여 大禮服으로 삼으라. |

# 1. 대한제국 초기 전통식 대례복 계승과 변화 모색

## 1) 『대례의궤』와 『대한예전』의 복식체계

고종황제는 1897년 8월에 국호를 대한大韓, 연호를 광무光武로 정하고 10월 12일(음력 9월 17일)에 환구단圜丘壇에 나아가 황제에 등극하였다. 고종의 칭제건원은 1897년 5월부터 반일칭제反日稱帝 논의로부터 시작하여 충분히 민의가 모였다고 여겨졌을 때 이루어졌다. 각지에서 올라온 상소문의 내용은 고종이 칭제함으로써 조선을 황제국으로 새롭게 세우고 세계 여러 국가들과 동등하게 교류하기를 바라는 의지를 담고 있다. 특히 조선이 유교 문화를 계승하고 있다는 자부심으로부터 조선이 황제국을 천명할 수 있는 근거를 이끌어내고 있다. 대한제국 선포 직전인 1897년 9월 29일 봉조하奉朝賀 김재현金在顯 등 관원 716명이 연명으로 올린 상소를 예로 보면, 다음과 같은 주장이 나온다.

구라파에서는 로마가 처음으로 황제의 칭호를 썼는데 게르만이 로마의 계통을 이어 그 칭호를 답습하여 썼고 오스트리아는 로마의 옛 땅에 들기 때문에 역시 황제라고 불렀습니다. 독일은 게르만의 계통을 이었으므로 극존의 칭호를 받았으며 러시아, 터키는 모두 자주의 나라이므로 다 가장 높은 칭호를 썼습니다. …우리나라는 묘호廟號만 썼는데 이는 당나라와 송나라 이후 그 나라들이 멀리서 존호尊號를 견제하였기 때문입니다…오직 우리 폐하께서는…머나먼 외국들과 외교 관계를 맺어 만국萬國과 같은 반열에 놓이게 되었는데도 오히려 옛 칭호를 그대로 쓰고 있으니 천심天心을 받들고 백성들의 표준이 되는 도리가 아닙니다.… 구라파와 아메리카의 여러 나라들은 모두 다 평등하게 왕래하고 높고 낮음의 구분이 없는데 아시아의 풍속은 그렇지 않으므로 그 칭호를 보고 혹 불평등하게 대우한다면 교류함에 있어서 지장을 가져오지 않을 수 없습니다.…우리나라의 강토는 한나라와 당나라의 옛 땅에 붙어있고 의관문물은 다 송나라나 명나라의 옛 제도를 따르고 있으니, 그 계통을 잇고 그 칭호를 그대로 쓴들 안 될 것이 없습니다. 이것은 바로 독일이나 오스트리아가 다 같이 로마의 계통을 이은 것과 마찬가지입니다…[1]_

상소문의 내용을 살펴보면 첫째, 서양에서 황제를 처음으로 칭한 나라는 로마인데 로마의 계통을 독일과 오스트리아가 나누어 가진 것처럼 조선은 명의 계통을 청과 함께 이어받았기 때문에 황제국을 시행함이 마땅하고, 둘째, 조선이 명의 계통을 이어받았다고 할 수 있는 증거는 한, 당, 송, 명을 이은 의관문물이 조선에 있는 것을 통해서 확인할 수 있다고 주장하고 있다. 즉 황제국 선포의 정당성을 中華의 전통, 가시적으로 유교문화의 의관문물衣冠文物을 계승하고 있는 스스로에 대한 자부심에서 찾고 있다. 또한 상소를 통해 조선후기의 조선중화사상을 이은 조선의 전통으로부터 정통성을 이끌어내는 것은 물론 서구 사회의 새로운 독립된 주권국가간 평등한 왕래라는 국가 개념도 받아들이고 있다는 것 역시 확인할 수 있다.

대한제국의 선포와 함께 진행된 황제 즉위 및 예복과 관련하여 먼저, 황제의 '대례' 와 '대례복'의 개념에 대해 고찰할 필요가 있다. '대례'의 개념을 생각해 볼 때 고종황제는 『고종대례의궤高宗大禮儀軌』에서 황제 등극에 이르는 과정과 절차에 대한 기록을 남기고 있고, 이후의 기록이지만 1906년(광무 6) 황귀비를 황후로 봉할 것을 주청하는

---

1_ 『고종실록』 권36, 1897년(고종 34) 9월 29일, 致仕 奉朝賀 金在顯 등 관원 716명의 연명 상소.

기록에서도 이를 대례大禮로 표현하고 있기 때문에 등극식 혹은 대관식이나 책봉식이 황제나 황후에 있어서 '대례'에 해당한다는 것을 추측할 수 있다. 따라서 고종이 등극식에서 착용한 면복冕服은 이 책의 2장에서도 언급하였듯이 황제 즉위식의 '대례복'이라고도 할 수 있다.

황제 즉위식에서 황제 이하 조신이 착용한 관복冠服은 『고종대례의궤高宗大禮儀軌』에서 확인할 수 있으며 그 구체적인 형태는 『대한예전大韓禮典』에 도설로 정리되어 있다. 고종황제는 환구단에서의 등극의登極儀에서 면복을 착용하였는데 이때 착용한 면복의 형태는 『대한예전大韓禮典』 권4 '제복도설祭服圖說'에서 12류면 12장복으로 규정되어 있다. 황제의 면복과 함께 '제복도설'에 규정되어 있는 복식은 다음과 같다. 황후의 관복冠服으로는 구룡사봉관九龍四鳳冠에 심청색 적의翟衣로, 황태자의 면복冕服은 9류면 9장복으로, 황태자비의 관복冠服은 구휘사봉관九翬四鳳冠에 적의로 규정되어 있다. 또한 조신의 조복朝服과 함께 대례복인 흑단령이 기록되어 있다. 의궤와 도설을 바탕으로 대한제국 초기의 복식제도는 『경국대전經國大典』에 규정된 제복祭服, 조복朝服의 관복 체계를 황제국 등급으로 상향 조정하고, 여기에 문관의 경우에는 근대적 개념인 대례복 제도를 결합시킨 것이다.

황제의 복식은 명나라 황제의 복식을 참고하여 12류면 12장복의 면복, 익선관복,[2] 황포로 구성되는 복식제도를 채택하였다. 대한제국은 만국공법적 세계관을 바탕으로 한 근대적 주권국가를 수립함에 있어 가장 상징적인 황제의 복식으로 전통적인 동아시아 황제의 이미지를 활용한 것이다. 이는 전술한 상소문에서도 살펴보았듯이 조선이 중국의 명을 이어 중화문화中華文化를 계승하고 있다는 점으로부터 황제선포의 정당성을 이끌어 내려는 의도였다고 볼 수 있다.

이러한 고종황제의 복식을 어진 자료를 통해 확인해 보면 다음과 같다. 〈그림 6-1〉은 1899년(광무 3) '대한국국제大韓國國制'를 선포하던 해 고종황제가 의뢰하여 미국인 화

---

2_ 황제는 朝服으로 통천관복을 착용하고 제후국의 왕은 익선관복을 착용한다. 『大韓禮典』에서는 통천관복이 아니라 익선관복으로 표현하고 있는데 이는 통천관복의 오기로 생각된다. 『大韓禮典』의 복식제도에 대해서는 최규순, 「『대한예전(大韓禮典)』의 복식제도 연구」, 『아세아 연구』 제53권 1호(2009)에서 다루어졌다.

〈그림 6-1〉
휴벗보스作 고종 어진

〈그림 6-2〉
황룡포 착용 고종 어진 1

〈그림 6-3〉
황룡포 착용 고종 어진 2

〈그림 6-4〉
통천관 착용 고종 어진 3

가 휴벗 보스가 유화로 제작한 어진으로, 『대한예전大韓禮典』「관복도설冠服圖說」에서 상복常服으로 규정한 익선관에 황룡포를 착용하고 있다. 상복 차림의 어진으로는 좌상坐像으로 채용신이 제작한 것으로 추측되는 〈그림 6-2〉와 〈그림 6-3〉이 있다. 또한 통천관과 강사포를 착용하고 있는 어진인 〈그림 6-4〉는 사진을 통해서도 확인이 되므로 고종은 황제 즉위식은 물론 이후에도 전통적인 아시아 황제의 면복冕服인 12류면 12장복, 조복朝服인 통천관과 강사포, 상복常服인 익선관과 황룡포를 모두 착용하였음을 알 수 있다.

이와 같이 광무光武 초기에 제작한 것으로 여겨지는 『대한예전』의 복식제도와 이후에 제작된 전통 복식 차림의 어진들을 통해 볼 때, 대한제국 초기에는 명을 이은 유교 문화의 계승자라는 문화적 전통으로부터 정통성을 이끌어내고자 한 것을 알 수 있다. 이는 황제국 선포 이전 민의 수렴 단계에서 충분히 논의된 것을 황제 등극 이후 시각적으로 구체화한 것이다. 다시 말해서 대한제국 선포시 광무제光武帝(고종황제)는 동아시아의 전통적인 황제복이라는 구본舊本을 근간으로 하고 유럽 여러 국가의 대원수복이라는 신참新參을 받아들이는 복식 변화를 통해서 대한제국이 나아갈 바를 솔선하여 표방한 것이다.

한편, 『대한예전大韓禮典』 5 군례軍禮에 '황제육군대례복皇帝陸軍大禮服'이라는 명칭이 기록되어 있다.[3] 즉 군례를 행할 때에는 황제도 육군대례복을 착용하도록 규정한 것이다. '대례복大禮服'이라는 명칭은 갑오경장 시기의 복식제도 개혁시 문관복에 처음 등장하는 용어로, '육군복장규칙陸軍服裝規則'에서는 1897년 개정된 제도에서 정장正裝과 예장禮裝의 '대례의大禮衣'로 확인된다. 1900년 4월 서구식 문관대례복이 채택되기 전 문관의 대례복은 전통식 관복인 흑단령이지만, 군복의 경우는 갑오경장 이후 양복으로 변화된 상황이었다. 『대한예전大韓禮典』이 1898년 연말에 편찬된 것으로 추정되고 있으므로,[4] 황제육군대례복은 군복형 양복으로 생각된다. 지금까지 황제의 군복형 양복 착용은 1899년 6월 원수부가 창설되어 고종황제가 대원수가 되면서부터일 것으로 추정되어 왔다. 그러나 『대한예전』 군례軍禮의 '황제육군대례복'을 참작하면 황제의 군복형 양복 착용은 원수부 창설이 공식화되기 전에 이미 체계를 갖추기 시작하였으며 적어도 『대한예전』을 편찬할 당시 혹은 그 이전에 군대와 관련된 의례에서 황제도 육군대례복을 착용하는 것으로 제도를 마련하고 있었음을 알 수 있다.

지금까지 살펴본 바와 같이 『대례의궤大禮儀軌』와 『대한예전大韓禮典』을 통해 대한제국 선포 초기 고종황제는 동아시아의 전통적인 황제 복식인 12류면 12장복의 면복, 익선관복(통천관복), 황포를 근간으로 하는 복식체계를 따르는 한편, 공식적인 원수부 창설에 앞서 군례에서는 황제 육군대례복 제도를 채택하고 있었음을 확인할 수 있었다.

## 2) 외교관의 전통식 대례복 계승과 양복으로의 변화 모색

1898년(광무 2) 칙령 제20호 '각국 파견 외교관, 영사관 이하 관원의 복장식'은 외교관의 복장에 대해 "대례복과 소례복은 흑반령黑盤領"으로 정하였는데 이는 을미의제개혁의 전통식 대례복 제도를 계승한 것이다. 여기에 "소례복과 통상복은 주재하는 각

---

3_ 『大韓禮典』 5, 軍禮 皇帝陸軍大禮服 當考 陸軍服裝 當考.
4_ 김문식, 「장지연이 편찬한 『대한예전』」, 『문헌과 해석』 통권 35호(2006), 111쪽.

국의 상례常禮에 맞게 편의에 따라 착용할 것"으로 단서를 달아줌으로써 외교관들이
최고 통치자를 알현하는 자리에서는 흑단령을 착용하지만, 일상생활에서는 서양식 복
장을 착용하는 것도 가능하도록 하였다.

1899년(광무 3) 1월 1일 실록에는 다음과 같은 기록이 나오고 있어서 이 시기부터 고
종황제가 조신들의 복장을 개혁하기 위한 기초자료를 수집하도록 한 것으로 보인다.

> 조신들의 복장은 종전에 여러 번 변통되었다. 대체로 시세에 맞게 되도록 간편한 편을
> 따라야 하겠는데 개혁 후 미처 손을 대지 못한 것이 많다. 복장 형식을 놓고 볼 때 아직도
> 제대로 갖추어지지 못하였으니 장례원掌禮院에서 제례祭禮, 하례賀禮, 연례燕禮를 제외하고는 옛
> 날과 오늘날의 복장 형식을 참작하고 또한 여러 나라에서 통행하고 있는 규례를 본받아서
> 안을 마련하여 들여오게 하라.[5]

〈그림 6-5〉 전통식대례복 차림의 민영환  1896

이때 '여러 나라에서 통행하고 있는 규례를 본
받아서 안을 마련하도록' 한 것은 서구식 관복 도
입에 대한 의중을 나타내는 것이다. 같은 해 8월
에는 "출강出疆 사신복식은 먼저 외규外規를 참작하
여 개정할 것"을 명하는 것으로 보아 외국 파견
사신의 복식으로부터 서양 제도를 시행하기 시작
한 것을 알 수 있다.

〈그림 6-5〉는 전통식 대례복인 흑단령을 착용
하고 러시아의 니콜라이 황제 대관식에 파견된 민
영환의 대례복 차림 사진이다. 파견 시기는 고종
이 러시아 공사관으로 이어한 직후인 1896년으로
대한제국 성립 이전이지만, 내용상으로는 전통식

5_ 『고종실록』 권39 1899년(고종 36) 1월 1일.

대례복인 흑단령이므로 같은 맥락으로 볼 수 있다. 그는 쌍학흉배를 달고 대수장을 패용하고 있다. 대한제국의 훈장조례가 아직 발표되지 않았기 때문에 러시아에서 받은 훈장이 아닐까 추측된다. 민영환의 기행문인 『해천추범海天秋帆』을 통해 러시아에서 착수의 소례복小禮服 흑단령 역시 착용하였다는 것도 확인된다. 그러나 이러한 차림이 서양에서 지내기에 편치는 않았다는 것도 기록을 통해 알 수 있으며, 외국에서의 불편함 때문에 1897년 영국 공사 시기에는 양장 차림으로 바꾸었다고 한다. 이러한 경험들로 인해 외국으로 파견되는 외교관의 복장에서 특히 소례복과 통상복에서 국내에서보다 앞서 서양제로 변경된 것을 추측할 수 있다.

지금까지 살펴본 바를 정리하면, 1897년(광무 원년)부터 1899년(광무 3)에 이르는 대한제국 초기에는 구본신참舊本新參을 표방한 황제국을 만들어 나가는 과정에서 조선의 역사, 문화적 전통으로부터 정통성을 이끌어 내었기 때문에 전통식 대례복을 계승하고 있음을 확인할 수 있다. 고종황제는 즉위식의 대례복으로 황제의 제복인 12류면 12장복을 착용하고,『대한예전』과 어진을 통해 황제의 관복인 통천관과 강사포, 익선관과 황포를 착용하였음을 고찰하였다. 조신들과 외교관 역시 흑단령을 내용으로 하는 전통식 대례복 제도를 계승하였다. 외교관의 경우에는 외국에서의 편의를 위해 소례복과 통상복에서 주재국의 상황에 맞추도록 함으로써 융통성 있게 변화하기 시작하였다.

## 2. 원수부 선포와 황제의 서구식 대원수복 도입

대한제국은 문관복장으로 서구식 대례복을 채택하기 전에 먼저 고종황제의 양복 착용을 진행하였다. 고종황제의 양복은 1899년(광무 3) 6월 22일에 발표된 원수부 관제를 바탕으로 육군 대원수복으로 정해졌다. 이와 같이 황제가 먼저 대원수로서 군복형 양복을 받아들이고 이를 제도화한 다음, 문관의 대례복을 제정하는 순서는 일본의 경우에서도 확인된다. 일본에서는 1872년(明治 5) 정월부터 메이지明治천황이 대원수로서 조련용操練用 복장을 정하여 착용하다가[6] 9월에 대원수복을 정하여 먼저 양복을 착용한 이후 같은 해 11월 12일에 문관대례복을 발표하였다. 황제가 솔선수범하여 서양식 외관으로 변화하는 모습을 보인 것은 국가 주도로 근대화를 추진하는 상황에서 스스로를 강력한 왕권을 행사하는 존재로 자리매김하고 대외적으로는 부국강병의 상징으로 활용하려는 의도로 파악할 수 있다.

고종황제의 양복을 고찰하기 위해서는 먼저 '언제부터 양복을 착용하고 단발斷髮을 하였는가'라는 문제를 해결하여야 하고, 다음으로 제도로 규정된 황제의 양복은 어떤 형태였는지를 고찰하여야 한다.

고종황제의 단발은 1895년(고종 32, 을미) 음력 11월 15일(양력 12월 30일) 내부훈시內部訓示로 내려진 단발령 직전에 이루어졌다. 내부훈시에는 '대군주폐하께서 발髮을 단斷하시고' 단발령을 시행함을 공포하고 있는데,[7] 4장에서 살펴본 바와 같이 『매천야록梅泉野錄』에는 고종의 단발이 강제로 이루어진 것으로 서술되어 있다.

단발의 경위는 차치하더라도 왕의 단발은 충격적인 사건이었음에 틀림없다. 백성들의 민의를 수렴하지 않고 성급하게 진행된 단발령은 8월의 왕비시해와 함께 을미의병의 원인이 되었다. 단발령은 고종이 러시아 공사관으로 이어한 후 철회되었다. 단발한 직후 황제의 옷차림을 확인할 수 있는 사진으로 러시아 공사관에서 촬영한 것으로 알려진 〈그림 6-6〉[8]과 〈그림 6-7〉[9]이 있다. 사진에서 고종은 망건 위에 백립白쏬을 쓰고 있다. 당시는 왕비의 상중이었으므로 백립, 흰색 두루마기, 흰색 가죽신까지 갖춘 상복喪服을 착용한 것으로 생각된다. 이미 단발을 하였다고는 해도 망건으로 머리

---

6_ 宮內庁 편, 『明治天皇紀』 2권[(株)吉川弘文館, 1969], 636쪽. 1872년(明治 5) 正月 23일.

7_ 『官報』 건양원년(1896) 1월 9일.

8_ 사진은 Trilingual Press, *The Korean Repository* V.3, 1896년 11월호에 실려 있다. 고종 사진에 대한 고증에 대해서는 권행가, 『高宗 皇帝의 肖像 – 近代 시각매체의 流入과 御眞의 변용 과정 –』(홍익대학교 박사학위 논문, 2006), 60~61쪽 참고.

9_ 권행가는 〈그림 6-6〉이 *The Korean Repository* 1896년 11월에 "His Majesty, the King of Korea"라는 기사와 함께 실린 사진으로 미국 공사의 부인 그래햄(L. B. Graham)이 촬영한 것임을 밝혔다. 또한 현재 언더우드(Horace. G. Underwood 元杜尤)家에 소장된 〈그림 6-7〉과 같은 날 러시아 공사관 정원에서 촬영된 것으로 추정하였다. 위의 논문, 60~61쪽.

를 정리한 다음 백립을 쓴다면 사진을 통해 단발을 확인할 수는 없다. 고종이 그 후 계속 어떤 머리 모양을 하였는지 알 수 없지만 단발 이전의 완전한 상투 형태로 돌아가기는 어려웠을 것이다. 그러나 양복을 착용하는 방향으로 복장의 변화가 수반되지 않는다면 수식首飾 역시 전통적인 관모를 계속하여 쓸 수밖에 없다. 따라서 1895년 이후 고종이 남긴 어진御眞과 사진들에서 전통적인 옷차림을 한 경우 상투가 아닌 단발 상태에서 관모를 착용한 것으로 생각할 수 있다.

〈그림 6-6〉
喪服차림의 고종 사진 1

〈그림 6-7〉
喪服차림의 고종 사진 2

고종황제가 착용한 양복에 대해 고찰하기 위해 원수부 규정과 육군복장규칙을 참고하여야 한다. 그런데 황제의 서구식 대례복은 군복의 범주에 들어가기 때문에 이 책에서는 사진을 통해 형태만 제시하고 구체적인 성립과정은 군복을 주제로 한 다른 연구를 통해 서술하고자 한다.[10]

고종황제의 군복형 대원수 복식은 예복, 대원수 상복을 착용하고 촬영한 사진으로 남아 있다. 먼저 대원수 예복의 모습은 〈그림 6-8〉로, 1899년 원수부 선포 이후부터 1900년을 전후한 시기에 촬영된 것으로 생각된다. 다음으로 대원수 상복의 모습은 〈그림 6-9〉로, 함께 촬영한 영친왕의 나이로 추정해 볼 때 역시 1900년을 전후한 사진으로 추정된다.[11]

10_ 고종황제의 서구식 대원수복에 대한 내용은 이경미, 「사진에 나타난 대한제국기 황제의 군복형 양복에 대한 연구」, 『한국문화』 50권(규장각 한국학 연구원 발행, 2010)을 참조할 것.
11_ Holmes, E. Burton, *THE BURTON HOLMES LECTURES With Illustrations from Photographs By the Author*, Little Preston, 1901, p.105.

〈그림 6-8〉 고종의 대원수 예복 모습   〈그림 6-9〉 고종의 대원수 상복 모습

## 3. 대한제국의 서구식 대례복 제도의 도입과 그 형태

대한제국은 1900년(광무 4) 4월 17일에 칙령 제13호 훈장조례와 함께 칙령 제14호 '문관복장규칙文官服裝規則'과 칙령 제15호 '문관대례복제식文官大禮服制式'을 발표함으로써 서구식 관복제도를 도입하였다. 무관복장의 양복화에 이어 문관의 관복을 양복으로 새롭게 제정함으로써 동아시아의 전통적인 복식체계로부터 완전히 벗어나 유럽의 여러 국가들과 일본에서 받아들이고 있던 복식제도를 채택한 것이다. 이는 대한제국 스스로 서양이 주도하는 국제관계에서 통용되는 복식체계로 한 걸음 나아간 것이다. 이후 몇 차례의 수정을 통해 관직 종류별 대례복 제도가 체계화되는데 이를 간략하게 나타내면 다음 〈표 6-2〉와 같다.

〈표 6-2〉 대한제국의 서구식 대례복 제도의 발표 과정

| 구분 | 발표일자 | 내용 |
|---|---|---|
| 제정 | 1900년 4월 17일 | 勅令第13號 勳章條例<br>勅令第14號 文官服裝規則<br>勅令第15號 文官大禮服制式 |
| 1차 수정 | 1904년, 1905년, 1906년<br>1904년, 1905년 | 勅令第14號 文官服裝規則의 正誤<br>勅令第15號 文官大禮服制式 正誤 |
| 분화 | 1906년 2월 27일 | 宮內府本府及禮式院禮服規則 관보 반포 |
| 2차 개정 | 1906년 12월 12일 | 勅令第75號 文官大禮服製式改正 |

칙령으로 발표된 대례복 제도의 형식은 '규칙', '제식'으로 크게 나누어지는데, 규칙은 착용일, 착용자, 일습 구성품 등을 규정한 제도이고, 제식은 형태적인 특징을 규정한 제도이다. 규칙, 제식과 함께 도식이 발표될 경우도 있고 생략될 경우도 있다.[12] 본 절에서는 대한제국의 서구식 대례복 제도를 1900년의 도입, 1904년, 1905년, 1906년의 개정 및 분화로 나누어 고찰하고 이후 1910년의 서구식 대례복의 정체성 상실에 관련된 법령은 절을 나누어 설명한다.

## 1) 1900년(광무 4) 서구식 대례복 제정

문관복장규칙은 1900년(광무 4)에 칙령 제14호로써 발표되었다. 이는 이후에 1904년(광무 8), 1905년(광무 9), 1907년(광무 11)에 정오正誤의 형식으로 관보에 발표됨으로써 전면 수정된다. 문관복장규칙의 내용을 구체적으로 살펴보면 다음과 같다.

### (1) 칙령 제14호 문관복장규칙[13]
칙령 제14호 문관복장규칙은 의정부 참정 김성근金聲根의 봉칙奉勅으로 발표되었는데,

---

12_ 규칙, 제식, 도식에 대한 자세한 설명은 최규순, 「藏書閣 소장 『官服章圖案』연구」, 『藏書閣』 19(2008), 236쪽 참조.
13_ 『官報』 1900년 4월 19일 號外 勅令 제14호 文官服裝規則.

11조의 규칙과 부칙 1조 등 총 12조로 이루어져 있다.

먼저 1조에서는 '무관과 경관을 제외한 모든 문관으로 임명 받은 자의 복장은 대례복, 소례복, 상복으로 나누어진다'고 규정하고 있다. 이와 관련된 조항으로 9조에서는 궁내부와 외각부원 모두 대소 관인은 본 규칙에 복종할 것을 명하고 있다. 따라서 1900년의 서구식 대례복은 문관은 물론이고 궁내부와 외각부원까지 한 가지 형태로서 정해진 것이다. 이는 1906년(광무 10) 2월 27일 관보에 '궁내부본부 및 예식원 예복규칙宮內府本府及禮式院禮服規則'이 발표됨으로써 광무 10년 이후에는 문관대례복과 궁내부 및 예식원 대례복의 형태상 두 종류로 분화된다.

2조에서는 소례복과 상복은 칙주판임관이 공통으로 착용하고 대례복은 칙임관과 주임관만 착용한다고 규정하였다.

3조는 대례복의 착용일에 대한 규정으로 문안드릴 때[問安時], 동가동여 할 때[動駕動輿時], 공적으로 황제를 알현할 때[因公陛見時], 궁중에서 사연할 때[宮中賜宴時]로 정하고 있고, 4조에서는 소례복의 착용일로, 궁내에 진현할 때[宮內進見時], 공식적으로 연회할 때[公式宴會時], 상관에게 예를 갖추어 인사할 때[禮拜上官時], 사적으로 서로 축하하고 위로할 때[私相賀慰時]에 착용하도록 하였다. 5조에서는 상복의 착용일로 근무지로 출근할 때[仕進時], 연거할 때[燕居時], 집무시[執務時]로 정하고 있다. 일본의 대례복 착용일과 비교한다면 국왕과 관련된 행사시에 착용하는 것은 같지만, 대한제국의 경우에는 예제例祭를 행할 때 착용하는 규정은 없다. 이에 대해서 생각해 볼 필요가 있는데 다음 페이지에서 정리해 보기로 한다.

6조에서는 대례복 일습의 구성품을 설명하고 있다. 일습은 대례모大禮帽, 대례의大禮衣, 하의下衣(조끼를 말함), 대례고大禮袴, 검劍, 검대劍帶, 백포하금白布下襟(칼라 아래에 대는 흰색 땀받이 천), 백색수투白色手套(흰색 장갑)로 구성된다.

7조에서는 소례복 일습의 구성품으로, 진사고모眞絲高帽(실크햇), 구제 연미복歐制燕尾服, 하의下衣, 고袴(바지)로 구성되며 8조의 상복 일습의 구성품으로는 구제통상모歐制通常帽, 구제통상의歐制通常衣, 하의下衣, 고袴로 구성된다.

10조에서는 무관과 경관도 문관으로 전임하게 되면 문관복장규칙에 복종할 것을 명하되, 무관은 때에 따라서 무관 복장도 착용할 수 있다고 하고 있다.

11조에서는 판임관의 경우 제3조의 경우에 해당하는 부득이한 때는 소례복을 착용함으로써 대례복을 대신할 수 있다고 규정하고 있다.

12조는 부칙으로써 본 규칙이 외국에 주재하고 있는 공사관원부터 먼저 시행할 것을 명하고 있다.

이상의 내용은 크게 다음의 세 가지 규정으로 나누어진다.

첫째, 대례복 착용자의 범위에 대한 규정이다. 제1조의 무관과 경관을 제외한 모든 문관과 제9조 궁내부와 외각부원 중 제2조 칙임관과 주임관이 착용대상자이다. 대한제국에서는 이와 같이 1900년 처음 제정시에는 한 가지 형태의 문관대례복만 존재하다가 1906년(광무 10) 2월 27일에 '궁내부본부급예식원예복규칙宮內府本府及禮式院禮服規則'이 관보에 반포됨으로써 문관대례복과 궁내부 본부 및 예식원 대례복의 두 종류로 분화하게 된다. 문관대례복 착용에서 제외된 무관, 경관 및 문관 판임관의 경우에는 제10조와 제11조에서 예외의 규정을 정해 놓았다. 무관과 경관의 경우 전임하게 되면 문관복장규칙을 따르고, 무관은 때에 따라서 무관 복장을 착용해도 되고, 판임관의 경우는 소례복으로 대례복을 대신할 수 있다. 부칙인 제12조에서는 외국에 주재하고 있는 공사 관원부터 먼저 시행할 것을 명한 것으로 보아 대례복 규칙은 외교적인 목적이 뚜렷하였음을 알 수 있다.

둘째, 착용일에 대한 규정으로, 제3조, 제4조, 제5조가 해당된다. 대례복은 문안시問安時, 동가동여시動駕動輿時, 인공폐현시因公陛見時, 궁중사연시宮中賜宴時에 착용도록 규정되었는데 모두 궁궐에서 황제를 알현하는 상황이라고 할 수 있다. 소례복은 궁내진현시宮內進見時, 공식연회시公式宴會時, 예배상관시禮拜上官時, 사상하위시私相賀慰時에 착용하도록 규정되었는데 다시 말해서 궁내에서 황제를 진현하거나 공식 연회, 상관에게 예를 갖추어 인사할 때, 사적인 하례와 위문시에 착용하는 것이다. 상복은 사진시仕進時, 연거시燕居時, 집무시執務時로, 임시로 진현할 때, 연거할 때, 집무할 때 착용한다. 그런데 본 규정에서는 조복朝服과 제복祭服에 대한 내용이 생략되어 있다. 최초의 의제개혁인 1884년 갑신의제개혁에는 "의복 제도에 변통할 수 있는 것이 있고 변통할 수 없는 것이 있는데 예를 들면 조복朝服, 제복祭服, 상복喪服 같은 옷은 모두 옛 성현이 남겨놓은 제도인 만큼 이것은 변통할 수 없는 것이고…"[14]라는 고종의 하명이 남아 있고, 앞서 인용한 바 있는 1895년의 을미의제개혁에서도 '一. 조복朝服과 제복祭服은 그전대로 한다'와 같이 가장 앞서 조복과 제복에 대해 언급하였던 것에 비하면 조복과 제복의 규정이 빠져 있다는 것은 이해하기 어려운 부분이다. 1899년(광무 3) 1월 1일에 '조신朝臣의 복장服章 중 제례祭禮, 하례賀禮, 연례燕禮 외 고금의 제식을 참작하고 각국에서 통행하는 규례를 본떠서 마련하라'고 장례원掌禮院에 명한 점,[15] 같은 해 8월 3일에 다시 한 번 제복과 조복을 유지하도록 언급한 점,[16] 1900년의 문관복장규칙에서 조복과 제복의 착용 상황이 대례, 소례, 통상례에 더하여 편성되지 않은 점 등으로부터 추측컨대, 조복과 제복은 그대로 계승한 것으로 생각된다. 이는 일본에서 대례복 착용일 규정에 예제例祭의 규정을 명백하게 두고 있는 것과 큰 차이를 보이는 내용으로,[17] 대한제국의 대례복 규정이 전통적인 의례를 어느 정도 계승한 바탕위에 성립하고 있음을 알 수 있다.

셋째, 일습의 구성품에 대한 규정으로 제6조, 제7조, 제8조가 해당한다. 대례복은 대례모大禮帽, 대례의大禮衣, 조끼, 대례고大禮袴, 검劍, 검대劍帶, 백포하금白布下襟, 백색수투白色手套로 구성된다. 이때 백포하금白布下襟은 칼라 아래에 덧붙이는 땀받이용 흰색 천이며, 백색수투白色手套는 흰색 장갑이다. 소례복은 진사고모眞絲高帽, 구제연미복歐制燕尾服, 조끼, 고袴를 착용하는데 진사고모眞絲高帽는 실크햇이다. 상복은 구제통상모歐制通常帽, 구제통

---

14_ 『고종실록』 권21 고종 21년(1884) 윤5월 25일 戊辰.
15_ 『고종실록』 권39 고종 36년(1899) 1월 1일.
16_ 『承政院日記』 고종 36년 6월 27일(癸卯, 양력 8월 3일). 詔曰以朝臣服章變通事向有詔勅而有所未違矣出疆使臣服飾爲先參酌外規而改正凡在廷大小臣僚仍着小禮服朝觀參班從時加飾胸背作爲大禮服蓋盤領穿袖乃國初遺制亦粤我祖宗朝所嘗服御者也此非創有乃恭遵舊章也其於祭禮賀禮依前着黑團領朝祭服此是朝家重禮之至意惟爾臣工咸須知悉.
17_ 참고로 일본의 문관대례복 착용일은 1872년(明治 5) 11月 29日 太政官 第373號로 발표되었는데 그 내용은 다음과 같다. 大禮服 着用日(明治 6年 태정관 제91호로써 신무천황즉위일을 紀元節로 개정함)新年朝拜 元始祭 新年宴會 伊勢両宮例祭 神武天皇即位日 神武天皇例祭 孝明天皇例祭 天長節 外国公使參朝ノ節、通常禮服 着用日 參賀 禮服御用召並任叙御禮 右之通被相定候事. 즉 일본에서는 例祭에서도 대례복을 착용하도록 하였지만 대한제국에서는 규정이 없다.

상의歐制通常衣, 조끼, 고袴로 구성되고 이는 서양에서 입는 일반적인 남성 수트를 의미한다. 이를 정리하면 〈표 6-3〉과 같다.

〈표 6-3〉 칙령 제14호 문관복장규칙의 내용

| 분류 | 조목 | 내용 |
|---|---|---|
| 착용자 | 제1조 | 무관과 경관을 제외한 모든 문관으로 임명받은 자의 복장은 대례복, 소례복, 상복으로 나누어진다. |
| | 제2조 | 소례복과 상복은 칙주판임관이 공통으로 착용하고 대례복은 칙임관과 주임관만 착용 |
| 착용일 | 제3조 | 대례복 착용일 : 問安時 動駕動輿時 因公陛見時 宮中賜宴時 |
| | 제4조 | 소례복 착용일 : 官內進見時 公式宴會時 禮拜上官時 私相賀慰時 |
| | 제5조 | 상복 착용일 : 仕進時 燕居時 執務時 |
| 일습의 구성품 | 제6조 | 대례복 일습 : 大禮帽 大禮衣 下衣(조끼) 大禮袴 劍 劍帶 白布下襟 白色手套 |
| | 제7조 | 소례복 일습 : 眞絲高帽 歐制燕尾服 下衣(조끼) 袴 |
| | 제8조 | 상복 일습 : 歐制通常帽 歐制通常衣 下衣(조끼) 袴 |
| 착용자 | 제9조 | 궁내부와 외각부원 모두 대소 관인은 본 규칙에 복종할 것 |
| | 제10조 | 무관과 경관도 문관으로 전임하게 되면 문관복장규칙에 복종할 것을 명하되, 무관은 때에 따라서 무관 복장도 착용할 수 있다. |
| | 제11조 | 판임관의 경우 제3조의 경우에 해당하는 부득이한 때는 소례복을 착용함으로써 대례복을 대신할 수 있다. |
| | 제12조 | 부칙 : 본 규칙은 주탑외국공사관원부터 먼저 시행할 것 |

이상의 내용을 종합하면, 19세기 개항이후 1895년 을미의제개혁에서 근대적 대례복 제도의 형식에 전통적 관복인 흑단령을 결합한 과도기 체제를 운영하다가 1897년 대한제국 선포이후 1900년의 문관복장규칙의 제정을 통해 형식과 내용의 모든 면에서 근대적인 대례복 제도를 제정하게 된 것이다.

(2) 칙령 제15호 문관대례복제식文官大禮服制式[18]

문관복장규칙에서 정한 대례복은 칙령 제15호를 통해 그 자세한 형태를 파악할 수

18_ 『官報』 1900년 4월 19일 號外 勅令 제15호 文官大禮服制式.

있는데, 다음의 〈표 6-4〉로 정리할 수 있다.

〈표 6-4〉 1900년(광무 4) 칙령 제15호 문관대례복제식

| 복식항목 | 관직 | | 칙임관 | | | | 주임관 | | | | | |
|---|---|---|---|---|---|---|---|---|---|---|---|---|
| 상의 | 地質 | | 深黑紺羅紗 | | | | | | | | | |
| | 前面 | | 竪襟이고 흉부에서 小腹아래에서 합하며 퇴골의 좌우를 평평하게 가로로 분할하고 퇴골부터 사선으로 흘러 뒷자락까지 자른다. 가로문으로 金線이 있는데 칙임관은 너비 5촌 주임관은 너비 4분이다. | | | | | | | | | |
| | 좌우乳部表章 | | 1등 | 2등 | 3등 | 4등 | 1 | 2 | 3 | 4 | 5 | 6 |
| | | | 全槿花 6枝 | 전근화 4枝 | 전근화 2枝 | 전근화 無 | 無全槿花 | | | | | |
| | 좌우여밈장 | | 半槿花 6枝 | | | | 반근화 4枝 | | | | | |
| | 後面 | | 허리 아래를 좌우로 나누고 양단 모두 가로문 금선을 두른다. 뒷자락은 분할하고 금제 단추 각 1개를 다는데 직경은 7분이다. 칙주임관의 허리 아래 금선 안에 전근화 2枝를 두르고 칙임관은 뒤허리 가운데 전근화 1枝를 더하여 부가한다. | | | | | | | | | |
| | 소매 | 지질 | 연청색라사 | | | | | | | | | |
| | | 袖章 | 수구에서 거리 3촌에 가로의 금선 1조를 두르고 뒷부분의 봉제한 좌우 반면 안에 근화 1枝를 금수한다. | | | | | | | | | |
| | 칼라 | 지질 | 연청색라사 | | | | | | | | | |
| | | 領章 | 橫紋 금선 2조를 붙이고 그 안에 근화2枝를 금수한다.<br>칙임관은 앞 뒤의 양 꽃이 서로 대응되게 둔다. | | | | | | | | | |
| 下衣 | 지질 | | 심흑감라사 | | | | | | | | | |
| | 제식 | | 단추는 금제로 직경 5분이고 거리는 2촌이다. | | | | | | | | | |
| 바지 | 지질 | | 심흑감라사 | | | | | | | | | |
| | 제식 | | 좌우 측면에 금선을 붙이는데 칙임관은 양조 요철문 | | | 단조 요철문이고 너비는 일촌 | | | | | | |
| 모자帽 | 지질 | | 黑毛天鵝絨 | | | | | | | | | |
| | 제식 | | 산형이고 길이 1척 5촌 높이 4촌 5분으로 하며 머리 모양에 따라 가감이 있다. 장식털을 붙이는데 칙임관은 백색, 주임관은 흑색이다. | | | | | | | | | |
| | 側章 | | 정면에 근화 1枝를 붙이고 幹邊에 금제의 단추를 다는데 직경 7분이다. 가장자리를 따라서 금선을 다는데 칙임관은 요철문이고 주임관은 무늬가 없다. 모두 너비는 3분이다. | | | | | | | | | |
| 검劍 | 특징 | | 釼章은 튽이 2척 6촌 5분이고 자루는 칙임관은 白皮, 주임관은 黑皮로 하되 금선을 나전한다. 그 길이는 4촌 5분이며 鯉口는 2촌 6분이며 鐺은 5촌이다. 자루의 머리는 활모양이고 環鐺鐔鞘상에 칙임관은 근화를 조각하고 주임관은 없다. | | | | | | | | | |
| | 釼緒 | | 순금사 | | | | 금은사 | | | | | |
| | 釼帶 | | 금직 | | | | 은직 | | | | | |

칙령 제15호 문관대례복제식에 해당하는 대례복 도식은 1901년(광무 5) 9월 3일자 관보의 부록에 실렸다. 각 관직별 대례복 도식을 다음의 〈표 6-5〉로 정리하였다.

〈표 6-5〉 1900년(광무 4) 문관대례복 도식[19]-

| 칙임관 | | | 주임관 |
|---|---|---|---|
| 모자 우측장 | 毛 白 | | 毛 黑 |
| 上衣 前面 1 2등 3 4등 | 1등 전면 | 2등 전면 | |
| | 3등 전면 | 4등 전면 | |
| 상의 후면 | | | |

---

19_ 『官報』 제1982호 1901년 9월 3일 附錄 文官大禮服圖式.

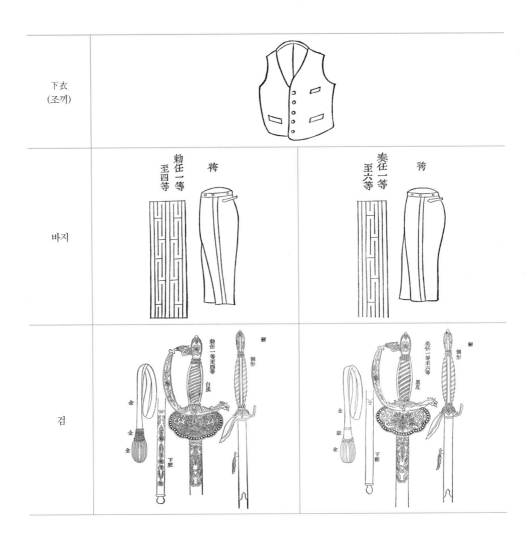

| 下衣<br>(조끼) |  | |
| 바지 | 勅任一等<br>至四等　袴 | 奏任一等<br>至六等　袴 |
| 검 | 勅任一等至四等　劍　側形　白皮　金金金　下靴 | 奏任一等至六等　劍　側形　黑皮　金銀金　下靴 |

〈표 6-4〉와 〈표 6-5〉를 바탕으로 1900년(광무 4) 발표된 문관대례복의 형태적 특징
을 서술하면 다음과 같다.

① 상의　　소재는 짙은 흑감색의 라사羅紗이고, 소매와 칼라는 연청색의 라사로 제
작하라고 규정되어 있는데 안감 규정은 없다. 도안을 통해 볼 때 개금開襟형 연미복으
로, 일본에서 1886년(明治 19)에 개정된 대례복의 형태와 같다. 가장자리에 가로무늬의

금선을 두르는데 칙임관은 5촌, 주임관은 4촌의 폭으로 규정되었다.

전면, 후면, 칼라, 소매에는 전체적으로 당초문을 수놓은 사이사이에 무궁화를 금몰 기법으로 자수하는데 관직에 따라 무궁화 송이의 수에서 차이가 있다. 칙임관의 경우 앞 중심선 주변에 반근화半槿花(무궁화 반쪽) 6송이를 자수하고 좌우 길의 안쪽에는 전근 화全槿花(활짝 핀 무궁화)를 자수하는데 1등은 6송이, 2등은 4송이, 3등은 2송이, 4등은 없 다. 주임관은 앞 중심선에 반근화 4송이만 자수한다. 후면 금장金章 규정은 문관대례 복제식에는 '칙주임관을 물론하고 허리 아래 금선 안에 전근화 두 송이를 금수한다'고 되어 있는데 이 규정은 측낭側囊의 규정으로 추측된다. 도안을 기준으로 할 때 뒷목점 아래와 뒤허리 중심에 당초를 자수하고 그 안에 칙임관은 각각 무궁화 한 송이씩을 자수하고, 주임관은 무궁화가 없다.

수구袖口에는 봉제선을 중심으로 좌우 반면 안에 무궁화 한 송이씩 자수하는데, 이 는 칙주임관이 동일하다. 칼라에는 칙임관만 무궁화 두 송이를 대응되도록 하여 자수 한다.

② 하의下衣(조끼)　　재질은 짙은 흑감색 라사이고 직경 5분分의 금제 단추를 2촌寸 간격으로 단다.

③ 바지[袴]　　재질은 짙은 흑감색 라사이고 좌우 측면에 금선을 붙이는데 칙임관은 양조兩條의 요철문凹凸紋을 붙이고, 주임관은 단조單條의 요철문을 붙인다.

④ 모자　　재질은 검은색 벨벳[黑毛天鵝絨]이다. 대례복 모자의 형태는 산형山形 (bicorn)으로, 길이와 높이 규정이 있지만 머리 모양에 따라 가감할 수 있도록 하였다. 칙임관은 흰색의 장식털을, 주임관은 검은색의 장식털을 붙인다. 모자의 우측장右側章 에는 무궁화 한 송이를 붙이고 그 아래쪽에 금제金製의 단추를 단다. 우측장의 가장자 리를 따라서 금선을 두르는데 칙임관은 요철문이 있고 주임관은 무늬가 없다.

⑤ 검　　검의 자루는 칙임관은 흰색 가죽, 주임관은 검은색 가죽으로 하되 금선을 나전한다. 검 자루의 머리는 활모양이고 환당악초環鐺鍔鞘 위에 칙임관은 무궁화를 조각하고 주임관은 없다. 칙임관은 검서劒緒를 순금사로, 검대劒帶는 금직으로 하고, 주임관은 검서를 금은사로, 검대는 은직으로 한다. 총 길이는 4촌 5분이고, 칼집과 날밑이 맞닿는 부분(鯉口)까지의 길이는 2촌 6분이다.

　　전체적인 형태와 세부 규정을 살펴볼 때, 일본의 1886년(明治 19) 개정된 문관대례복 제도와 유사하다. 문양의 의미에 대한 논의를 후술하고 대례복의 형태와 문양의 배치만 본다면 문양의 배치까지도 비슷하여 일본의 문관대례복을 참고하였다는 것을 추측할 수 있다. 이러한 추측을 뒷받침해 주는 자료로, 대례복 도안을 위해 먼저 일본의 양장 디자이너에게 디자인을 의뢰한 것, 혹은 일본 제도를 참고한 것으로 보이는 자료가 최근 학계에 보고되었다.[20] 『조선왕실소장문서朝鮮王室所藏文書』 중 「관복장도안官服章圖案」으로 명명된 이 도안은 현재 장서각에서 소장하고 있다. 도안은 근화槿花(No.4372, No.4374), 이화李花(No.4375), 일본의 대례복 제도(No.4373)의 세 가지로 이루어져 있다. 건축, 문양 등의 여러 종류의 다른 도안이 함께 묶여 있는 마이크로필름 롤 중에 관복장도안과는 별도로 '병오하 서丙午夏 書'라는 기록이 있어서 병오년(1906)에 작성된 것일 수도, 아니면 그 전에 있던 것을 병오년에 정리한 것일 수도 있다. 만약 병오년에 작성된 것이라면 1906년(광무 10) 2월의 궁내부 본부 및 예식원 복장 규칙의 제정과 12월의 문관대례복 개정을 위해 일본 제도를 참고하고 디자인을 의뢰한 것일 가능성이 있다. 그러나, 1906년에는 근화 도안의 문관대례복제식이 폐지되고 다른 형태로 개정되기 때문에 1900년(광무 4) 이전에 입수된 도안일 가능성과, 근화와 이화도안은 1900년 이전에, 일본의 대례복 제도는 1906년에 참고하였을 가능성도 배제할 수는 없다. 또한 No.4373에만 일본 양복점의 인장이 찍혀 있기 때문에 이를 참고하여 No.4374, 4375는 국내에서 제작되었을 수도 있다. 여러 가지 가능성을 모두 생각해 본다고 하더라도 대한제국 정부에서

20_ 최규순, 「藏書閣 소장 『官服裝圖案』 연구」, 『藏書閣』 19(2008).

대례복의 도안으로 근화槿花와 이화李花 둘 다 디자인해 본 다음 근화를 선택했을 것임은 확실하다. 이와 같이 개항 이후 근대화를 진행하던 시기에 새로운 문양의 도안을 일본에 의뢰한 예로는 1885년 문위文位 우표의 경우에서도 찾아볼 수 있다고 한다.[21] 다음의 〈표 6-6〉은 일본제도(No.4373), 근화도안(No4374), 이화도안(No.4375)의 대례복 중 칙임관 1등의 대례복 상의 전면을 비교해 본 표이다.

〈표 6-6〉 관복장도안 No.4373, 4374, 4375의 칙임관 1등 대례복 비교 예

| 일본제도(No.4373) | 근화도안(No.4374) | 이화도안(No.4375) |
| --- | --- | --- |

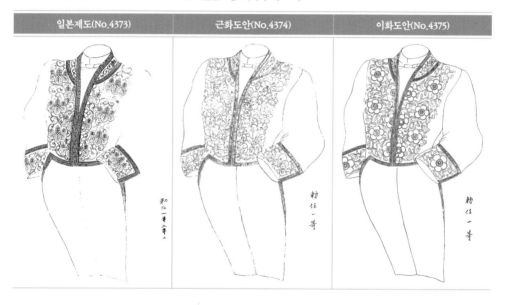

〈표 6-6〉에서 확인할 수 있듯이 일본에서 1886년(明治 19)에 개정된 문관대례복과 대한제국의 문관대례복의 형태는 같지만, 칙주임관 등급별 문양에서 차이를 보이고 있어서 일본은 칙임관 1등에서 4등이 모두 문양의 수가 같지만, 대한제국의 근화도안과 이화도안에서는 칙임관 1등은 근화 혹은 이화 6송이, 2등은 4송이, 3등은 2송이, 4등은 없고, 주임관은 앞중심선에 반근화 혹은 반이화 4송이를 자수하도록 하여

21_ 목수현, 『한국 근대 전환기 국가 시각 상징물』(서울대학교 박사학위 논문, 2008) 참조.

각 등급별로 무궁화의 많고 적음이 보다 더 복잡하게 규정되어 있다. 이는 1871년(明治 5) 일본의 문관대례복 제도와 비슷한 개념이라고 생각되는데, 전통적인 관복에서 서구식 대례복 체제로 바뀌어 가는 과도기적 규정인 듯하다. 그런데, 대례복 형태와 문양의 배치는 일본의 개정된 문관대례복 제도를 참고하였다고 하더라도 당초문 사이에 배치되어 있는 주문主紋이 일본에서는 오동이지만, 대한제국은 무궁화와 오얏꽃을 디자인한 것으로 다르다. 서구식 대례복의 상징적 의미는 자국을 대표하는 문양을 복식에 나타냄으로써 독립된 주권 국가의 복식제도를 표현하는 것이다. 따라서 형태의 차이보다는 상징문양이 갖는 의미가 크다는 것에 초점을 두고 해석할 필요가 있다.

### (3) 1900년 제정 문관대례복 착장 사진과 유물 자료

① 칙임관 대례복의 착장 사진과 유물　　앞에서 살펴본 문관대례복제식에 따라 제작된 1900년 문관대례복의 유물자료와 사진자료를 통해 대한제국의 문관대례복의 운영 양상을 살펴보면 다음과 같다.

칙임관 1등 대례복 착용의 예를 사진을 통해 확인해 보면 다음과 같다. 〈그림 6-10〉은 1900년 프랑스 주재 한국 공사 이범진의 사진이고, 〈그림 6-11〉은 왕족으로 한성은행장을 역임한 이재완李載完이 1903년에 촬영한 사진인데, 이범진과 이재완 모두 전근화 6송이의 칙임관 1등 대례복을 착용한 것을 확인할 수 있다.

문관대례복 중 보고된 유물을 살펴보면 다음과 같다. 먼저 문관 칙임관 1등의 유물인 민철훈閔哲勳의 대례복은 현재 한국자수박물관에 소장중이다.

칙임관 2등 대례복의 착용 예는 〈그림 6-12〉에서 확인할 수 있다. 〈그림 6-12〉는 동농 김가진의 대례복 착용 사진으로 앞중심선에 반근화 세 송이, 앞길의 안쪽으로 전근화 4송이가 자수되어 있다.

〈그림 6-10〉 프랑스 주재 한국 공사 이범진      〈그림 6-11〉 칙임관 이재완      〈그림 6-12〉 동농 김가진

〈표 6-7〉 민철훈 대례복 유물

| 대례모 | 대례의 | 조끼 | 검과 검대 |
|---|---|---|---|

〈표 6-7〉의 민철훈閔哲勳 대례복은 대례모, 대례의, 대례고, 조끼, 검의 일습이 모두 보고된 바 있다.[22] 예의禮衣 뒷고대 안쪽에 Min Chul Whin Jules Maria 14. R.Du 4

---

22_ 민철훈 대례복은 한국자수박물관에 소장중이다. 민철훈 대례복의 전시 및 조사보고서에는 허동화 발행, 『大韓帝國時代文物展』(서울 : 영인 프로세스, 1991)에 사진이 게재되어 있고 부록으로 발행된 유희경·이강칠·허동화·이순자, 『大韓帝國時代 文武官服飾制度－大韓帝國時代 文物展 카다로그 附錄』(서울 : 한국자수박물관 출

Septembre. Paris라고 기록되어 있고, 바지 호주머니 안쪽에 Jules Maria 1901.6.10이라고 기록되어 있어서 프랑스에서 제작한 것으로 보고되었다.[23] 민철훈은 1900년(광무 4)에 영국, 독일, 이태리 3국의 특명전권공사를, 1901년(광무 5)에는 오스트리아 공사를 역임한 바 있어서 유럽 파견 당시 프랑스에서 제작하여 착용한 것으로 여겨진다. 〈표 6-7〉의 대례의를 보면 상의 앞면 좌우에 반개의 무궁화 6송이와 전개의 무궁화 좌우 6송이가 자수되어 있고 바지에는 2조의 요철문이 새겨진 장식선을 붙이고 있다.

〈표 6-8〉은 전근화 4송이의 칙임관 2등의 대례복인 박기종朴淇淙의 유물로, 현재 부산박물관에서 소장하고 있다. 본 대례복 유물은 대례모, 대례의, 검만 남아 있고 현재 전시를 위한 밀랍인형을 제작하고 비슷한 소재의 바지, 셔츠, 타이, 구두를 구비하여 착장시켜 놓았다. 박기종은 부산에서 일본어 통사通史로 활동하였던 인물로, 1차 수신사 김기수와 2차 수신사 김홍집의 통사로 일본을 다녀온 경험을 살려 후에 1905년에 변리공사를 역임하였고 1907년 68세로 사망하였다. 1900년에 중추원 의관 주임관 4등으로 임명된 바가 있다.

〈표 6-8〉 박기종 대례복 유물[24]

| 모자 | 상의 | 검 |
|---|---|---|
| 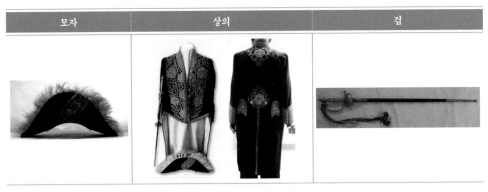 | | |

---

판부 발행, 1991)에 조사내용이 실려 있다. 또한 2012년 10월부터 12월까지 경운박물관에서 전시되었으며 『대한제국 남성 예복 새로운 물결, 주체적 수용』(서울 : 디자인이즈, 2012)에 사진이 게재되어 있다.

23_ 허동화 발행, 위의 책. 5쪽.

24_ 본 유물에 대한 조사 및 촬영은 2008년 5월 19일 부산광역시립박물관 전시실에서 실시되었다. 전면 사진은 〈표 6-8〉의 박기종 지음, 『上京日記』(부산근대역사관, 2005), 24쪽에 실린 사진이다.

176    제복의 탄생

〈표 6-8〉에서 대례의를 살펴보면 다음과 같다. 겉감은 검은색 모직이고, 안감은 흰색 견직물을 재료로 하였고 소매, 칼라, 측면의 주머니는 연청색 모직으로 제작하였다. 밀랍인형에 착장된 상태로 조사를 하여 상의 안감에 있을 수 있는 제작 정보를 확인할 수 없었다. 앞 중심선 좌우에 반근화 6송이와 길 안쪽 좌우에 전근화 4송이가 자수되어 있어서 칙임관 2등의 대례복 유물임을 알 수 있다. 대례모는 칙임관의 흰색 털이 가식된 산형모자이다.

현재까지 전근화 2송이의 칙임관 3등과 전근화는 없고 반근화만 있는 칙임관 4등의 대례복 유물이나 사진은 보고되지 않았다.

이상으로 살펴본 칙임관 대례복 유물과 사진의 인물은 외교관 경험을 가진 인물들이 많다. 이를 통해 1900년(광무 4)의 문관대례복 규칙은 부칙인 제12조 '주탑외국공사관원부터 먼저 시행할 것'에 의해 1900년 당시에 외국에 주재하고 있었던 공사관원들을 중심으로 착용된 것을 확인할 수 있다. 또한 당시 제작의 측면에서도 외국에서 직접 제작하여 착용하기가 더 편리하였을 가능성도 생각할 수 있다.

② 주임관 대례복의 착장 사진과 유물    주임관 대례복을 착용한 사진을 살펴보면, 〈그림 6-13〉은 프랑스 주재 한국 공관의 제2서기관 남필우의 사진이다. 위의 〈그림 6-10〉의 이범진과 같은 날 같은 장소에서 촬영한 것으로 보이는데 앞 여밈선에 반근화만 4송이가 자수되어 있고 오른손에 들고 있는 산형모자의 깃털색이 검은색이므로 주임관의 차림이다. 〈그림 6-14〉는 검은색 털이 삽식되어 있는 주임관의 모자를 쓰고 반근화 4송이가 자수된 대례복 차림의 프랑스인 M. Roulina, Ch.인데 주재 한국 명예총영사 자격이어서인지 대한제국의 주임관 대례복을 착용하고 있다. 또한, 〈그림 6-15〉는 1905년 을사늑약 이후 최초로 순국한 이한응의 사진으로 그는 당시 영국에 파견된 서기관이었다. 역시 반근화 4송이가 보인다.

주임관 대례복 유물로는 고려대학교 박물관에서 소장중인 주임관 유물이 있다. 대례의, 바지, 검대가 남아 있고, 조사한 내용을 〈표 6-9〉에 정리하였다.

〈그림 6-13〉
프랑스 주재 한국 서기관 남필우

〈그림 6-14〉
주재 한국 프랑스 명예 총영사

〈그림 6-15〉
영국 주재 한국 서기관 이한응

〈표 6-9〉고박 주임관 대례복 유물[25]

| 전체 | 바지 | 검대 |
| --- | --- | --- |
|  | | |

25_ 연구자 촬영.
　　본 유물에 대한 조사 및 촬영은 2008년 4월 23일 고려대학교 박물관 유물조사실에서 실시되었다.

고려대 박물관 주임관 대례복의 상의 안감 뒷고대 아래에 〈그림 6-16〉의 'L.Mihelson(제작자 이름), 재정 분담, 상트페테부르크 시묘노프스카야 5번지'라는 상표가 붙어 있어서 러시아에서 제작하였다는 것을 알 수 있다. 후술할 윤치호 대례복도 러시아제이다. 이와 함께 본 대례복의 '재정분담'이라는 용어로 유

〈그림 6-16〉 고박 주임관 대례복 상표

추해 보건대, 앞에서 살펴본 '관복장도안'을 일본에 의뢰해서 제작했더라도 제작은 러시아를 통해서 했으며 비용문제에서 정부가 책임지는 형식이 아니었을까 추측된다. 이는 1900년 문관대례복제를 제정하고 제작하는 일체를 대한제국에서 주도하였음을 간접적으로 알려주는 자료로 생각되는데 앞으로 대례복 제작과 관련된 문헌과 유물을 통해 자료가 확보된다면 구체적인 제작 경로를 확인할 수 있을 것으로 생각된다. 본 유물의 특징적인 부분을 서술하면 다음과 같다.

상의 겉감은 검은색 모직이고 안감은 검은색 견직물로, 안감을 백견으로 규정한 일본과는 달리 광무 4년제에는 안감 규정이 없다. 앞에서 살펴본 문관 칙임관 1등 민철훈 대례복의 안감은 검은색이고, 문관 칙임관 2등 박기종 대례복의 안감은 흰색이므로 안감의 색에 대해서는 별다른 규정이 없었던 것으로 보인다. 소매와 칼라는 연청색보다는 짙은 푸른색 모직이고 측면의 주머니는 특별한 규정이 없었듯이 겉감과 같이 검은색 모직이다. 상의의 금장은 전체적으로 당초문이 자수된 사이에 반근화가 좌우에 각각 2송이씩 자수되어 있어서 착용 후 앞중심선을 따라 전근화 2송이를 이룬다. 칼라, 뒷목아래, 뒤허리 중심, 좌우 주머니에는 근화는 없이 당초만 자수되고 수구에만 봉제선을 사이에 두고 전근화 두 송이씩 자수하고 있다. 소매는 이중소매로 구성되어 있다. 이를 통해 주임관 도식화와 일치하게 제작된 것을 확인할 수 있고 옷감의 색, 무궁화의 표현 등은 제작업체의 사정상 융통성이 있었을 것으로 여겨진다. 단추는 금도금하여 그 위에 무궁화문양을 붙였다.

바지 겉감의 재질은 검은색 모직이고 허리부분에만 안단이 대어져 있다. 좌우 측면에 금선을 붙였는데 단조 요철문이고 폭은 4cm이다. 바지는 단추로 여미게 되어 있고

부착된 단추에는 제작자의 이름이 새겨져 있다.

본 유물에서는 검은 기증되지 않았고 검대만 남아 있다. 검대의 장식부분은 규정과 같이 은직이 대어져 있고, 검이 꽂혀서 통과하는 부분에 작은 무궁화 한 송이가 자수되어 있다. 형태는 벨트 모양으로 생겼고 어깨끈이 부착되어 있다.

이상으로 고려대학교 박물관 소장의 주임관 대례복의 상의, 바지, 검대를 통해 광무 4년에 제정된 문관대례복제식 중 문관 주임관 대례복 유물의 실례를 확인할 수 있었다. 관보에 제시하고 있는 도안과 거의 일치하고 있는데, 지질의 색, 무궁화를 표현하기 위한 자수 기법은 제작업체의 실정에 맞추어 정해졌다고 생각된다. 다시 말해서 유물과 사진을 비교해 볼 때 자수된 무궁화의 모양이 모두 조금씩 다른데 대한제국에서 제시한 문양 도안이 제작국, 제작업체에 따라 구현되는 방식에 차이가 생긴 것이다.[26] 주요 재료인 라사羅紗, 천아융天鵝絨은 물론이고 구성방식 역시 전혀 경험하지 못한 이질적인 복식을 국가의 제도로 채택한 이상 그 제작을 외국에 의뢰하는 것은 어쩔 수 없는 선택이었다. 이러한 이유로 대한제국 정부가 제시한 도안은 제작되는 과정에서 조금씩의 차이를 나타낼 수밖에 없었다. 이와 관련하여 대례복 제작은 어떤 통로를 거쳐 이루어졌는지, 제정적인 문제는 어떻게 해결하였는지 등 제작에 대한 문제는 자료가 더욱 발굴되어야 해결될 것으로 생각된다.

---

26_ 대례복을 해외에서 제작하는 과정에 대해 최규순(2008)은 장서각에 소장되어 있는 『官服章圖案』에 대한 검토를 통해 도안의 복사본을 제작하여 외교관들에게 나누어 주고 이를 바탕으로 현지에서 제작하였을 것으로 추정하였다. 최규순, 앞의 논문(2008), 244~246쪽.

# 대한제국의
# 서구식 대례복
# 제도의 변천

## 07

서구식 대례복의 수정
서구식 대례복의 개정과 분화
대한제국 서구식 대례복의 정체성 상실

## 1. 서구식 대례복의 수정

### 1) 칙령 제14호 문관복장규칙의 정오

1900년(광무 4) 발표된 문관복장규칙에 대하여 1904년(광무 8), 1905년(광무 9), 1907년 (광무 11)에 걸쳐 관보에 발표된 정오正誤의 형식으로 개정이 있었다. 그 수정위치와 수 정사항을 표로 나타내면 〈표 7-1〉과 같다.

〈표 7-1〉 칙령 제14호 문관복장규칙에 대한 正誤[1]

| 년 월 일 | 항목 | 수정위치 | 수정사항 |
|---|---|---|---|
| 光武 8년 3월 30일 | 제10조 2항 | '着用함을 得' 뒤에 | 하며 現在에 如何를 勿論하고 禮裝 은 小禮服으로며 常裝은 常服으로 通用할 事 |
| | 제12조 | '本規則은'과 '駐箚外國公使館官員붓터施行할事' 사이에 | 武官과 |

1_ 內閣記錄課 編, 『法規類編』 二(서울대학교 고문헌 자료실 소장본, 1908), 307~311쪽을 참고하여 정리함.

| 10월 8일 | | '本規則은' 뒤에 | 外交官及 |
|---|---|---|---|
| 10월 14일 | 제12조 | '施行' 뒤에 | 하고外部及禮式院漢城府官員은同年十月三十一日以內로實施하되他官職으로轉任하거나遞任되난境遇라도仍舊着用 |
| 10월 19일 | | '外部及' 뒤에 | '禮式院' 刪去 |
| | | '三十一日以內로' 뒤에 | 禮式院官員은同年十一月三十日以內로 |
| 光武 9년 1월 16일 | 제3조~제9조 삭제 | | 3조부터 9조까지 대례복 소례복 상복 일습 구성품, 착용일 규정(〈표 7-2〉 참조) |
| | | 제11조 다음에 | 一條를添入하여第十二條는第十三條로 改正 |
| | 제13조 | '禮式院官員'은 뒤 '同年十一月三十日'을 | '光武九年四月三十日'로 개정 |
| | | '仍舊着用' 뒤에 | '하며該服裝費는現今間은度支部에셔支給' 첨입 |
| 光武 9년 5월 17일 | | '禮式院' 뒤에 | '中禮式卿以下所屬官員과農商工部中鐵道局' 첨입 |
| 10월 24일 | 제13조 | 本規則은 뒤에 '外交官及武官과駐箚外國公使館官員붓터施行하고外部及漢城府官員은光武八年十月三十一日　以內로禮式院中禮式卿以下所屬官員과農商工部鐵道局官員은光武九年四月三十日　以內로實施하되他官職으로轉任하거나遞任되는境遇라도仍舊着用하며該服裝費는現今間은度支部에서撥給할事' 刪去 | '光武九年十一月一日 붓터便宜를從하야漸次施行할事' 添入付票 |
| 光武 11년 6월 22일 | | | 現今間大禮服未備한 官員은 小禮服(厚錄高套)으로 代着할 事 |

〈표 7-1〉의 정오를 모두 정리하여 수정 완결된 문관복장규칙은 1908년(융희 2)에 간행된 『법규류편法規類編』에 총12조와 부칙1조로 정리되어 있다.[2] 『법규류편』에는 새로운 칙령이 아닌 1900년 4월 17일 칙령 제14호로 본 내용을 싣고 있기 때문에 「정오正誤」의 내용을 반영하여 칙령 제14호를 수정 시행한 것임을 추측할 수 있다. 그 내용은 다음과 같다.

제1조에서는 무관과 경관을 제한 외에는 문관으로 피임한 자의 복장은 대례복, 소

2_ 위의 책, 307~311쪽.

례복, 상복常服의 세 가지 종류로 나누어진다고 정하고 있다.

제2조에서는 소례복과 상복은 칙주판임관이 통공通共 착용하고 대례복은 칙주임관만 착용할 것으로 정하며 제3조에서는 대례복의 제구製具는 문관대례복제식에 의한다. 제4조는 소례복의 규정이고, 제5조는 상복常服의 규정으로 다음 〈표 7-2〉와 같이 구성된다. 제6조 대례복, 제7조 연미복, 제8조 후록고투(프록코트), 제9조 평상복은 다음 〈표 7-2〉와 같은 경우에 착용하도록 하였다. 개정 전과 비교해보면 대례복을 착용할 경우 중 문안시가 진하시陳賀時로, 궁중사연시宮中賜宴時가 궁중배식시宮中陪食時로 바뀌었는데 그 내용은 일맥상통하는 것이다. 소례복은 개정 전에 연미복과 프록코트의 구분 없이 관내진현시官內進見時, 공식연회시公式宴會時, 상관에게 예를 갖추어 인사할 때[禮拜上官時], 사사로이 서로 축하하고 위로할 때[私相賀慰時] 착용하도록 정했던 것이 각각의 경우를 따로 정하고 있고 외교 관계에 대한 규정이 부가되었다. 평상복 규정은 변경이 없다. 따라서 소례복 착용이 분화, 강조된 것으로 보인다.

제10조는 무관과 경관이라도 문관으로 전임할 때는 본 규칙에 복종할 것을 규정하되, 무관은 수의隨意하여 무관복장도 착용할 수 있으며 현재의 여하를 물론하고 예장은 소례복으로 하고 상장은 상복으로 통용하도록 하였다.

제11조는 (광무 4년의 규정을 기준으로) 판임관이 위 제3조의 경우를 당하여 부득이한 때에는 소례복으로 대례복을 대신하여 착용할 수 있다고 규정하고 있다.

제12조는 상장의 규정으로, 대례복, 연미복, 프록코트를 조전착용照前着用하되 그 표장表章하는 의식을 정하였는데 대례복에는 '좌비상左臂上에 흑견黑絹 일촌 오분을 이리裏할 사事, 대례모 금식金飾 중간에 흑견黑絹 일촌을 이리裏할 사事, 검병劍柄에 흑견黑絹 길이 오촌 너비 일촌을 전전纏할 사事'로 정하고, 소례복에는 '좌비상左臂上에 흑견黑絹 일촌오분을 이리裏할 사事, 진사고모眞絲高帽에 흑견黑絹 일촌을 이리裏할 사事'로 정하고 있다. 이 의식은 국휼성복일國恤成服日부터 시작하여 복을 제할 때[除服日]까지 착용하며 만약 혹 궁내宮內에서 사복私服을 조조遭하여 상장喪章을 이용하시는 경우에는 공제전公除前 폐현시陛見時에만 착용하도록 규정하고 있다.

마지막으로 부칙附則인 제13조는 현금간 대례복을 미비한 관원은 소례복(프록코트)으로 대신 착용하여도 무방하다고 규정하고 있다.

이상의 조목을 정리해 보면, 문관대례복의 착용자에 대한 규정(1, 2, 10, 11조), 문관대례복 일습의 구성품에 대한 규정(3, 4, 5조), 문관대례복 착용일에 대한 규정(6, 7, 8, 9조), 상장喪裝에 대한 규정(12조), 부칙(13조)으로 나눌 수 있다. 내용에 따라 조목을 분류하여 정리하면 〈표 7-2〉와 같다.

〈표 7-2〉 1908년 간행된 『法規類編』의 개정된 문관복장규칙의 개요

| 분류 | 조목 | 내용 |
|------|------|------|
| 착용자 | 제1조 | 무관과 경관을 제외한 모든 문관으로 피임한 자의 복장은 대례복, 소례복, 常服으로 나누어진다. |
| | 제2조 | 소례복과 상복은 칙임관, 주임관, 판임관이 공통으로 착용하고 대례복은 칙임관과 주임관만 착용한다. |
| 일습의 구성품 | 제3조 | 대례복 일습 : 대례모, 대례의, 하의(조끼), 대례고, 검, 검대, 白布下襟, 흰색장갑 |
| | 제4조 | 소례복 일습1 : 연미복(진사고모, 胸部濶開制 下衣, 상의 같은 색 재질의 바지, 구두) 소례복 일습2 : 프록코트(진사고모, 胸部稍狹制 下衣, 상의 다른 색 재질의 바지, 구두) |
| | 제5조 | 상복 일습 : 서구제 평모, 서구제 短後衣, 하의(조끼), 바지 |
| 착용일 | 제6조 | 대례복 착용일 : 陣賀時, 動駕動輿時, 因公陛見時, 宮中陪食時 |
| | 제7조 | 연미복 착용일 : 각국 사신 소접시, 궁중 사연시, 국외국 관인 만찬시 |
| | 제8조 | 프록코트 착용일 : 궁내진현시, 각국 경절 하례시, 私相 예방시 |
| | 제9조 | 평상복 착용일 : 仕進時, 집무시, 연거시 |
| 착용자 | 제10조 | 무관과 경관도 문관으로 전임하게 되면 문관복장규칙에 복종할 것을 명하되, 무관은 때에 따라서 무관 복장도 착용할 수 있다. 현재에 여하를 물론하고 예장은 소례복으로 하고 상장은 상복으로 통용한다. |
| | 제11조 | 판임관의 경우 제3조의 경우에 해당하는 부득이한 때는 소례복을 착용함으로써 대례복을 대신할 수 있다. |
| 喪裝 | 제12조 | 대례복, 연미복, 프록코트는 照前着用하되 그 표장하는 의식은 본고에서 생략함. |
| 부칙 | 제13조 | 현금간 대례복을 미비한 관원은 소례복(프록코트)으로 대신 착용하여도 무방하다. |

〈표 7-2〉의 개정된 문관복장규칙을 1900년 최초로 제정된 문관복장규칙과 비교해 볼 때 첫째, 착용일과 일습 구성품의 순서가 바뀌었고, 둘째, 연미복 한 가지 종류였던 소례복이 연미복과 프록코트로 분화하여 그에 따라 착용일 역시 구별한 점이 특기

할 사항이다. 연미복과 프록코트 일습 구성은 상의 형태의 차이와 함께 조끼의 형태, 착용하는 바지의 색깔이 다르다. 착용일을 살펴보면 연미복은 각국 사신을 접견하거나, 궁중의 사연이 있을 때, 외국 관인과 만찬할 때 착용하고, 프록코트는 궁내 진현할 때, 각국 경절에 하례할 때, 사적으로 서로 예를 갖추어 방문할 때 착용하도록 하였다. 한편, 제12조에 상장喪裝 역시 새로운 규정이다. 상장은 대례복, 연미복, 프록코트의 조전착용照前着用하는 방법을 규정한 것으로, 이 책에서는 이에 대한 고찰은 생략한다. 지금까지 살펴본 바와 같이 개정된 문관복장규칙은 1900년(광무 4)의 제도보다 소례복과 상장과 같은 부분에서 더 세분화하고 정교하게 다듬어진 규정임을 확인할 수 있다.

## 2) 칙령 제15호 문관대례복제식의 정오

문관대례복제식에 대해서는 1904년(광무 8), 1905년(광무 9) 관보官報에 정오正誤의 형식으로 개정이 이루어졌다. 형태상으로는 칙령 제15호와 같고 문양에 있어서 변화가 있었다. 이후 1906년(광무 10)에는 칙령 제75호로 문관대례복제식에 대한 개정이 발표되어 1900년에 제정된 문관대례복의 형태와 다른 문관대례복제식이 적용되게 되었다.

문장 대례복 제식에 대해서 1904년(광무 8)에 2조 상의의 표장에 대한 변경을 하고, 1905년(광무 9)에는 금장金章과 관련된 1, 2, 3, 5, 7조에 대해 대대적으로 변경하여 이를 관보를 통해 고시하였다. 그러나 제작상의 어려움과 경비를 고려하여 제14조 '본 제식이 수시로 개정되더라도 칙주임관 간에 기왕에 제조한 복장이 있는 인원은 이전 것을 착용해도 좋다'는 단서를 달고 있다. 이를 정리하면 〈표 7-3〉과 같다.

| 년월일 | 항목 | 수정위치 | 수정항목 |
|---|---|---|---|
| 광무 8년 4월 2일 | 2조 | 상의 전면 표장은 칙임관 좌우 칼라에 반근화 6개이고, 좌우 유부 상하에 칙임 1등은 전근화 6개, 칙임 2등은 전근화 4개, 칙임 3등은 전근화 2개, 칙임 4등은 전근화가 없다.<br>주임관은 좌우 칼라 사이에 반근화 4개이고, 좌우 유부 상하에 전근화가 없고, 1등부터 6등까지 모두 같다. 이상의 표장은 모두 금사로 수를 놓아 완성할 것 | 표장은 모두 금수하되 상의 전면은 좌우 가슴 부분 상하에 전근화 6송이이고 이는 1등부터 4등까지 모두 같다. |
| 광무 9년 1월 16일 | 1조 | (가로무늬의 금선이) 칙임관은 너비 5분으로 하고 주임관은 너비 4분으로 할 것 | 칙임관 1등은 너비 5분으로 하고 칙임관 2등 이하부터 주임관 6등까지는 너비 4분으로 할 것 |
| | 2조 | 표장은 모두 금수하되 상의 전면은 좌우 가슴 부분 상하에 전근화 6송이이고 이는 1등부터 4등까지 모두 같다.<br>(1904년 4/2 「正誤」로 수정된 내용) | 표장은 모두 금수하되 상의 전면은 좌우 乳部 상하에 칙임관 1등은 근화 6개이고 칙임관 2,3,4등은 근화 4개이며, 주임관은 없다. |
| | 3조 | 칙주임관을 물론하고 허리 아래 금선으로 둘러 싼 안에 전근화 2개이고, 칙임관은 脊部 상하에 전근화 1개를 가식하되 모두 금수로 할 것 | 칙임관은 허리 아래 금선으로 둘러싼 안과 脊部 상하에 근화 각 1개이고 주임관은 근엽을 수성할 것 |
| | 5조 | 상의 칼라의 재질은 연청색라사이고 가로 무늬 금선 2조를 붙이고 근 안에 근화 2개를 금수하여 칙주임관이 구별이 없고 칙임관은 前部 좌우로부터 각 一髞을 떨어뜨림 | 상의 칼라의 재질은 연청색라사이고 가로 무늬 금선 2조를 붙이고 그 안에 칙임관은 소근화 3개를 수성할 것 |
| | 7조 | 바지의 재질은 심흑감라사니 좌우 측면에 금선을 덧붙이되 칙임관은 兩條 凸凹紋이오 주임관은 單條 凸凹紋이니 너비는 모두 1촌으로 할 것 | 바지의 재질은 심흑감라사니 좌우 측면에 금선을 덧붙이되 칙임관 一等은 兩條凸凹紋이오 칙임관 二等 以下부터 주임관 六等까지는 單條 凸凹紋이니 너비 모두 一寸으로 할 것 |
| | 14조 | | 본 제식이 수시 개정되더라도 勅奏任 官間에 기代 제조 복장이 있는 인원은 옛 것을 착용 할 것 |

이 중 1904년(광무 4) 규정과 1905년(광무 9) 규정의 특징만 뽑아서 비교해 보면 다음의 〈표 7-4〉와 같다. 이때 제3조 '허리아래에 금선이 돌려진 안에 있는 전근화 2송이

---

3_ 議政府總務局官報課, 『官報』 제2790호, 광무 8년(1904) 4월 2일字 正誤; 『官報』 제3037호, 광무 9년(1905) 1월 16일字 正誤.

[腰下金線回繞之內有全槿花二枝]'는 측낭의 금장으로 보았다.

〈표 7-4〉 문관대례복 상의의 무궁화 금장의 변화

| | | 광무 4년 문관대례복 | | 광무 9년 수정 문관대례복 | |
|---|---|---|---|---|---|
| | | 칙임관 | 주임관 | 칙임관 | 주임관 |
| 상의 | 금선 | 너비 5분 | 너비4분 | 1등은 5분 이하는 4분 | 4분 |
| | 표장 | 반근화 6송이에 전근화 1등 6송이, 2등 4송이, 3등 2송이, 4등 없음 | 반근화 4송이에 전근화는 없음 | 1등 근화 6송이 2 3 4등 근화 4송이 | 없음 |
| | 측낭 | 전근화 2송이 | | 근화 각 1송이 | 근엽 |
| | 척장脊章 | 상하에 전근화 1송이 | | 상하에 근화 각 1송이 | 근엽 |
| | 영장領章 | 횡문금선 2조 안에 근화 2송이. 앞의 좌우에서 한 가지씩 일어나 뒤에서 양꽃이 서로 만나도록 배치 | 횡문금선 안에 근화 2송이 | 횡문금선 2조 안에 소근화 3송이 | |

특히, 상의 표장의 경우는 가장 가시적으로 변화를 확인할 수 있는 사항이다. 1900년(광무 4)에는 근화의 종류가 반근화, 전근화로 나누어지고 그 숫자도 칙임관의 등급별로 6송이, 4송이, 2송이 등으로 다양했지만 1905년(광무 9)에는 전근화를 의미하는 근화 하나로 통일되고 칙임관 1등은 6송이, 그 이하 칙임관은 4송이를 자수하며 주임관은 완전히 사라지게 되었다. 이는 이전 시기의 규정보다 매우 간소화된 것임을 알 수 있다. 과도기 규정으로 1904년(광무 8) 4월 2일의 개정에서는 '표장은 모두 금수하되 상의 전면은 좌우 유부乳部 상하에 전근화 6지요, 이는 1등에서 4등에 이르기까지 같다'고 규정하였는데 '전근화'라는 용어로 보아 광무 4년제에서 칙임관의 등급별 차이만 없앤 것일 수도 있는데 현재로서는 확인할 자료가 없다. 그러나 1년이 되기 전에 변경되었고 다른 항목에서는 변경이 없으므로 위의 〈표 7-4〉에서는 생략하였다.

측량장은 전근화 2송이로 규정되었던 것이 칙임관의 근화 각 한 송이와 주임관의 근엽으로 변경되었는데 일본 대례복을 참고하여 당초무늬에 무궁화문양이라고 생각되기가 쉽지만 '근엽槿葉'을 염두에 두고 도안하였음을 확인할 수 있다.

척장脊章은 상하에 칙임관은 근화 한 송이씩을 자수하는 것으로 유지되었지만 주임관은 1900년(광무 4)에는 규정이 없고, 1905년(광무 9)에는 근엽만 자수하도록 하였다.

칼라에는 칙주임관 모두 가로문 금선안에 근화 2송이를 자수하던 것이 칙임관만 소근화 3송이를 자수하는 것으로 변경되었다.

바지는 요철문의 금선을 붙이는데 칙임관은 양조兩條, 주임관은 단조單條였던 것을 칙임관 1등만 양조로 규정하였고 금선의 폭은 모두 1촌이다.

### 3) 정오에 따라 제작 착용된 대례복

#### (1) 정오에 따라 제작된 대례복 착용 사진 및 유물

① 칙임관 대례복의 착장 사진과 유물    1905년(광무 9) 문관대례복제식에 대한 정오正誤는 완전한 개정령이 아니고 관보에 수정하는 형식으로 발표된 것이다. 따라서 조칙에 의한 문관대례복제식이나 도식이 공표되지는 않았지만, 이에 의해 제작된 문관대례복의 착장 사진과 유물자료가 남아 있다. 따라서 조칙으로 성립하기 직전 단계까지 이루어진 것이 아닌가 생각된다.

먼저 사진을 통해서 수정된 대례복의 착장 모습을 확인해 보면 다음과 같다. 〈그림 7-1〉은 이근상李根湘의 대례복 착장 사진으로, 대수大綬 아래 왼쪽, 위에서 세 번째의 무궁화 한 송이가 조금 보이기 때문에 수정된 칙임관 1등의 대례복을 착용하고 있다는 것을 확인할 수 있다. 〈그림 7-2〉는 한일합방 당시 농상공부대신이었던 조중응의 대례복 착장 사진으로, 전근화 4송이는 확실하게 알 수 있다. 그 아래에 두 송이가 더 보이지는 않지만 다음 그림의 윤치호 유물에서 두 번째 무궁화가 9개의 단추 중 위에서부터 6, 7번째 단추 옆에 자수되어 있는데 비해, 본 사진의 대례복은 4, 5번째 단추 옆에 자수되어 있기 때문에 6송이의 무궁화였

〈그림 7-1〉 이근상

〈그림 7-2〉 조중응

음을 추측할 수 있다. 이들 두 사진의 대례복이 수정 지시 중 광무 8년 규정일 수도 있고 광무 9년 규정일 수도 있지만, 칙임관 1등은 두 규정이 동일하기 때문에 굳이 구별할 필요는 없다. 이들은 한일합방 당시 대표적인 친일적인 행적을 하였던 인물들로, 본 사진 자료도 서울대학교 도서관 소장의 『병합기념 조선사진첩』에서 발췌하였다. 한일합방의 대가로 이근상은 남작 작위를 받았고 고종황제 강제 퇴위를 주도한 정미7적 중 한 사람인 조중응은 자작 작위와 은사금을 받았다. 이들이 무궁화 자수를 가슴에 수놓은 대한제국의 대례복을 착용하고 있다는 것은 대례복 연구에서 반드시 짚고 가야 할 문제라고 할 수 있다. 앞서 언급한 1900년대 전반기의 외교관 이범진, 이한응과는 대조적으로 1905년 이후 대례복을 착용한 많은 이들의 친일 행적으로 인해 대한제국의 대례복 의미는 독립된 주권국가를 수립해 보고자 한 처음의 의도와는 달리 친일파를 상징하는 복장을 의미하는 것으로 왜곡되었다고 할 수 있다. 이와 같이 복식은 착용자와 동일시되는 경향이 있기 때문에 복식사를 서술한다는 것은 결과적으로 양식을 기술하는 단계를 넘어서 인간의 역사를 서술하는 것을 목적으로 하게 되는 것이라고 사료된다.

〈그림 7-3〉 1907년 촬영 윤치호 가족사진    〈그림 7-4〉 윤치호 대례복 착용 사진

다음으로, 〈그림 7-3〉과 〈그림 7-4〉는 윤치호가 대례복을 착용하고 촬영한 사진이다. 〈그림 7-4〉는 흰색 털이 장식된 대례모를 쓰고 앞길에 전근화 4송이가 자수된 대례복을 입고 있어서 1905년(광무 9) 수정된 칙임관 2 3 4등의 대례복이다. 〈그림 7-3〉은 1907년 윤치호가 43세 때 찍은 가족사진인데 〈그림 7-4〉의 대례복과 같은 형태이다. 이 두 사진을 비교해 볼 때 〈그림 7-4〉는 1945년 12월에 삶을 마감하는 윤치호가 그의 말년에 특별한 기념을 하기 위해 촬영한 사진이 아닌가 여겨진다.

윤치호의 대례복은 연세대학교 박물관에 기증되었고 2010년 7월에 조사 당시 상설 전시 중이었다. 1976년 발행된 기증 보고서에는 1895~96년 윤치호가 학부협판學部協辦으로 있을 때 입었던 서구화한 문관복이라고 하였으나 시기적으로 또한 문양의 양식적으로 1905년 이후에 제작된 대례복으로 생각된다. 〈표 7-5〉는 연세대학교 박물관 소장인 윤치호 대례복을 조사하고 촬영한 사진으로 현재 상의, 조끼, 바지, 모자, 보우타이가 남아 있다.

〈표 7-5〉 윤치호 대례복 유물[4]

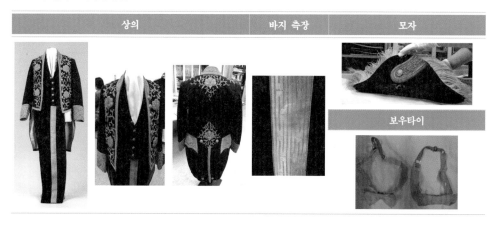

| 상의 | | | 바지 측장 | 모자 |
|---|---|---|---|---|
| | | | | 보우타이 |

〈표 7-5〉를 바탕으로 본 유물의 특징을 살펴보면 다음과 같다. 첫째, 대례복 상의

4_ 본 유물에 대한 조사 및 촬영은 2010년 7월 29일 연세대학교 박물관에서 실시되었다. 〈표 7-5〉에서 상하의 전체 사진은 연세대학교 박물관 편, 『연세대학교 박물관 전시품 도록』(서울 : 연세대학교 박물관, 1988), 153쪽의 자료이고 그 외의 사진은 본 연구자가 촬영하였다.

<그림 7-5> 윤치호 대례복의 상표
연구자 촬영

전면을 보면, 앞 중심선에 자수되었던 반근화
는 생략되고 전근화만 좌우 두 개씩 자수되어
있다. 또한 상의 후면에는 척장脊章으로 무궁
화가 위아래에 하나씩 자수되어 있고, 좌우 포
켓에도 무궁화가 하나씩 자수되어 있다. 이는
『관보官報』「정오正誤」의 규정에서 칙임관 2등 이하에 해당되는 대례복이다. 한편, 〈그
림 7-5〉는 상의 안쪽 뒷고대 아래에 부착되어 있는 디자이너의 상표이다. 기증보고서
에서 본 대례복이 러시아제로서 '예쉬로이야꾸토끼' 상표가 붙어 있다고 서술되어 있
는데[5] 이는 후술할 김봉선 대례복 유물의 상표와 같다. 이와 같이 러시아에서 제작되
었다고 보고된 유물로는 1900년 대례복제식에 따라 제작된 고려대학교 박물관 소장
주임관 대례복이 있다.[6] 1900년대에 러시아에서 제작된 대례복의 제작경위에 대해서
는 추후에 보완되어야 할 과제라고 생각된다. 다만 1905년 1월 16일에 발표된 「정오正
誤」에 따라 대례복 제작을 의뢰한 대상국이 러시아라는 것은 매우 중요한 사항이다.
즉 후술할 1906년의 문관대례복 개정령에 일본이 개입하기 직전까지 대한제국의 대례
복 제작이 러시아와의 긴밀한 관계 속에서 이루어지고 있었다는 점을 확인할 수 있는
중요한 시사점이 될 것이다. 둘째, 바지의 측장에는 양조의 요철문이 부착된 것이 확
인된다. 〈표 7-5〉의 전체 사진에서 볼 수 있는 바와 같이 피겨에 착장된 상태에서 조
사를 하였기 때문에 바지와 조끼의 더 자세한 부분은 조사되지 않았다. 셋째, 모자의
우측장에는 작은 무궁화 한 송이가 자수되어 있고 무궁화가 새겨진 단추 하나가 달려
있다. 대례모는 칙임관의 유물이므로 흰색의 깃털이 장식되어 있다. 넷째, 본 유물에
서 드레스셔츠는 남아 있지 않지만 흰색 보우 타이 두 점이 남아 있어서 1900년대 중
반 대례복에 착용한 타이의 형태를 확인할 수 있다.

5_ 『연세대학교 박물관 보고(역사 유물1)』(1976), 윤웅렬, 이씨부인, 윤치호 유품전, 27쪽.
6_ 이경미, 「대한제국 1900년(光武 4) 문관대례복 제도와 무궁화 문양의 상징성」, 『복식』 60권(3), 132쪽. 단 고려
대학교 박물관 소장의 주임관 대례복은 착용자가 유길준이 아닌 것으로 확인되어 이 논문에서 '유길준 대례복'
은 '고려대학교 박물관 소장 주임관 대례복'으로 수정되어야 한다.

② 주임관 대례복의 유물　　　1905년 문관대례복 정오에 따른 주임관 대례복으로는 현재 광주시립민속박물관에 소장되어 있고, 광주시 지정 문화재자료인 김봉선 대례복이 있다. 김봉선은 1906년 1월 외부주사 겸 영사관 직위로부터 농상공부 참서관으로, 11월 14일 궁내부비서관으로 임용되어 고종황제의 측근에서 보필하였다. 김봉선의 기증 유물 중 고종황제 어찰御札을 통해 을사늑약으로 실축된 국권을 회복할 방도를 찾고 그에 관련된 정보를 입수하며, 헤이그 밀사의 인물 천거와 파견 등의 임무를 내각의 관료들이 모르게 비밀리에 추진한 인물이라고 한다. 이전 직위인 외부주사 겸 영사관은 판임1등인데 비해 농상공부 참서관은 주임4등 7급이라고 하므로 이 대례복은 이 시기에 제작되었을 것으로 추측된다. 현재까지 광무 9년 규정의 주임관 대례복 중 착용자를 확인할 수 있는 유일한 유물이라고 할 수 있다. 대례복 유물로는 상의, 모자와 모자함, 검과 검집이 기증되었고 이에 대한 조사를 행하여 〈표 7-6〉에 정리하였다. 본 유물의 특징에 대해 서술하면 다음과 같다.

〈표 7-6〉 김봉선 대례복 유물[7]

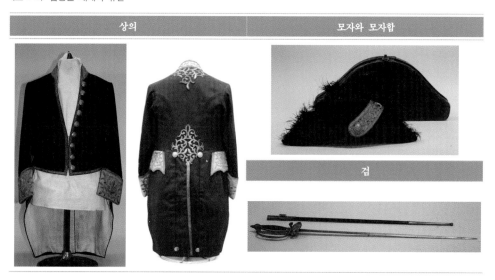

| 상의 | 모자와 모자함 |
| --- | --- |
|  | 검 |

7_ 본 유물에 대한 조사 및 촬영은 2008년 4월 29일 광주시립민속박물관에서 이루어졌다. 〈표 7-6〉의 사진은 연구자가 촬영한 것이다.

〈그림 7-6〉 김봉선 대례복의 상표
연구자 촬영

첫째, 상의의 형태는 1900년(광무 4) 규정과 같지만, 전면에 금장이 없고 좌우 수장袖章에만 무궁화 한 송이씩 자수되어 있고 칼라장, 척장脊章, 뒤허리 중심에는 근엽만 자수되어 있다. 이러한 자수 배치를 바탕으로 1905년(광무 9) 『관보官報』의 「정오正誤」에 의거하여 제작된 것을 확인할 수 있다. 전체 재질은 검은색 모직이고 칼라, 소매는 연청색 모직이다. 제작에 관한 정보를 살펴보면 〈그림 7-6〉과 같은 상표가 뒷고대 아래 안감에 부착되어 있다. 전술한 바와 같이 윤치호 대례복과 같은 디자이너에 의해 제작된 것이다. 둘째, 대례모에는 주임관의 검은색 털이 가식되어 있다. 대례모의 우측장에는 소근화 한 송이가 자수되어 있고 무궁화가 새겨진 단추 하나가 달려 있다. 또한 본 유물은 모자를 보관하는 철제 모자함이 함께 기증되었다. 셋째, 1905년 (광무 9)의 「정오正誤」에 검에 대한 수정은 없기 때문에 검과 검집 유물은 1900년(광무 4) 규정에 따라 제작되었을 것으로 생각된다. 주임관 검의 제식 규정에 따라 〈표 7-6〉의 검 손잡이의 확대 사진에서 보이는 것과 같이 무궁화를 나전하고, 봉황 모양으로 장식된 손잡이를 제작하였다.


## 2. 서구식 대례복의 개정과 분화

### 1) 칙령 제75호 문관대례복제식의 개정

1906년(광무 10) 12월 12일에 칙령 제75호로 문관대례복제식文官大禮服製式 개정改正이 발표되었다. 이에 따라 1900년(광무 4)에 제정된 문관대례복제식은 폐지되고, 문관대례복제식에 의해 지금까지의 형태와는 다른 형태로 개정되었다. 그러나 이미 제조한 복장은 그대로 착용하라는 조항이 있기 때문에 사실상 1900년의 문관대례복제식과 1906년의 문관대례복제식이 공존하였다고 생각된다. 본 개정령에서 새로운 직제인 친임관 명칭이 등장하는데, 이는 1905년 이후 관직 개편에 따라 칙임관의 상위에 생긴 관직이다.[8] 1906년(광무 10)의 문관대례복제식을 〈표 7-7〉에서 정리하여 제시하였다.

〈표 7-7〉 1906년(광무 10) 칙령 제75호 문관대례복 개정 제식[9]

| 복식항목 | | 관직 | 친임관 | 칙임관 | 주임관 |
|---|---|---|---|---|---|
| 상의 | | 재질 | 심흑감라사 | | |
| | | 前面 | 立襟이고 금제 槿花단추 9개를 붙이되 직경은 7분이고 아랫배 아래에 이르러 퇴골까지 좌우로 편평하게 가로 분할하고 퇴골로 사선으로 흘러서 뒷자락이 되며 가장자리선은 가로문의 금선을 단다. 금선 너비는 5분이다. | | |
| | 後面 表章 | | 허리아래를 나눈 좌우 양단의 재질은 袖章과 같고 가로문 금선을 두르고 뒷자락 분할 양변에 금제의 근화 단추 각1개를 붙이는데 직경7분이다. | | |
| | | | 허리 아래 금선 두른 안과 등 부분 상하에 근화 각 1枚를 금수함. | | 槿葉만 금수함. |
| | 소매 | 재질 | 자색 | 青天색 | 흑감색 |
| | | 袖章 | 수구에서 거리 3촌에 가로의 금선 1조를 두르고 뒷부분에서 봉재한다. 그 안 좌우반면에 근화 각 1枚를 금수한다. 주임관은 槿葉만 금수한다. | | |
| | 칼라 | 재질 | 자색 | 青天색 | 흑감색 |
| | | 領章 | 橫紋 금선 1조를 두르고 그 아래 전면 좌우에 金繡는 아래와 같다. | | |
| | | | 小槿花 각 1枚, 후면에 소근화 1枚 | | |
| | 肩章 | | 좌우 어깨에 근화 각 3枚를 금수함. | 없음 | 없음 |
| 胴衣 | 재질 | | 심흑감라사 | | |
| | 제식 | | 금제의 槿花의 단추 5개를 붙이되 직경 5분이고 거리는 2촌이다. | | |
| 바지 | 재질 | | 심흑감라사 | | |
| | 제식 | | 좌우측면에 금선부착. 칙임관 일촌 너비 양조요철문 | | 단조 요철문이고 너비 일촌 |
| 모자 帽 | 재질 | | 흑모 빌로드 | | |
| | 제식 | | 산형이고 길이 1척 5촌 높이 4촌 5분으로 한다. | | |
| | | | 頂端 장식털의 색은 백색 | | 흑색 |

8_ 황현, 『梅泉野錄』 제5권, 光武 9년 乙巳(續)(1905년), 18. 親任官의 설치, 親任官을 勅任官 위에 두어 奏任官, 判任官 등 4등을 두었다. 국사편찬위원회 한국사데이타베이스, 2011.1.20. 검색.
9_ 『官報』 제3646호 光武 10년(1906) 12월 26일字, 勅令.

| | | | |
|---|---|---|---|
| | 側章 | 근화 1枝를 정면으로 붙이고 幹邊에 금제의 근화 단추 1개를 다는데 직경 7분 | |
| | | 가장자리에 요철문의 금선. 너비는 3분이다. | 無紋에 너비는 3분 |
| 검<br>劍 | 劍章 | 2척 6촌 5분이고 자루는 白皮 | 黑皮 |
| | | 금선나전 길이 4촌 5분. 鯉口는 2촌 6분이며 鐺은 5촌이다. 자루의 머리는 활모양 | |
| | | 環鐺鍔鞘상에 근화를 조각 | 없음 |
| | 釼緒/釼帶 | 순금사/금직 | |

개정된 문관대례복의 도식화는 다음 〈표 7-8〉과 같다.

〈표 7-8〉 1906년(광무 10) 칙령 제75호 문관대례복 개정 제식에 따른 도안[10]

| | 친임관 | 칙임관 | 주임관 |
|---|---|---|---|
| 帽<br>우측장 | | | |
| 上衣<br>前面 | | | |

10_ 官報의 도식에는 상의가 채색되어 있지 않다. 본 연구에서 제시한 채색된 그림은 규장각 한국학 연구원 소장의
『勅令十八』(규17706)에서 발췌하여 편집한 것이다.

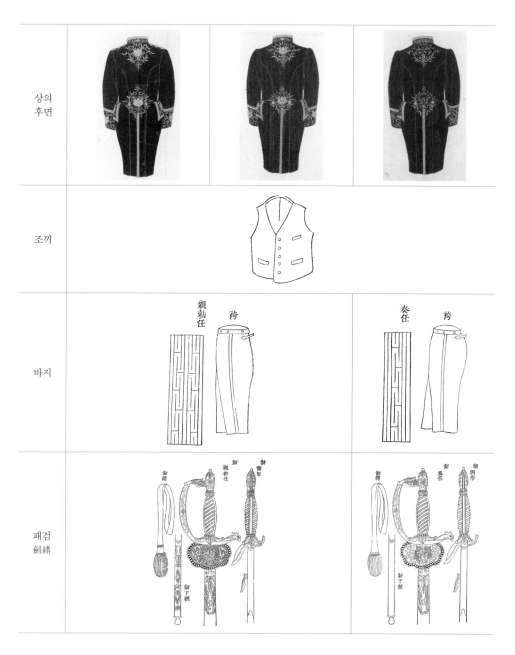

| 상의 후면 | | |
|---|---|---|
| 조끼 | | |
| 바지 | | |
| 패검 劍緒 | | |

칙령 제75호 문관대례복제식에 대한 규정과 도식화를 바탕으로 특징을 서술하면 다음과 같다.

① 상의　　　재질은 짙은 흑감색 라사이고, 측낭, 소매, 칼라의 재질은 친임관은 자색, 칙임관은 청천색으로 하고 주임관은 바탕색과 동일하다. 칼라는 입금立襟, 즉 앞목점에서 여며지는 형태로 칼라가 달리고 아랫배 아래에 이르러 퇴골까지 좌우로 편평하게 가로로 분할하고 퇴골로 사선으로 흘러서 뒷자락이 되는 연미복형이다. 가장자리선은 너비 5분인 가로문의 금선을 단다. 이는 1900년(광무 4) 제도와는 완전히 다른 형태로, 1884년(明治 17) 제정된 일본의 유작자 대례복과 같은 형태이다. 전면의 표장은 생략되었고 측낭과 등의 위아래에 친칙임관은 근화 한 송이를, 주임관은 근엽만 금수한다. 소매에도 친칙임관만 좌우 각각 두 송이씩 근화를 금수하고, 칼라에는 친칙임관은 소근화 세 송이를, 주임관은 근엽만 금수한다. 친임관에게만 어깨 견장이 부착되고 견장에는 근화 3송이가 금수되며, 칙임관과 주임관은 견장이 없다.

따라서 친임관과 칙임관은 어깨 견장, 측낭, 소매, 칼라의 색으로 구분될 수 있고 무궁화 수는 같다. 이에 비해 주임관은 무궁화를 자수하지 못하고 근엽만 자수하도록 하였다. 앞길 전면에 금장이 생략된 것은 1900년(광무 4)에 비해서 매우 간소화된 결과를 가져온 것으로 여겨진다.

한편, 전반적인 형태로 볼 때 일본의 유작자 대례복의 개념과 같은데, 후술하는 1910년 한일합방 후 일본에 의해 작위를 받는 조선인들이 일본 작위복과 같은 체계의 대례복을 입도록 하는 규정으로 넘어가는 것과 연관지어 볼 때 대례복에 있어서 식민지화가 용이하도록 한 의도가 개입된 것은 아닌지 조심스럽게 추측해 본다. 이는 1905년 을사조약 이후 외교권이 박탈된 상황에서 이루어지는 복제개혁이기 때문에 가능한 추측인데 1906년(광무 9)에 일본의 시종직 대례복 형태와 같은 궁내부 본부와 예식원의 대례복 제정, 일본의 유작자 대례복 형태와 같은 문관대례복으로의 개정 등이 이루어지는 배경에 대한 연구가 시급한 것으로 생각된다. 한편으로는 이화문양을 궁내부 대례복에 처음으로 도안하여 자수하거나, 개정된 문관대례복에 근화와 근엽을 그대로 자수함으로써 1900년(광무 4) 규정을 계승하고 있는 점 등은 자주적이므로 1906년(광무 10)의 일련의 제도 개혁에 대한 다각적인 자료 보완이 필요하다.

② 조끼[胴衣]　　1900년(광무 4) 규정과 같고 단추의 개수를 5개로 정하고 있다.

③ 바지·모자·검　　1900년(광무 4) 규정의 칙임관 규정을 친임관과 칙임관 대례복 제식으로 하고 1900년(광무 4) 규정의 주임관 규정은 그대로 주임관 규정으로 하였고, 내용의 변경은 없다.

1906년(광무 10) 개정된 문관대례복에 대하여 아직까지 공개된 유물을 찾지 못했다. 다만, 몇 점의 사진자료를 통해서 1906년(광무 10) 제의 대례복이 시행되었다는 사실은 확인할 수 있다.

〈그림 7-7〉 이완용

먼저, 1910년에 제작된 『병합기념 조선사진첩』에 수록되어 있는 〈그림 7-7〉의 한일합방 당시 내각총리대신 이완용과 〈그림 7-8〉의 일진회 송병준 사진에서 본 대례복의 착장 모습이 확인된다. 본 사진으로 볼 때 이들은 어깨에 무궁화 세 송이가 붙은 견장을 차고 있기 때문에 친임관의 대례복을 착용한 것이다. 한일합방의 대가로 이완용은 백작을, 송병준은 자작을 수여받았다.

〈그림 7-9〉는 1907년 일본 황태자(훗날 다이쇼大正왕) 방한시에 촬영한 기념사진이다. 앞 열 왼쪽부터 위인친왕威仁親王, 순종황제, 일본 황태자, 영친왕이 앉아 있고 뒷열 왼쪽부터 완흥군完興君, 완순군完順君, 의양군義陽君, 영선군永宣君이 서 있다. 이 사진에서도 뒷줄의 흥완군完興君과 영선군永宣君이 견장이 달린 친임관의 대례복을 착용하고 있고 서서 찍었기 때문에 형태가 비교적 잘 확인된다. 같은 시기에 찍은 〈그림 7-10〉에서도 확인할 수 있는데 이 사진에서는 앞 열 맨 왼쪽에 1900년(광무

〈그림 7-8〉 송병준

〈그림 7-9〉 1907년 일본 황태자 방한 사진        〈그림 7-10〉 1907년 영친왕과 내각 사진

4) 규정의 대례복을 착용한 모습도 보여서 규정에서도 인정한 바와 같이 1900년(광무 4) 규정과 1906년(광무 10) 규정이 공존하고 있다. 현재 유물이 알려지지 않은 상황에서 이들 사진을 통해 1906년(광무 9) 개정된 문관대례복 역시 제작 착용된 것을 확인할 수 있다.

### 2) 1906년 문관대례복의 분화 – 궁내부본부 및 예식원 예복 규칙 제정

1906년(광무 10) 2월 27일에 '궁내부본부 및 예식원 예복 규칙宮內府本府 及 禮式院 禮服 規則'이 관보에 발표되었다. 1900년(광무 4) 문관대례복 규칙의 1조에서는 '무관과 경관을 제외한 모든 문관'을 대상으로 한다고 규정하였는데 1906년(광무 10)에 들어서면서 궁내부와 예식원 관원을 대상으로 별도의 대례복을 규정하게 된 것이므로 대한제국의 대례복 제도가 더욱 세분화되기 시작한 것이라고 할 수 있을 것이다.

#### (1) 궁내부 본부 및 예식원 예복 규칙

먼저, 예복규칙은 모두 6조로 이루어져 있는데, 1조에서는 궁내부와 예식원 관원의 예복은 대례복과 소례복으로 정하고 있다. 2조에서 5조까지는 각각의 착용일과 일습 구성품목을 정하고 6조에서는 본 령을 반포일로부터 시행하라고 규정하였다. 그 내용은 다음 〈표 7-9〉와 같다.

〈표 7-9〉 宮內府本府 및 禮式院 예복

| | 대례복 | 소례복(연미복) |
|---|---|---|
| 착용일 | 문안시, 動駕動輿시, 공식 陛見시, 궁중연회시 | 內 陛見시, 공식연회시 |
| 일습<br>구성품 | 대례모, 대례의, 조끼, 대례바지, 검, 검대, 백포하금,<br>백색장갑 | 대례모, 소례의(연미복), 조끼, 바지,<br>대례검, 검대, 백포하금, 백색장갑 |

### (2) 궁내부 본부 및 예식원 대례복 제식

궁내부 본부 및 예식원 대례복 제식은 〈표 7-10〉과 같다. 앞에서 살펴본 개정된 문관대례복 규정과 같이 친임관, 칙임관, 주임관으로 구분되어 규정되고 있다. 본 제식에 대한 도식화는 문헌에서 생략되어 있고 아직 발견되지 않아 학계에 보고된 바가 없다. 따라서 도식화 없이 〈표 7-10〉의 규정만으로 형태를 추측하여야 하는데 이에 대해 서술하면 다음과 같다.

〈표 7-10〉 1906년(광무 10) 宮內府本府 및 禮式院 대례복 제식

| 복식항목 | 관직 | | 친임관 | 칙임관 | 주임관 |
|---|---|---|---|---|---|
| 상의 | 재질 | | 심흑감라사 | | |
| | 前面 | 형태 | 竪襟이고 흉부에서 합하고 허리에서 漸開하여 사선으로 흘러 자락에 이른다. 칼라에서 자락에 이르는 사이에 半面에 橫梨花 모양을 금으로 수놓고 邊線은 橫紋金線으로 하여 친칙임관은 너비 5분으로 하고 주임관은 너비 4분으로 한다. | | |
| | | 表章 | 半開, 全開 李花 각 1개 및 未開 李花 3개로 이루어진 李花 莖11枚 | 9枝 | 7枝 |
| | | 側囊 | 천청색 地質<br>全開李花3개를 수놓는다. | | |
| | | 단추 | 전면 좌우에 금제 李花 단추 7개 式으로 한다. | | |
| | 後面<br>表章 | | 허리아래를 나눈 좌우 양단에 橫紋金線을 돌리고 뒷자락 분할한 곳 양변에 금제 李花 단추 1개씩을 부착하되 직경이 7분이다. | | |
| | | | 脊部에 下向한 品字形으로 全開李花 3枝와 허리부분에 上向한 品字形 全開李花 3枝를 금수한다. | | |

| | | | | |
|---|---|---|---|---|
| 소매 | 재질 | 靑天색 羅紗 | | |
| | 袖章 | 수구에서 거리 3촌을 떨어져 뒷부분에서 봉합하고 그 안에 좌우 半面品字形 全開 李花 3枝式을 금수한다. | | |
| 칼라 | 재질 | 靑天색 羅紗 | | |
| | 領章 | 橫紋 금선 2조를 붙이고 그 안에 全開李花 1枚고 좌우에는 花莖으로 금수를 한다. | | |
| 下衣 | 재질 | 백라사와 심흑감라사 2건 | | |
| | 제식 | 단추는 금제이고 직경은 5분에 거리는 2촌이다. | | |
| 바지 | 재질 | 심흑감라사 | | |
| | 제식 | 좌우 측면에 금선을 붙이는데 칙임관은 양조 요철문이고 너비는 일촌 | 단조 요철문이고 너비는 일촌 | |
| 모자 帽 | 재질 | 흑모 빌로드 | | |
| | 제식 | 산형이고 길이 1척 5촌 높이 4촌 5분으로 하되 머리 모양을 보고 가감이 있다. | | |
| | | 頂端 장식털의 색은 백색 | 흑색 | |
| | 側章 | 측장은 全開李花 1枚를 정면상향으로 하여 사선방향으로 부착하고 幹邊에 금선을 수놓되 그 간격은 1촌 5분으로 하고 양 변에 청홍태극장의 형을 보이게 한다. | | |
| 검 劍 | 劍章 | 2척 6촌 5분이고 자루는 순금선을 繞纏함. | 순은선으로 繞纏함. | |
| | | 길이 4촌 5분이고 鯉口는 2촌 6분이며 鐺은 5촌이다. 자루의 머리는 활모양 | | |
| | | 環鐺鍔鞘상에 半開李花 1枝와 李花葉 2개를 조각하며 劍鞘 위아래에 草龍을 조각한다. | 초룡이 없음. | |
| | 釼緒 | 순금사 | 금은사 | |
| | 釼帶 | 금직 | 은직 | |

① 상의　수금竪襟, 즉 V네크라인형 스탠딩칼라가 달려 있고 가슴부근에서 합해져서 허리에서 점차 열려 사선으로 흘러서 자락으로 이른다는 것을 보아 일본의 시종직 및 식부직 대례복과 같은 형태로 여겨진다. 재질은 상의와 바지는 짙은 흑감색 라사로, 조끼는 흰색 라사와 짙은 흑감색 라사의 두 종류이고, 상의 양측 주머니, 소매의 금장, 칼라는 청천색靑天色 라사이다. 단추는 이화李花가 새겨진 금제로 7개씩 단다.

상의 전면에 반개半開, 전개全開의 오얏꽃 각 1개 및 미개未開 오얏꽃 3개로 이루어진 오얏꽃 줄기를 친임관은 11가지, 칙임관은 9가지, 주임관은 7가지를 금수한다. 뒷면의 금장으로는 뒷목점 아래에 아래를 향한 품자형品字形 전개全開한 오얏꽃 세 송이와 허리부분에 위를 향한 품자형品字形 전개全開한 오얏꽃 세 송이를 금수한다. 측면의 주머니에 오얏꽃 3송이를 금수한다.

소매 금장은 봉합선을 기준으로 좌우에 품자형 전개全開 오얏꽃 세 송이씩을 금수한다.

칼라에는 금선 2줄을 선으로 대고 그 안에 전개全開 오얏꽃 1송이에 좌우를 꽃줄기로 금수한다.

② 하의(조끼)　　조끼는 백라사와 짙은 흑감색 라사의 두 종류의 재질로 만들고 금제의 단추는 직경 5분, 단추간 거리는 2촌으로 한다.

③ 바지　　재질은 짙은 흑감색 라사이고 좌우 측면에 금선을 붙이는데 친임관과 칙임관은 양조의 요철문이고 주임관은 단조의 요철문이며 너비는 모두 1촌이다.

④ 모자　　재질은 검은색 빌로드이고 산형이며 친임관과 칙임관은 흰색 털을, 주임관은 검은색 털로 장식한다. 모자의 측장에는 이화 1송이를 부착하고 가장자리에는 금선을 두르며 양변에 청홍 태극장을 보이게 부착한다.

⑤ 검　　검에 대한 규정은 〈표 7-10〉과 같다.

한편, 궁내부와 예식원의 소례복 규정에서 상의는 연미복 규정으로 문관 소례복과 같지만, '윗 칼라와 수구에 흑감색 우단 4촌†을 부식하고 앞면 좌우에 금제 오얏꽃 단추 3개씩, 수구에 2개씩, 후면 허리아래를 나눈 좌우 양단에 1개씩 뒷자락 분할 가장자리 양변 끝에 1개씩 달라'고 하고 조끼에도 금제의 오얏꽃 단추 3개를 달라고 규정함으로써 오얏꽃문양을 중심으로 하는 궁내부와 예식원의 규정을 별도로 두고 있다.

## 3) 궁내부 본부 및 예식원 예복 규칙의 유물과 착장 사진

앞에서 언급한 바와 같이 1906년(광무 10) 제정의 '궁내부 본부 및 예식원 예복 규칙'은 도면이 생략되어 있고 아직까지 보고되지 않고 있다. 그러나 다행히도 한국자수박물관의 박기준朴基駿의 대례복이 유일한 자료로서 현재 공개되어 있다. 본 유물에 대한 도록과 보고서를 참고하고 한국자수박물관의 관장님과의 인터뷰를 통해 최대한 정리하였다. 박기준은 1906년(광무 10) 6월 11일에 시종원 시종으로 피임被任되었는데, 이는 궁내부의 주임관에 해당한다. 보고서에는 기재되지 않았지만 본 유물은 일본에서 제작되었다고 한다. 〈표 7-12〉를 통해 본 대례복의 형태를 고찰하면 다음과 같다.

〈표 7-12〉 궁내부 주임관 박기준 대례복 유물11_

| 전면 | 후면 | 조끼 | 모자, 바지, 검 |
|------|------|------|----------------|

<hr />

11_ 박기준 대례복은 한국자수박물관에 소장중이다. 박기준 대례복의 전시 및 조사보고서에는 허동화 발행, 『大韓帝國時代文物展』(서울 : 영인 프로세스, 1991)에 사진이 게재되어 있고 부록으로 발행된 유희경·이강칠·허동화·이순자, 『大韓帝國時代 文武官服飾制度-大韓帝國時代 文物展 카다로그 附錄』(서울 : 한국자수박물관 출판부 발행, 1991)에 조사내용이 실려 있다. 또한 경기도 박물관에서 개최된 『실로 잣는 꿈 : 황홀한 우리 자수』(서울 : 오리엔탈이미지, 2004)와 2012년 경운박물관에서 개최된 『대한제국 남성 예복 새로운 물결, 주체적 수용』(서울 : 디자인이즈, 2012)에 사진이 게재되어 있다.

① 상의　　상의 전면 사진을 보면 오얏꽃[李花] 줄기가 7개로, 이는 궁내부 주임관의 제식임을 알 수 있다. 그 중 한 줄기를 확대한 '앞길 문양'을 보면 반개, 전개, 미개한 이화가 줄기로 연결되어 하나의 가지를 이루고 있다. 후면 사진을 통해 뒷목점 아래에 아래를 향한 품자형 이화 세송이 문양의 형태와 뒤 허리의 위를 향한 품자형 이화 세송이 문양의 배치를 확인할 수 있다. 또한 소매의 커프스에 자수된 품品자형 전개 이화 세송이의 디자인도 확인된다. 이 유물의 단추에는 이화문양이 새겨져 있다.

② 조끼　　조끼는 검은색 라사로 제작되었고 안감은 백견으로 보인다. 규정에는 없지만 가장자리를 금선으로 가식하고 있는데 일본의 시종직 및 식부직 대례복의 조끼 규정에 '3분의 연緣을 두른다'라는 규정이 있는 것으로 보아 본 유물을 일본에서 제작하였다는 점에서 일본의 조끼를 구입하였기 때문에 생긴 결과로 추측된다.

③ 모자　　모자는 검은색 빌로드로 제작되었고, 주임관이기 때문에 검은색 털로 장식하였다. 측장의 양변에서 청홍태극장의 형태를 볼 수 있다.

④ 검　　검 및 검집과 검대를 통해 주임관의 제식을 확인할 수 있다.

한편, 착장 모습을 확인할 수 있는 사진 자료는 다음과 같다. 1907년 영친왕을 중심으로 촬영한 내각의 사진인 〈그림 7-11〉은 사진의 상태가 그다지 좋지 않다. 사진의 앞줄 가운데 의자에 앉아 있는 영친왕의 왼쪽으로 이토 히로부미가 앉아 있고, 영친왕의 오른쪽과 이토 히로부미의 왼쪽으로 궁내부 및 예식원 관료들이 앉아 있는 것을 확인할 수 있다. 사진상으로는 오얏꽃 가지의 수를 정확하게 셀 수가 없지만 앞줄의 관료는 흰색 장식털이 달린 모자를 쓰고 앉아 있고, 뒷줄의 관료는 검은색 장식털이 달린 모자를 쓰고 서 있는 것으로 보아 앞줄에는 친임관과 칙임관이 앉고, 뒷줄에는 주임관이 섰음을 알 수 있다.

또한 1909년 순종황제가 순행을 마치고 인정전에서 촬영한 〈그림 7-12〉에서도 궁내부 및 예식원 대례복의 착용 모습을 확인할 수 있다. 사진의 가운데 의자에 앉아 있는 순종황제의 뒤로 육군 예복을 착용한 군인이 보이고 왼쪽에 가장 가까운 위치에 서 있는 관료의 대례복에 11가지의 오얏문양이 확인되므로 이 인물이 궁내부 및 예식원 관료 중 가장 고위직인 친임관이다. 그는 오른쪽 어깨에서 왼쪽 겨드랑이에 걸쳐 대수장을 패용하고 흰색 장식털이 달린 모자를 손에 들고 서 있다. 사진에서 왼쪽으로 가장 끝에 서 있는 관료의 대례복에는 9가지의 오얏문양이 확인되는데 그는 궁내부 및 예식원의 칙임관임을 알 수 있다.

〈그림 7-11〉 1907년 영친왕을 중심으로 한 내각사진 2와 부분 확대

〈그림 7-12〉 1909년 순행을 마치고 인정전에서 기념촬영한 순종황제 내각과 부분 확대

또한 위의 사진자료에 더하여 착용한 뒷모습을 확인할 수 있는 자료가 최근 공개되었다. 2011년 국립고궁박물관에서 특별전으로 진행된 '하정웅 기증 순종황제의 서북순행과 영친왕·왕비의 일생'에 전시된 〈그림 7-13〉의 사진이다. 이 사진은 1909년 1월 31일 신안주新安州 역에서 순종황제의 순행 열차가 정차하였을 때 촬영된 것으로, 다수의 궁내부 및 예식원 관료들이 대례복을 착용하고 순종황제를 수행하였음을 알 수 있다. 〈그림 7-13〉에는 정면과 측면으로 촬영된 관료 4명과 후면으로 촬영된 관료 1명이 있다. 이들의 대례복에서 11가지, 9가지, 7가지의 오얏문양이 모두 확인된다. 뒷모습을 살펴보면 형태는 문관대례복과 같고 자수된 모

〈그림 7-13〉 1909년 순종황제의 순행을 수행한 궁내부 및 예식원 관료들

양이 다르다. 전개한 오얏꽃문양이 뒷고대 아래 등 가운데에는 아래를 향한 品자형으로, 뒤허리 중심에는 위를 향한 品자형으로 배치되어 있다.

이상 박기준 유물과 착용사진에 대한 분석을 통해 궁내부 및 예식원 대례복이 다수 제작되고 착용되었음을 확인할 수 있다.


## 3. 대한제국 서구식 대례복의 정체성 상실

대한제국 서구식 대례복은 1910년 한일합방이 체결되면서 정체성이 상실되는 과정을 겪게 된다. 서구식 대례복 제도의 제정을 통해 근대 국가의 모습을 갖추고자 시작된 대한제국 대례복의 역사는 1910년에 한일합방으로 마감되고 1910년 12월 17일에 발표

〈그림 7-14〉 이완용 사망기사의 사진과 소매부분 확대

된 일본 황실령 제22호 '조선의 귀족인 자의 대례복은 다음과 같은 제식에 의거함[朝鮮貴族タル有爵者ノ大禮服ハ左ノ制式ニ依ル]'에 의해 일본의 유작자 대례복에 흡수되었다. 이 규정은 다음해인 1911년 1월 4일자 조선총독부 관보[朝鮮總督府官報]에 실렸고, '2월 1일부터 이를 시행할 것과 시행일로부터 1년간에 한해서 특별히 연미복으로 본 령의 대례복으로 대용해도 좋다'는 단서를 달고 있다. 또한, 유작자 이외의 조선 총독부 소속 직원들에게도 일본제가 적용되었다. 〈그림 7-14〉는 1926년 2월 13일자 『매일신보[每日申報]』 후작 이완용의 사망기사와 함께 실린 사진으로 이 사진에서 이완용은 오칠동의 문양이 자수된 일본의 유작자 대례복을 착용하고 있다.[12]

물론, 대한제국의 13년 개혁 과정에서도 1905년 을사조약, 1907년 고종황제의 강제 퇴위 및 순종황제의 즉위와 관련된 행사에서 서구식 문관대례복을 착용한 사람들의 친일적인 행위로 인해 자주적인 독립국가로서 세계적인 기준에 맞추려고 한 처음 의도와는 달리 중 후반 이후 매국과 친일의 상징으로 변질되는 과정이 있었는데 이는 복식이 착용자와 동일시되는 성격이 있기 때문이다. 그렇다고는 하더라도 무궁화와 오얏꽃이 자수된 대한제국의 서구식 대례복 제도는 고종황제의 밀명을 받아 헤이그 밀사 파견을 주도한 김봉선과 같은 인물도 착용하였으므로 1910년까지 명맥을 유지

---

12_ 李完用侯夢去(1926.2.13), 『每日申報』 제6523호(2).

하였다고 볼 수 있으며 한일합방과 함께 막을 내린 것이다.

1910년 이후에는 서구식 대례복의 형태는 남아 있지만 대한제국이라는 국가 정체성을 없앤 것으로 복식을 통한 정체성 말살 정책이 일제에 의해 최초로 시행되었다. 따라서 새로운 국제 질서의 양식으로서 복식에 있어서 세계화를 받아들인 대례복 제도는 그대로 남았지만, 대한제국의 정체성을 상실시키고 일제의 정체성에 종속된 것이다. 이로 인하여 복식사의 맥락이 단절되는 결과를 야기하였다. 시대적 요청에 합치하는 복식 정체성을 민족 스스로의 노력에 의해 찾을 수 있는 기회를 박탈당함으로써 이로부터 전통 복식에 대해서는 정복자의 눈을 통한 비하를, 새롭게 제시되는 복식 문명에 대해서는 반감을 체득하는, 왜곡되고 굴절된 복식관을 만들어 내게 되었다.

# 대한제국의
# 서구식 대례복
# 도입의 의의

## 08

## 1. 서구식 대례복 도입의 제 문제

### 1) 세계관에 대한 인식전환

조선은 1876년 새로운 세계를 향한 개항을 계기로 전통적 복식체계와 다른 복식 체계인 서양의 대례복 제도를 경험하게 되었다. 대내외적으로 조선 복식의 변화가 요구되어 1884년부터 전통 복식의 간소화로부터 의제개혁을 시작하여 대한제국 성립 이후 광무개혁의 일환으로 서구식 대례복을 받아들이게 되었다. 여기에는 새로운 복식 문화에 대한 인식 전환 문제가 개입되어 있다.

조선은 오랜 세월 스스로의 의관문물에 대한 자부심을 뿌리 깊게 갖고 있었는데, 상대적으로 조선에 비해 열등하다고 인식해 왔던 일본에 의해 개항을 하게 됨으로써 기존 문명의식의 변화가 더욱 쉽지 않았다.

조선은 유교적 복식 체계를 오랫동안 운용해 오고 있었고, 조선의 의관문물이 실체로 존재하지 않는 명나라를 계승하고 있다는 자부심 또한 강했다. 현실적으로는 청나라와 사대관계를 맺고 있었기 때문에 서구식 대례복 체계를 받아들이기 위해서는 전통적인 동아시아의 국가관계로부터 벗어나야 하고, 복식 문화에 있어서 문명 표준의 변화에 대한 인정이 선행되어야 했다. 조선후기의 북학파 학자들로부터 이러한 인식

전환이 이루어지기 시작하였지만, 개항에 직면한 상황에서 외부로부터의 요구가 내부에서의 변화보다 훨씬 더 컸다고 할 수 있다.

## 2) 서구식 대례복 제작의 문제

조선에서 서구식 대례복을 받아들이기 위해서는 새로운 복식인 양복 제작에 관련된 문제에 대해 생각해 보지 않을 수 없다. 전혀 경험해 본 적이 없는 복식 형태를 국가를 대표하는 예복으로 제정하여 착용하기 위해서는 반드시 해결되어야 할 문제이다. 이를 위해 입체구성에 관련된 문제와 재질 및 색과 관련된 문제에 대하여 생각해 보고자 한다.

### (1) 서구식 대례복의 제작기술로서 입체구성

오가와 야쓰로小川安朗는 세계의 민족복을 그 형식에 의해 유형화하여 요포형腰布型, 권수형卷垂型, 관두형貫頭型, 전개형前開型, 체형형體形型으로 구분하였다.[1] 이에 따르면 요포형은 허리아래를 감아서 가리는 형태로 고대 이집트의 복식이 해당된다. 권수형은 어깨로부터 겨드랑이 아래를 두르는 형태로 고대 로마의 토가와 인도의 사리 등이 이에 해당된다. 관두형은 직사각형 천에 목을 통과하는 구멍을 내어 통과하여 착용하는 형태로 남미의 판쵸가 해당된다. 전개형은 소위 카프탄caftan으로 평면형의 구조에 앞이 트여 있는 형태로 동아시아의 복식에 이에 해당된다. 체형형은 입체형의 구조로 근대 서양복식이 이에 해당된다. 이러한 구분은 기후, 지리적 풍토와 관련된 생활환경조건, 1차 산업 형태에 따른 직물 수급조건 등에 더하여 각 민족의 인체에 대한 이상적인 미의식과도 관련이 있다고 여겨진다. 그런데, 이 분류를 따르면 의복의 형태가 간단하게 제작될 수 있는 것으로부터 점점 더 복잡한 쪽으로 가는 경향이 있기 때문에 각 민족복식이 어느 유형에 속하는지에 따라 그 복식의 발달 정도를 등급화할 가능성이 있다. 예컨대 오가와 야쓰로小川安朗의 분류법에 따르면 일본의 기모노着物와

---

[1] 小川安朗, 『世界民族服飾集成』(東京 : 文化出版局, 1991), 22~26面.

한복은 전개형前開型으로 분류되고, 서양복식은 체형형으로 분류되므로 양복이 한복이나 기모노보다 더 발달한 의복으로 인식될 가능성이 생기는 것이다. 따라서 이러한 분류법이 세계 민속복을 체계적으로 분류하는 데에는 유용성을 가지지만 구체적인 두 종류의 복식 형태를 비교하는 데에 적용하기에 절대적 기준이라고 볼 수 없다고 여겨진다. 그렇다면, 양복과 한복이 근본적으로 무엇이 다른가라는 문제를 제작적인 측면, 다시 말해서 의복 구성적인 측면으로 설명할 수 있는 방법으로 평면구성과 입체구성이라는 차이를 지적하지 않을 수 없다.

의복구성은 크게 나누어 평면구성과 입체구성으로 분류된다. 평면구성은 재료를 직선적인 재단과 봉제로 연결하여 형태를 구성하고 착용함으로써 입체화시키는 방법이며, 입체구성은 재료를 곡선적인 재단과 봉제로써 입체화시키는 방법으로 여기에는 평면재단과 입체재단의 두 가지 방법이 있다.[2] 이에 따르면 조선의 전통적인 바지 저고리와 포袍류는 전통적인 평면구성의 기술로써 발전해 왔고, 양복의 자켓과 바지는 서양 근대의 입체구성 기술로써 발전해 온 것이다. 〈그림 8-1〉과 〈그림 8-2〉는 전통 복식 중 상의 구성의 기본적인 패턴인 남자 저고리와 양복의 남자 클래식 자켓 패턴인데 가장 큰 차이로 들 수 있는 것은 역시 소매의 구성이라고 할 수 있다. 소매가 길에 달리는 위치를 볼 때 저고리는 어깨선과 직선으로 달리는데 대해 서양복 자켓은 진동의 모양대로 곡선화 되어 어깨처짐 각도에 이어서 달리게 된다. 옷감의 식서 방향도 저고리와 자켓은 정반대이다. 이러한 구성법의 차이를 통해 저고리는 진동주변에 여유분이 많이 생기고 자켓은 인체에 딱 맞게 되는데 이 차이만으로 자켓이 더 기능적이고 더 우수하다고 할 수는 없다. 이러한 차이는 직선적으로 구성하여 옷감의 낭비를 줄이고자 하는 절약성, 해체 세탁 후 재구성하는데 용이하게 하기 위한 세탁 풍속의 특수성, 그로 인해 언제든지 재구성하여 다른 사람의 옷으로 쉽게 바꾸어 지을 수 있다는 특징 등을 생각해 볼 때 전통적인 복식 생활에서는 매우 합리적인 구성법이라고 할 수 있다.

2_ 임원자,『의복구성학』(교문사, 2003), 5쪽 개정2판 머리말.

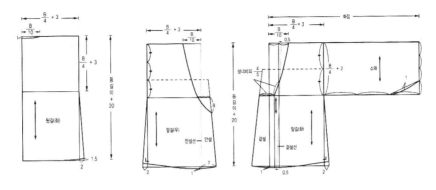

〈그림 8-1〉 남자 저고리 구성법

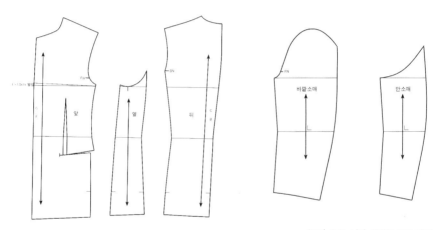

〈그림 8-2〉 남자 클래식 자켓 패턴

〈그림 8-3〉과 〈그림 8-4〉는 남자 한복 바지와 양복바지 패턴이다. 상의에서와 마찬가지로 바지에서도 사타구니를 중심으로 좌우 바지통이 달리는 모양에서 한복과 양복의 차이로 인해 여유분의 차이가 생긴다. 이러한 패턴상의 차이로 인해 전통적인 바지저고리는 진동부분과 사타구니 부분에 여유분이 많고 평면적인 형태를 띠는 한편, 양복의 바지와 자켓은 여유분이 적고 벗어놓아도 입체적인 형태를 띠게 된다. 이와 같은 차이는 입체화를 달성하기 위한 기술발달 정도의 차이로만 설명할 수 없고 인체를 바라보는 관점의 차이, 인체에 대한 미의식의 차이, 복식을 다루는 풍속의 차이 등

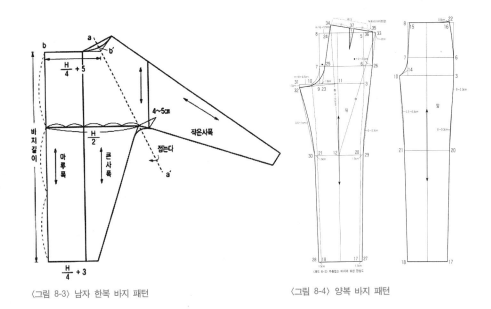

<그림 8-3> 남자 한복 바지 패턴    <그림 8-4> 양복 바지 패턴

과 함께 파악하여야 한다고 생각한다. 예컨대, 조선후기 선비들이 최고의 복식으로 여겼던 심의深衣의 경우 상의上衣가 4폭인 것은 사계절을, 하상下裳이 12폭인 것은 12월을 의미하는 것 등과 같이 인체 속에 우주를 연결하는 인식을 지니고 있었다.[3] 이와 같이 예복의 경우에는 물질주의와 기능주의로 접근한 것이 아니라 우주관과 같은 관념을 투영시켜서 제작, 착용하는 대상으로 여겨진 반면, 노동복에 해당하는 옷은 매우 기능적으로 제작되어서 다양한 노동 활동에서 착용되어 왔다고 할 수 있다.

서양에서도 입체구성은 대략 14세기 남성복인 뿌르쁘엥(영어로, 더블릿)에서 확인될 수 있는데, 인체에 피트되도록 하기 위해 많은 조각을 내고 많은 단추를 달아 입체화하였음을 확인할 수 있다.[4] 입체구성은 르네상스 시대를 거치면서 인체의 각 부분을 따로 따로 인식하여 과장하거나 축소하면서 더욱 발달하게 되었고 이후 서양복 구성의 기본으로 자리 잡게 된다.

---

3_ 자세한 내용은 정혜경, 「제8장 심의의 상징성」, 『심의』(경남대학교 출판부) 참고.
4_ Naomi Tarrant, *The Development of Costume*, National Museums of Scotland, and Routledge, 1994, pp.48~51.

대한제국의 대례복 제정을 위해서는 전통복식과는 완전히 다른 개념의 양복 구성법부터 배우지 않으면 안 되었다. 그러나 국내에서 양복업이 시작되기 전에 서구식 대례복이 제정되기 때문에 초기에는 그 제작을 외국에 의존할 수밖에 없는 상황에 놓이게 된다.

### (2) 서구식 대례복의 소재와 색

서구식 대례복으로서 서양의 양복을 받아들이는 과정에는 필연적으로 의복 재료, 즉 의료衣料의 문제가 발생하게 된다. 전통적으로 우리나라에서 의복 재료로 이용되어 온 섬유를 보면, 동물성 섬유로 누에로부터 얻는 견섬유, 식물성 섬유로는 인피섬유류와 면섬유가 있었다. 여기에 대해서 19세기 서양과의 교류를 시작하면서 제정하게 된 대례복의 의료는 라사羅紗, 다시 말해서 양모섬유이다. 현재에도 양복지는 양모라는 것이 일반적이지만, 개항 당시에는 매우 생소한 의료였을 것으로 생각된다. 그런데, 일본의 문관대례복은 물론 1900년(광무 4) 대한제국의 문관대례복 제정시 대례복의 기본 의료를 라사로 설정하고 있다. 일본어 'ラシャ(라샤)'로 표기되고 우리나라에서도 '라사'로 흔히 알려져 있는 이 직물 용어는 16세기경 일본에 도래한 포르투갈인들이 말하는 서양의 모직물을 지칭하는 'raxa(ラシャ : 라샤)' 또는 'raixa(ライシャ : 라이샤)'라고 하는 용어를 듣고, 그것을 '라사羅紗'라는 글자로 표기하면서 시작되었다고 한다.[5] 라사는 18세기 문헌인 『왜한삼재도회倭漢三才圖會』에도 〈그림 8-5〉와 같이 등장하는데, 이 문헌에서는 "오란다阿蘭陀(네덜란드)로부터 들어온 모직 상품"으로 정의되어 있어서 일본에서는 그 이전에 이미 알고 있었던 것을 확인할 수 있다.[6]

〈그림 8-5〉 倭漢三才圖會 羅紗

---

5_ 山根章弘, 『羊毛の語る日本史』(東洋印刷株式会社, 1983), 15~17面, "「羅紗」の語源"에 자세한 설명이 있다.

〈그림 8-6〉 倭漢三才圖會 天鵝絨

전통적인 직물 용어로서 '라羅'와 '사紗'는 견섬유를 이용하여 직조과정에서 경사꼬임조직으로 제직되는 직물이다. 보통의 직물은 경사가 평행으로 배열되면서 위사와 짜이나, 경사꼬임조직은 경사가 서로 교차되어 꼬이면서 위사와 짜여 진다. 이와 같이 경사가 꼬이면서 짜이므로 공간이 많이 생겨 반투명한 직물을 얻을 수 있다. 따라서 라羅와 사紗는 봄, 여름, 가을 한복감으로 많이 사용되어 왔다.[7] 이에 대해 새롭게 소개된 '라사raxa(ラシャ)'는 두꺼운 옷감으로 조밀한 조직 위에 부드럽게 기모처리를 한 방모紡毛직물로 직조한 후에 축융을 한 것이었기 때문에 일본인에게는 당시 고급스럽다는 뜻을 지닌 라羅와 사紗를 조합한 '라사羅紗'라는 한자를 차용하게 된 것으로 여겨진다. 이질적인 새로운 직물을 받아들이는 과정에서 기존 용어를 활용하여 원음에 비슷한 '라사羅紗'로 표기하였고, 이후 오랫동안 양모섬유로 직조된 양복지의 명칭으로 이용된 것이다.

또한 모자의 재질로 사용된 '천아융天鵝絨' 역시 『왜한삼재도회倭漢三才圖會』에서 '빌로드'라는 설명과 함께 등장하고 있다〈그림 8-6〉 참고). 빌로드는 벨벳velvet을 의미하고 견, 면, 합성섬유의 표면에 털이 돋도록 짠 직물이다.

이와 같이 서구식 대례복 제도의 성립을 위해서는 새로운 의료로서의 양모인 라사羅紗, 첨모직인 천아융天鵝絨과 같은 직물에 대해 이해하고 있어야 했다. 일본에서는 16세기

---

6_ 『倭漢三才圖會』은 江戸 時代의 백과사전으로 寺島良安에 의해 저술되었다. 正德 2년(1712)에 成立하였고, 중국의 『三才圖會』를 모방하여 왜와 중국의 고금 만물을 그림과 함께 설명하고 있다. 羅紗는 27권 絹布에 나오는데 이 외에도 후에 대례복 모자의 재질인 天鵝絨으로 표기되는 비로도, 즉 벨벳도 등장하고 있다.

7_ 심연옥, 『한국직물오천년』(서울 : 한국고대직물연구소, 2002), 156~207쪽. 우리나라에서 羅사용이 문헌에 기록된 것은 삼국시대부터인데, 특히 고려시대는 라의 종류도 다양해지고 의복뿐만 아니라 교역품으로도 많이 사용된 당대의 대표적인 직물이었고, 조선시대에는 항라류 사용하였다. 紗 역시 삼국사기에도 등장하는 오래된 직물이고 조선시대에는 라에 비해 사의 품종이 가장 많아서 종류도 매우 다양하였다. 현재는 숙고사, 생고사, 국사 등의 紗를 사용한다.

의 포르투갈을 통한 라사의 경험을 통해 의복 소재로서 모직물의 특성을 인정하고 이를 생산해보고자 하는 시도가 18세기에 있었지만 본격적으로 양모업에 착수하는 것은 1873년(明治 6)으로, 이와쿠라岩倉 사절 일행의 구주 시찰부터라고 한다.

한편, 착용의 경험이 전혀 없었던 새로운 소재의 착용에 대한 이질감이 있었을 것으로 여겨진다. 자신의 체형에 꼭 맞게 제작되는 의복 구성적인 측면까지도 더해져서 전통적인 소재와 형태에 익숙해져 있었던 대한제국의 관리들은 공식적인 직무를 위해서는 서양식 예복을 착용하지만, 귀가해서는 다시 전통적인 복장 형태로 돌아가는 복식 생활을 하였다.

또한, '라사'라는 대례복의 재료와 함께 공복公服을 대표하는 색상으로 검은색에 대한 상징성 역시 서구식 대례복의 보편적인 요소라고 할 수 있다. 대례복 제도가 성립하면서 '흑라사'의 규정은 이미 색에 대한 규정을 포함하고 있기 때문에 공식적인 예복의 색은 검은색이라고 하는 '근대적인 색의 보편성'에 대한 관념이 이 시기를 기점으로 시작되게 되었다.


## 2. 서구식 대례복 도입에 반영된 주체성

대한제국의 서구식 대례복 제도의 특징을 고찰하기 위해 서구식 대례복 도입의 주체성, 서구식 대례복에 나타나는 대한제국의 정체성, 국제질서 진입에 대해 살펴보고자 한다.


### 1) 전통식 대례복 제도 성립에 나타난 주체성

서구식 대례복 제도라는 전혀 다른 복식 패러다임을 도입함에 있어서 조선이 당면한 가장 큰 문제는 전통적인 동아시아의 국가 관계로부터 벗어나 자주적으로 서양이 주도하는 근대적 국가간 조약 체결 관계로 들어가는 것이었다. 특히 복식 체계의 변경은 일상적인 생활문화라는 점과 조선 후기에 뿌리 깊게 가지고 있던 조선중화주의로 인해 새로운 세계와 조약을 맺는 과정보다 더 변화하기가 힘든 부분이 있었다. 이러한 이유로 조선에서 서구식 대례복 체계로의 변경은 국내외적인 저항을 야기할 수밖에 없었다.

먼저, 조선을 둘러싼 청, 일과 서구 열강들의 개입을 해결해야 했다. 청은 1882년 임오군란을 계기로 개화정책을 시행하고 있는 조선에 대해 간섭하기 시작했다. 청은 임오군란의 해결이라는 명목으로 일본이 조선에서 세력을 강화하지 못하게 하기 위해 조선과의 사대관계를 강조하여 청군을 파견하였다. 이에 대해 일본은 청을 배제하고 조선에서의 세력을 강화하기 위해 지속적으로 조선이 독립국임을 강조하였다. 이러한 상황으로 말미암아 조선 스스로 독립된 주권 국가로 인정받아야 하는 것은 당면 과제였다고 할 수 있다. 따라서 1884년 윤5월 고종의 주도하에 공복은 흑단령으로, 사복은 두루마기로만 착용할 것을 선포한 갑신의제개혁은 공복에서는 흑색을 추출하고 사복에서는 가장 간소화된 포제袍制를 채택함으로써 전통적인 복식 체계로써 국제 복식 체계를 맞추고자 하는 의도로써 중요하다고 본다. 그러나 이러한 개혁은 조선중화주의적 복식관과 예의식禮意識을 강조하는 국내의 반대에 크게 부딪히게 되었고 급진 개화파들이 일으킨 갑신정변으로 인해 철회되기에 이르렀다. 그로부터 10년 동안 조선은 청과는 사대관계를, 그 외의 국가와는 조약관계를 맺고 있는 양절체제 속에 있었고 복식제도의 변화는 이루어지지 못했다. 1894년 갑오농민전쟁으로 인해 일어나게 된 청일전쟁에서 일본이 승리하면서 조선과 청나라와의 사대관계는 청산되었지만, 일본의 주도하에 갑오개혁이 진행되게 되었다. 1894년부터 개국기원을 쓰고 고종은 '대군주폐하'로 부르도록 되었다가 1895년 11월 17일을 1896년 1월 1일로 환산하여 태양력을 채용하면서 양陽을 세우겠다는 '건양建陽' 연호를 사용하게 되었다. 갑오개혁의 복식제도 개혁은 준비단계로 1894년 갑오의제개혁에서 대례복, 통상예복의 형식을 도입하고, 1895년 을미의제개혁에서 완결된 복식체계를 마련하게 된다. 을미의제개혁의 내용은 조복朝服, 제복祭服은 전통적인 복식제도를 그대로 따르고 대례복, 소례복, 통상복의 형식상 근대적 복식제도를 채택하였는데, 넓은 소매의 흑단령을 대례복으로, 좁은 소매의 흑단령을 소례복으로, 두루마기 위에 답호를 입도록 하여 통상복으로 정하였다.

일본의 영향 하에 진행되는 복식제도 개혁이지만, 서구식 대례복을 받아들이는 데까지는 아직까지 동의할 수 없는 상황이었다고 여겨진다. 따라서 갑오개혁의 일환으로 이루어진 복식제도 개혁은 근대적인 시스템으로써 대례복, 소례복, 통상복 형식에 흑단령과 두루마기라는 전통적인 내용을 접목시켰다는 점에서 고종이 주도적으로 추진하였던 갑신의제개혁의 내용을 이어받고 있음을 확인할 수 있다. 그러나 1895년 12월 30일(음력 11월 15일)에 단행된 단발령 시행은 민의에 반대하여 외세에 의해 급진적으로 복식체계를 변경함으로써 전통적인 복식관을 지나치게 침해하는 개혁으로, 8월의 명성황후 시해와 더불어 을미의병운동으로 연결되었다. 일본의 개입 상황을 벗어나는 새로운 국면으로 모색된 것이 바로 고종이 러시아 공사관으로 이어하는 것이었고 고종은 주체적으로 진행되지 못하여 민심을 동요하게 만든 갑오개혁 이후의 복식제도 개혁을 철회하는 명령을 내림으로써 이후의 복식제도 개혁에서 다시 주도권을 잡는다.

조선의 복식제도 개혁이 이루어지기 위해서는 전통적인 복식시스템과 유기적으로 결합된 동아시아의 화이질서, 조선후기의 조선중화사상으로부터 만국공법에 기초한 조약 체결 관계, 서양식 문명의식으로 세계관이 전환하는 문제를 해결해야만 했다. 다시 말해서 어떠한 외모를 할 것인가의 문제는 청, 일 양국과의 관계와 긴밀하게 연결된 외교문제일 뿐만 아니라 조선 내의 뿌리 깊은 조선중화주의적 복식관, 유교적 예의식에 있어서 패러다임의 전환과 관련된 문제라고 할 수 있다. 청의 내정 간섭과 일본의 침략적 세력 확장이라는 어려운 상황에서도 시대적 변화에 맞는 새로운 복식 패러다임으로서 서구식 대례복 형식에 전통식 흑단령 내용을 결합시킴으로써 전통에서 정체성을 찾고자 하였다는 점에서 대한제국 성립 이전의 복식제도 개혁의 주체성이 확인된다.

## 2) 서구식 대례복 제도 성립에 나타난 주체성

1896년 러시아 공사관으로 이어한 고종은 일본에 의해 자행된 명성황후 시해와 단발령 발표로 인한 국가의 소란을 진정시키고 황제로 즉위하기 위한 준비 기간을 갖게 된다. 고종의 칭제는 민의를 따른 것이었다. 황제국 선포를 구하는 상소문에서는 전통적인 동아시아적 황제로서도, 만국공법의 근대적 황제로서도 손색이 없으므로 조선의 국체를 황제국으로 승격시키자는 내용을 담고 있다. 개항으로부터 20여 년이 흐른 상황이므로 조선 내에서 이미 새로운 국제질서에 합당한 세계관을 숙지하게 되었음을 알 수 있다. 더욱이 황제국 선포의 근거를 조선의 전통 문화에서 이끌어내고 있는데 서양에서 처음 황제국이었던 로마를 독일과 오스트리아가 계승한 것과 같이 동아시아에서는 명나라의 문화를 청과 조선이 나누어 계승하였음을 강조한 것이다. 조선이 명의 문화를 계승하였다는 근거는 조선에서 구현되고 있는 의관문물이다. 내용을 숙지해 보면, 전통적인 복식 패러다임과 서구식 복식 패러다임이 혼성混成되어 있음을 알 수 있고 이는 대한제국이 표방한 구본신참舊本新參과도 맥락이 통하는 내용이다.

1897년 8월 고종은 국호를 대한제국大韓帝國, 연호를 광무光武로 정하고 10월에 환구단에서 하늘에 제사를 올리는 황제 즉위식을 거행하였다. 이때 고종황제의 즉위식 대례복은 명나라 황제의 면복冕服인 12류면 12장복으로 대한제국의 정통성을 동아시아의 전통적인 복식체계를 통해 표방하였다. 1898년(광무 2)에 해외에 파견된 외교관이 황제를 알현할 때 입는 대례복을 흑반령黑盤領으로 정하고, 소례복과 통상복은 주재하는 각국의 상례常禮에 따라 편하게 착용할 것으로 정하고, 1899년(광무 3)에는 국내의 대소 관원의 복식으로 전통식 대례복을 계승하여 반령착수盤領窄袖에 품대品帶를 추가하면 대례복으로, 없으면 소례복으로 삼아 광무 초기에는 조선의 전통식 대례복 체계를 계승하고 있다. 그와 함께 1899년에 들어서면서부터는 고금제식古今制式과 각국에서 통행하고 있는 규례를 참작하여 새로운 복식제도를 제정할 것을 장례원掌禮院에 명함으로써 서구식 대례복 패러다임에 대한 준비 작업을 시작한 것으로 보인다.

고종황제의 경우에는 1898년(광무 2) 6월부터 각국의 대원수의 예에 따라 직접 대원수임을 밝히고 육해군의 통수권자가 되어 1899년(광무 3) 6월 원수부 규칙이 발표되기 전부터 고종황제의 양복 착용이 시작되었다. 이는 서구식 대례복 제도를 선포하기 전에 황제로부터 솔선수범하여 서구식 황제의 외관을 갖춤으로써 대내외적으로 대한제국이 지향하는 바를 밝히려는 의도라고 할 수 있다.

1900년(광무 4) 4월 17일 칙령에 의해 훈장조례, 문관복장규칙, 문관대례복제식이 발표되어 대한제국에서 최초로 서구식 대례복 제도가 시작되었다. 문관대례복은 무관과 경관을 제외한 모든 문관으로 임명 받은 자 중 칙임관과 주임관만 착용할 수 있는데, 문안시, 동가동여시, 인공폐현시, 궁중사연시에 착용하도록 하였다. 대례복은 산형모자, 연미복형 대례의, 조끼, 대례고, 검, 검대, 흰색 셔츠, 흰색 장갑으로 구성되고 특히 상의 전면에 금수된 무궁화문양의 개수에 따라 등급의 차이를 나타내었다. 형태적 측면, 재질과 색의 측면에서 유럽과 일본의 대례복과 일맥상통하지만, 대한제국을 상징하는 문양으로써 무궁화를 채택한 것은 역사상 오랫동안 국토의 꽃으로 인식되어 온 무궁화를 국화國花로 표방한 것으로 전통복식의 상징성을 완전히 뛰어넘는 발상이라고 할 수 있다. 특히 이러한 대례복 문양을 도안함에 있어서 일본의 서구식 대례복을 참고하였을 가능성이 매우 크지만, 유물의 조사를 통해 확인한 결과, 제작에 있어서는 러시아와 특별한 관계에 있었을 가능성이 있다. 또한 프랑스에 주재한 외교관은 현지에서 제작하여 착용하기도 하였기 때문에 디자인과 제작 과정에서 대한제국이 주도적으로 진행하였음이 추측된다.

1905년(광무 9)을 중심으로 문관복장규칙과 문관대례복제식이 전반적으로 수정된다. 특히 대례복 상의에 금수된 무궁화문양의 수가 변화되어 앞 중심선에 자수되었던 반근화가 없어지고 주임관 대례복 상의 앞길에는 문양이 완전히 사라지는데 이는 일본의 개정된 서구식 문관대례복의 주임관 대례복과 같은 것이다. 1906년 2월에는 궁내부 본부와 예식원의 서구식 대례복이 제정되어 대한제국에서 프록코트형 대례복이 도입되고, 12월에는 문관대례복이 입금형立襟形의 연미복형으로 개정된다. 이는 일본의 유작자有爵者 대례복의 형태와 같다. 이로써 대한제국의 서구식 문관대례복은 일본의 서구식 문관대례복에서 볼 수 있는 바와 같이 개금형開襟形 연미복형, 프록코트형, 입금형立襟形의 연미복형이 모두 도입되었다. 규정상으로는 세 가지 유형이 동시에 존재할 수는 없었지만, 기왕에 제작된 대례복은 계속 착용할 수 있도록 규정하여 실제로는 동시에 착용하였다.

서구식 대례복 제도에 있어서 1905년 이후의 변화는 1904년 러일전쟁에서 승리한 일본에 의해 1905년 11월 강제로 체결되는 을사늑약으로 인하여 외교권이 박탈된 상황에서 이루어졌다. 따라서 이때의 서구식 대례복 착용자들은 친일파들이 많았고 이로 인하여 근대적 자주국가로서의 외관을 표방한 초기의 서구식 대례복의 의미는 안타깝게도 친일파의 제복과 같은 의미로 왜곡되고 굴절되기 시작한다. 그러나 1910년까지 문관대례복에 자수되는 문양은 무궁화문양이고 궁내부 및 예식원 대례복에 자수되는 문양은 오얏꽃문양으로 1900년에 처음 제정될 당시의 국가 상징물이 존속된다는 점에서 대한제국의 대례복으로서 자리매김할 수 있다.

1900년에 제정된 대한제국의 서구식 대례복 제도는 전통적인 복식 패러다임으로부터 서구식 대례복 패러다임으로 주체적으로 이행하기 위해 복식제도의 형식은 물론 내용면에서도 근대적인 자주국가의 외관을 지향하였다. 비록 서구식 대례복의 속성상 양모라는 생소한 재질과 입체구성이라는 새로운 제작기술을 요하기 때문에 외국에서 제작 수입할 수 밖에 없는 상황이었지만, 이는 새로운 복식 패러다임의 도입 시에 겪을 수밖에 없는 절차였다고 생각된다. 그보다는 대한제국이 열강들의 침탈 상황하에서도 디자인과 제작과정에 대한 주도권을 가지고 있었을 가능성과 서구식 대례복의 진정한 의미인 자주적 주권의 상징물로써 무궁화문양을 적극적으로 활용하였다는 점에서 서구식 대례복 제도 도입의 주체성을 강조할 수 있다.


## 3. 서구식 대례복에 나타난 대한제국의 정체성

### 1) 복식 양식의 공통성

대한제국의 서구식 대례복의 형태를 분류해 보면 일본을 포함하여 동시대 다른 나라의 대례복에서 볼 수 있었던 유형이 다 나타난다. 먼저 1900년에 제정된 문관대례복은 칼라가 가슴 앞에서 여며져서 V네크라인을 형성하는 개금형 연미복 형태이고, 1906년에 개정된 문관대례복은 칼라가 목 앞에서 여며지는 입금형 연미복의 형태이다. 다음으로 1906년에 분화되어 제정된 궁내부 및 예식원의 대례복은 프록코트의 형태이다. 이들 대례복은 규정상으로는 동시에 존재할 수 없었다. 그러나 기존에 만들어진 대례복에 대해서 계속 착용할 수 있도록 하는 단서가 있으므로 실제로는 다음 〈표 8-1〉에서와 같이 세 가지 유형이 공존하였다.

〈표 8-1〉 대한제국의 서구식 대례복 3 유형

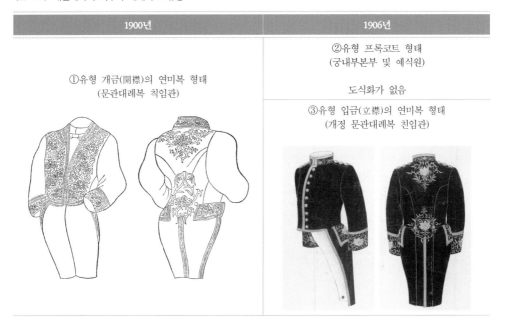

| 1900년 | 1906년 |
|---|---|
| ①유형 개금(開襟)의 연미복 형태<br>(문관대례복 칙임관) | ②유형 프록코트 형태<br>(궁내부본부 및 예식원)<br><br>도식화가 없음<br><br>③유형 입금(立襟)의 연미복 형태<br>(개정 문관대례복 친임관) |

대한제국이 일본 대례복의 형태적 체계가 완성되는 1886년(明治 19) 이후에 이를 참고하여 제정한 흔적은 보이지만, 그 체계를 갖추는 과정에서 상황적 특수성이 반영된 것을 알 수 있다. 대한제국 정부는 당대의 보편적 형태를 채택하되 6장에서 살펴본 바와 같이 상징 도안의 창안과 주문 제작 과정을 주도하였을 것으로 여겨진다.

한편, 재질과 색에 있어서의 공통성을 찾아보면 다음과 같다. 1900년(광무 4)에 제정된 대한제국의 문관대례복에서는 상의, 하의(조끼), 바지의 재질을 '심흑감라사'로, 소매와 칼라는 '연청색라사'로 정하고 있다. 1906년(광무 10) 궁내부본부와 예식원 대례복에 서는 상의의 재질을 '심흑감라사'로, 하의와 바지는 '백라사'와 '심흑감라사'로, 측낭, 소매, 칼라는 '청천靑天색 라사'로 정하였고, 같은 해 개정된 문관대례복제식에서는 상 의, 조끼[胴衣], 바지는 '심흑감라사'로 측낭, 소매, 칼라는 친임관은 자색, 칙임관은 청 천靑天색, 주임관은 흑감색으로 정하고 있다. 이를 정리하면, 측낭, 소매, 칼라의 부분 적인 색깔의 변화는 있지만, 전반적으로 대례복의 의료를 차지하는 것은 '흑라사'라고 할 수 있고, 이는 일본에서 사용하는 용어를 그대로 가져다 쓴 것이다.

　모자의 재질로 규정된 흑모천아융黑毛天鵝絨에 대하여 살펴보면, 조선후기의 문헌에 도 일부 언급되어 있다. 『오주연문장전산고五洲衍文長箋散稿』에는 중국의 『청회전淸會典』, 『본초강목本草綱目』 등에도 나오는 직물명으로, 천아융의 그 아름다운 광택이 마치 백 조의 날개와 같으므로 그렇게 이름하였다고 하는 『화한삼재도회』의 글이 인용되어 있고 실제로 백조를 구해서 기르다가 죽은 후 털을 옷 속에 넣어보았더니 매우 따뜻 했다는 경험을 서술하고 있다.[8] 이를 바탕으로 조선후기에 이미 '천아융'이라는 명 칭이 알려진 것을 확인할 수 있다. 그러나 "천아융은 천아를 잡아 그 겉깃을 뽑아버 리면 속에는 흰 솜 같은 연한 털이 있는데 따스하기 불과 같아 그것으로 갖옷을 만들 어 털이 겉으로 나오게 하여 입는다는데 외번의 오랑캐들이 중국에 진공하는 물건으 로서 우리나라에서는 볼 수 없는 물건이다."라는 서술로 보아[9] 조선 내에 들어오거나 착용한 경험은 없었을 것으로 여겨진다. 따라서 모자의 재질 규정이 전혀 낯선 용어 는 아니었지만 이를 착용하는 것은 새로운 경험이었다.

　라사羅紗, 천아융天鵝絨과 같은 기모의 직물을 대례복의 소재로 채택한 것은 서양을 중심으로 하는 새로운 복식체계를 인식하고 이를 따른 것이다. 그러나 전통적인 의복 재료 산업을 바탕으로 생각해 볼 때 국가 최고 예장의 소재를 처음 경험하는 재료로 채택한 것이므로 처음부터 수입에 의존할 수밖에 없는 경제적 위험 부담을 안고 시작

---

8_ 이규경, 「布帛錦緞辨證說」, 『五洲衍文長箋散稿』 권45; 손경자, 김영숙 편, 『韓國服飾史料選集』 조선편Ⅲ, 477 ~483쪽.
9_ 이규경, 위의 책, 권22 「獸皮禽毛辨證說」; 손경자, 김영숙 편, 위의 책, 441~444쪽.

한 것이다. 또한 국산 재료를 얻는 것뿐만 아니라 제작 역시 국내에서는 불가능했기 때문에 초기 시행을 위해서는 외국에 주문 제작하지 않을 수 없었을 것으로 추측된다. 본 연구에서 살펴본 유물 중에서 문관대례복인 민철훈 대례복은 프랑스에서, 윤치호 대례복과 고려대 박물관 주임관 대례복은 러시아에서 제작되었고, 궁내부 대례복인 박기준 대례복은 일본에서 제작되었다. 서구식 대례복의 재료와 제작을 어떻게 국내에서 가능하도록 할 것인가는 제정 당시부터 과제였을 것으로 사료된다.

## 2) 문양에 표현된 대한제국의 정체성

### (1) 무궁화문양

관복에 나라를 상징하는 문양을 도입한다는 개념은 조선에서는 그 기원을 찾을 수 없는 것이다. 조선의 경우, 전통적인 복식에 언급되는 문양으로, 면복의 12장문과 왕의 보, 백관의 흉배문양이 있고 이들은 유교의 자연주의 사상, 덕치주의 사상에 기초를 둔 고례古例에 근거를 둔 문양들이었다. 또한 이들 문양은 중국 고전에 그 도안이 실려 있어서 중국과의 관계에 따라 사용할 수 있는 장문의 숫자를 정하는 동아시아의 예적 질서를 바탕으로 운용되고 있었다. 이와 같은 유교적 세계관이 상징하던 문양이 아닌 주권국가로서 자국을 대표하는 문양을 복식에 자수한 서구식 대례복 제도의 성립은 서양이 주도하는 국제사회에서 근대적 조약을 맺는 주체로서 자국을 자리매김하고자 하는 의도를 강력히 표방하는 행위라고 해석할 수 있고, 이는 근대적인 국가로서의 상징물이 필요하다는 인식이 성립한 후 형성된다고 할 수 있다. 따라서 이러한 것이 어떻게 도입되고 활용되었는지는 대례복 연구에서 해결해야 할 과제라고 할 수 있다

대한제국 서구식 대례복의 전체 아이템에서 모두 나타나고 있는 문양인 근화문양은 무궁화를 형상화한 것이다. 무궁화가 언제부터 우리나라의 국화로 제정되었는지는 확실하지 않지만, 역사적으로 우리나라를 상징하는 꽃의 의미로서 사용된 예는 많이 알려져 있다.

먼저, 우리나라의 문헌 가운데 무궁화를 언급한 가장 오래된 것은 고려시대 이규보

의 '차운문장노박환고次韻文長老朴還古 논근화병서論槿花幷序'라고 한다.[10] 이 시에서는 '근화槿花를 왜 무궁화라고 부르게 되었는지' 궁금해 하는 내용을 먼저 말하고, 그에 대해 '이 꽃은 원래 잠깐 피어 하루를 가지 않음이 허무한 인생과 같지만 이를 두고 오히려 무궁無窮이라 이름 한 것이다'라는 시인의 생각으로 답을 맺고 있다.

무궁화는 조선시대 문인들의 글에서 자주 등장하는 소재였는데,[11] 이규경의 『오주연문장전산고』에는 우리나라를 뜻하는 옛 이름들의 고사故事를 변증하면서, '산해경에 해동에 군자국이 있는데, 이 나라 사람들은 의관을 갖추고 허리에 칼을 찼으며, 서로 양보하기를 좋아하여 다투지 않는다. 또 이 나라에는 근화가 있는데, 이 꽃은 아침에 피었다가 저녁에 시든다', '고금기에는 군자국은 지방이 1천리이고 무궁화나무가 많다' 등의 중국 문헌의 예를 조사하여 예로부터 우리나라를 무궁화와 연결 짓고 있었다는 것을 서술하였다.[12] 이 내용은 『임하필기林下筆記』에도 그대로 인용되어 있는데, '당 현종은 신라를 일러 군자국이라 칭하였고, 또 고려 때는 표사表詞에 본국을 근화향槿花鄕이라 칭하였다'는 내용도 인용되어 있다.[13]

목수현은 역사적으로 무궁화는 국토와 연관된 꽃으로 인식되어 왔음을 고찰하고 공식적으로 국화가 제정되지 않은 상황에서 나라꽃 또는 겨레꽃의 의미로 통용되고 있었던 인식이 무궁화를 채택하게 된 배경이었을 가능성을 제시하였다.[14] 이러한 논지로 일본의 황실 문양인 국화와 오동에 해당하는 두 식물 문양을 대치할 두 가지 꽃으로서 국화의 대용으로 오얏을, 오동에 해당하는 꽃으로 무궁화를 선택하는 것이 자연스러웠을 것이라고 추측하고 있다.[15] 요약하면, 역사적으로 국토를 상징해 왔던 꽃으로 국가를 상징하는 꽃을 삼았다는 것이다. 리처드 러트에 따르면, 역사적으로 무궁화가 국토를 상징하는 꽃이라는 점, 공식적인 절차를 거치지 않고 자연발생적으로 나

---

10_ 沈在箕, 「우리말 어원(5) 無窮花의 내력」, 『한글한자문화』 vol.7(1999).

11_ 목수현, 『한국 근대 전환기 국가 시각 상징물』(서울대학교 박사학위 논문, 2008), 96쪽.

12_ 『오주연문장전산고』 경사편5 - 논사류1, 한국고전번역원 번역 참고.

13_ 『林下筆記』 한국고전번역원 번역 참고.

14_ 목수현, 앞의 논문(2008), 96쪽.

15_ 위의 논문, 194~197쪽.

라꽃이 되었다는 점을 서술하고 평민의 꽃이며 민주전통이 반영된 결과물로써의 무궁화의 의미를 강조하였다.[16] 이들 견해들의 공통된 내용은 무궁화가 한민족과 오랫동안 함께 해 온 꽃으로서 대한제국기가 되면서 국가의 꽃으로 부각되었다는 것인데, 이를 전격적으로 도입한 예가 바로 1900년의 서구식 문관대례복인 것이다. 따라서 국화國花의 개념을 인식하기 시작한 초기에 의도적으로 채택하여 디자인하고 활용한 서구식 대례복의 무궁화문양은 왕실을 상징하는 문장을 주로 채택한 유럽과 일본의 경우와는 완전히 다른 개념의, 민족의 역사성과 애정을 배경으로 한 꽃이라는 점에서 중요한 의미를 가진다.

이러한 무궁화문양이 대례복 제작에 의해 구체적으로 구현된 예는 〈표 8-2〉와 같다.

〈표 8-2〉 문관대례복의 무궁화 문양 분석표

| 문양 구분 | 칙령의 도안 | 칙임관 2등 박기종 대례복 | 주임관 고박 대례복 |
|---|---|---|---|
| 모자 우측장 | | | 유물 없음 |
| 칼라 소근화 | | | 유물 없음 |
| 소매 전근화 | | | |

16_ 리처드 러트 저, 황준성 간행, 『풍류한국』(신태양출판국, 1965), 24~29쪽.

| | | | |
|---|---|---|---|
| 앞중심선 반근화 | | | |
| 단추 | 도식화 없음 | | |
| 검의 나전세공 | | | 유물 없음 |
| 검대 | 도식화 없음 | 유물 없음 | |

　전술한 바와 같이 박기종의 대례복은 제작지를 확인할 수 없었고, 고박의 대례복은 러시아에서 제작한 것이다. 대한제국이 제시하는 대례복 도식을 바탕으로 하여 착용자의 상황에 따라 제작을 의뢰한 곳이 달랐다면 도식에서 제안한 무궁화문양의 표현기법은 다양할 수밖에 없다. 〈표 8-2〉를 통해 제작자에 따른 무궁화 표현의 차이를 확인할 수 있다. 무궁화문양은 모자의 우측장, 대례의의 전후면, 칼라와 소매, 검대에 자수되어 있고 대례의와 조끼의 단추에는 따로 제작하여 붙였으며, 검에는 나전기법으로 새겨져 있다. 자수된 무궁화의 형태는 무궁화 한 송이를 정면 위쪽에서 비스듬히 바라본 모습으로, 시선에서 먼 꽃잎은 완전히 펼친 상태로 표현하고 가까운 꽃잎

은 바깥으로 살짝 접힌 형태로 표현하였다. 문양의 표현은 양감이 느껴지도록 하기 위해 충진재를 먼저 붙이고 그 위를 코일형으로 만든 금사를 이용하여 평수로 메운 후 잎맥과 테두리를 광택이 나는 금사와 스팽글로 장식하는 기법을 이용하였다. 꽃봉오리의 안쪽 가운데에는 꽃술을 강조하여 자수하였다. 검의 무궁화 도안은 수직으로 내려다 본 꽃잎으로 형상화되어 있고 박기종의 대례복을 통해 도안대로 나전된 것을 확인할 수 있다.

1900년 칙령의 도안대로 제작된 무궁화문양은 꽃잎수가 6장이라는 점에서 현재 사용 중인 꽃잎 수 5장인 일반적인 무궁화 도안은 물론 실제의 무궁화 꽃과도 차이가 있다.[17] 같은 날 반포된 칙령 제13호의 훈장조례 중 '자응대수정장紫鷹大綬正章'의 매 아래에 달린 태극을 중심으로 한 장식물에서의 무궁화문양과(〈그림 8-7〉) 훈장증서의 상부에 오얏을 중심으로 하여 그린 왼쪽 무궁화문양(〈그림 8-8〉)에서는 꽃잎수가 5장으로 그려져 있다. 이를 종합해 보면 실제의 무궁화 꽃잎은 5장인데 이를 도안화하는 과정에서 사실적으로 묘사한 꽃잎 5장짜리도 그렸지만, 문관대례복의 무궁화는 사실적인 표현을 하지 않고 꽃잎 6장으로 한 것이다. 반근화半槿花의 경우에는 완전한 꽃잎 2장

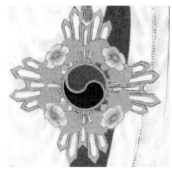

←〈그림 8-7〉
자응대수장과 무궁화문양 부분 확대

→〈그림 8-8〉
1902년 훈장증서와 무궁화 문양 부분 확대

17_ 서울대학교 원예학과의 김기선교수에게 자문을 구한 결과 세계적으로 무궁화의 꽃잎은 5장이라고 한다.

〈그림 8-9〉 일제시대 무궁화 자수 지도

과 반쪽짜리 꽃잎 2장으로 하여$(2+\frac{1}{2}×2)$ 꽃잎수가 3장이 된다. 〈표 8-2〉에서 볼 수 있듯이 칙령의 도안에서부터 6장으로 제시되었고 대례복으로 제작하는 과정에서는 최대한 도안에 가깝게 제작한 것이므로 대한제국이 처음부터 서구식 대례복의 무궁화문양의 꽃잎수를 6장으로 정한 것임을 알 수 있다. 지금까지 무궁화 꽃잎수가 6장인 것은 서구식 대례복 밖에 없기 때문에 더 자료를 발굴하여야만 그 의미와 상징성에 대해 고찰할 수 있을 것으로 여겨진다.

제작된 무궁화문양에 대해서 살펴보면, 전통 자수기법과는 완전히 다른 서양식 금몰자수 기법에 의해 제작되었고, 제작지도 러시아, 프랑스, 일본과 같이 다양하였기 때문에 제작단계에서 표현 방법의 차이를 보여 주고 있다. 금몰자수 기법을 활용하여 무궁화의 양감을 표현하였는데 전근화와 반근화의 꽃잎과 수술을 표현하기 위해 꼬임이 있는 금사와 스팽글을 적절하게 배치하고 있다.

이와 같이 대한제국에서 적극적으로 활용되었던 무궁화문양은 이후 일제시대에 '무궁화 운동'으로 확산되었고, 대표적으로 남궁억에 의해 창안된 〈그림 8-9〉의 한반도를 무궁화로 수놓아 표현하는 도안은 전국적으로 확산되어 전통자수기법과 결합함으로써 민족정신을 고취하는 전통자수 문양의 하나가 되었고 해방후에는 대한민국의 국화國花로 자리매김하게 되었다.

(2) 오얏꽃문양

1906년(광무 10)에 제정되는 궁내부 본부 및 예식원 대례복은 프록코트 형의 상의에 오얏꽃문양을 금수하는 것으로 정하였다. 전통 문양에서 활용한 예를 찾아보기 어려운 오얏꽃문양은 1885년 처음 발행된 주화를 시작으로 주화 문양으로 많이 활용되었고 복식에 사용된 예는 1895년 발표된 육군복장규칙의 정장에 갖추었던 투구형 예모에서부터 시작하여 군복에 주로 활용되었다고 한다. 국가의 문장에 대한 필요성으로 인해 왕실의 성인 '李'를 상징할 수 있는 오얏꽃을 선택한 것은 논리적 추론이 힘들지는 않다. 당시에 오얏꽃이 의미하는 바를 밝힌 자료는 1900년(광무 4) 4월 17일 칙령 제13조 「훈장조례」에서 '이화대훈장李花大勳章'에 대해 여러 나라의 문장[諸國文]에서 취한 것으로 설명하고 있는 부분을 들 수 있는데, 목수현은 이를 오얏꽃을 대한제국의 국문國文으로 본 것으로 해석하였다. 어떤 해석을 취하든 간에 대한제국 수립을 전후한 시기에 오얏꽃문양은 왕실의 범위에 한정된 것이 아니라 국가를 상징하는 문양이었다고 할 수 있다. 일반적으로 알려져 있듯이 대한제국 황실의 문양이라는 개념은 한일합방 이후에 '이왕가'의 문장紋章으로 위상이 격하된 이후의 개념이다.

오얏꽃문양의 양식은 보편적으로 다섯 장의 꽃잎 각각에 세 개씩의 꽃술이 정확한 간격으로 그려진 것이다.

이에 비해 궁내부 및 예식원 대례복의 오얏꽃문양은 두 유형이 있다. 먼저 〈그림 8-10〉의 ① 유형은 앞 중심선에 반쪽의 오얏꽃으로부터 시작하여 길 안쪽으로 가면서 전개全開한 오얏꽃 한 송이를 지나 마지막에 미개未開한 오얏꽃 봉우리로 끝나는 오얏꽃 가지로 디자인되어 있다. 따라서 좌우 길을 여몄을 경우에 양쪽 끝에 오얏꽃 봉우리를 두고 사이에 활짝 핀 오얏꽃 세 송이의 가지를 이룬다. 이러한 가지의 숫자가 11개이면 친임관, 9개이면 칙임관, 7개이면 주임관으로 정해졌다. 다음으로 〈그림 8-

〈그림 8-10〉 박기준 유물 궁내부 및 예식원 대례복의 오얏꽃문양
① 앞길의 문양 ② 소매의 문양

10)의 ② 유형은 일반적인 전개한 오얏꽃 세 송이를 정삼각형의 꼭지점 위치에 배치한 것이다. 이를 칙령에서는 '품자品字'로 표현하였다.

프록코트형의 대례복은 일본의 시종직 대례복을 참고한 것으로 여겨지는데, 일본은 러시아를 비롯한 유럽 궁정 관리의 예복을 참고하였으므로 비슷한 착용 대상에 같은 형태의 대례복 양식이 적용되고 다시 문양 디자인도 서로 참고하였을 것으로 생각된다. 궁내부 대례복의 오얏꽃문양이 어떤 방식으로 디자인되었는지 완전히 밝혀지지는 못했다. 그러나 건축물, 용기, 주화, 훈장 등에 단독 문양으로 꽃 한 송이를 디자인하여 표현한 것과 달리 반개, 전개, 미개의 오얏꽃이 줄기와 꽃잎으로 연결되어 있는 양식으로 디자인된 것은 궁내부 및 예식원 대례복에서만 나타나는 특수한 오얏꽃 디자인으로 생각된다.

### 3) 문양에 나타난 대한제국의 정체성

서구식 대례복에서 확인할 수 있는 국가 정체성은 모자, 상의, 검 등에 전체적으로 자수되고 조각되는 국가 상징 문양이라고 할 수 있다. 서구식 대례복 제도로 이행하면서 국가 상징 문양, 왕실 상징 문양의 제정은 필수적인 것으로, 이는 국기國旗, 국가國歌, 국화國花와 같은 근대적 주권 국가를 전제로 한 개념의 연장선상에 있다. 조선의 전통적 복식 제도의 대표적 문양을 살펴보면 먼저 제복祭服은 중국과의 유기적인 관계를 바탕으로 하여 고례古禮에서 규정한 12장문章紋을 가감하여 운용되었고, 상복常服에 있어서도 왕의 보補와 백관의 흉배胸背에 자수되는 문양은 전통적 모티브를 활용한 것이었다. 예컨대 용이나 봉황과 같은 왕실 상징 문양 역시 동아시아에서 오랫동안 공유되어 온 문양으로 개별적인 왕실을 대표하는 유럽의 문장紋章과는 개념이 다르다. 이러한 관점에서 대한제국은 서구식 대례복 제도를 통하여 최초로 문관복에서 국가 상징 문양, 왕실 상징 문양을 도입하였다.

대한제국의 서구식 문관대례복에서 무궁화를 채택한 이유는 구체적으로 밝혀진 바가 없다. 다만 앞에서 살펴본 바와 같이 무궁화가 오랫동안 국토를 상징하는 꽃으로 언급되어 온 것을 바탕으로 자연스럽게 국화國花로 받아들여진 것이 아닌가 추측될 뿐이다. 그렇다고는 해도 참고로 삼은 일본의 서구식 대례복의 문양이 황실과 무가武家의 상징문양인 오동임에 비해 대한제국은 백성들의 사랑을 받고 있는 무궁화를 채택했다는 점에서 대한제국이 전통으로부터 정체성을 이끌어내고[구본신참], 민의民意를 중시하고자 하는 지향성[민주民主]을 가지고 있었다는 것으로 파악된다.

한편, 1905년, 1906년에 이루어지는 서구식 대례복의 개정 및 분화는 1904년의 러일전쟁에서 일본이 승리한 후 1905년 11월 강제로 체결되는 을사늑약, 1906년 2월의 통감부 설치 등 일제의 침략과 관련이 있을 것으로 보인다. 먼저, 궁내부 본부와 예식원 대례복은 오얏꽃문양을 채택하는데 국화문양을 쓰는 일본의 시종직 대례복과 비교해 볼 때 대한제국 왕실의 문양을 사용한 것이므로 당연한 선택이라고 할 수 있다. 한일합방 이후 대한제국 황실은 '이왕가李王家'로 격하되었고 오얏꽃문양 역시 이왕가 문양으로 〈그림 8-11〉과 같이 일본 문양의 일부로 편입되었다. 같은 맥락에서 궁내부 관리의 대례복은 이왕가와 관련된 관리의 복장이 되는 것으로 그대로 일제에 편입될 수 있는 것이다. 다음으로, 개정된 문관대례복은 칼라와 소매에 무궁화문양을 자수하지만 형태적으로 일본의 유작자有爵者 대례복과 같다. 1910년 한일합방 직후 발표되는 '작위를 받는 조선 귀족의 대례복 제도'가 일본의 유작자 대례복 제도를 따르게 되는 것으로부터 1906년 개정된 문관대례복이 일본의 식민지화 과정의 일부였을 가능성을 배제할 수 없다.

〈그림 8-11〉 한일합방 후 이왕가 문양

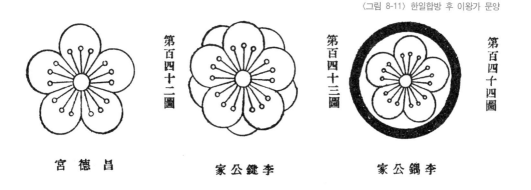

결과적으로 한일합방이 이루어지자마자 단행되는 복제령服制令에서 무궁화 대신에 오동문양이 자수된 대례복을 착용하도록 한 것은 대한제국의 정체성을 상실시키고 일본의 정체성을 따르도록 한 조치이다. 이는 무궁화문양이 오랜 세월 백성의 사랑을 받아온 결과 대한제국의 대례복을 통해 전면적으로 국화國花로 채택되어 짧은 시간 동안 대한제국을 상징하는 문양으로서의 정체성을 충분히 획득하였다는 것을 반증하는 것이다. 일제시대를 지나면서 무궁화는 국화로서 민족정신을 결집하는 문양으로 자리매김하게 되고 해방 이후 각종 국가 상징물로 부활하게 된다.


## 4. 국제 사회로의 진입

대한제국의 서구식 대례복 제정은 형식과 내용 모든 면에서 전통적인 복식 패러다임을 마감하고 서구식 복식 패러다임을 채택한 것이다. 이는 대한제국이 전통적인 동아시아적 세계관으로서 화이론에 기초한 예적 질서를 벗어나 조약체결을 바탕으로 하는 국제 관계 속에서 외관상 동등해짐으로써 독립된 주권을 행사하려 하는 의지를 보여주는 것이라 하겠다.

서양을 중심으로 하는 당시의 국제 사회에서 문명으로 인식된 복식 패러다임은 견장이 달린 군복을 착용하고 칼을 찬 모습으로, 복식을 통해 각국의 상징 문양을 표현함으로써 특히 부국강병의 이미지를 전면적으로 내세웠다. 전통적인 복식체계에서 왕이 군대를 총괄하는 수장이라고는 해도 외견상 덕치德治와 문치文治를 강조하였다면 이 시기에는 황제로부터 문무관 모두가 무武를 강조한 것이다. 이러한 관점에서 대한제국은 '광무光武'를 연호로 채택하고 그로부터 서구식 대례복을 채택하였다는 점에서 당대의 서구 복식 패러다임을 정확하게 이해하고 있었다.

대한제국의 서구식 대례복 제정은 세계 복식 문명을 받아들임으로써 외관상 동등하게 국제 질서에 진입하고자 한 점에서 의의를 가진다. 그 결과 동아시아의 전통복식 패러다임 속에서 중국과의 유기적인 복식체계로부터 독립적인 주권국가를 상징하는 상징물을 디자인하고 복식에 적극적으로 활용함으로써 현재까지 각종 제복의 근원이 되었다고 할 수 있다. 그러나 서구식 대례복은 민족의 역사를 바탕으로 하여 생성된 복식체계가 아니었기 때문에 문명사적 변혁기라는 한 시기에만 착용이 되고 시의성을 잃었다. 또한 유교적 자연주의에 근거를 두고 다져온 유구한 민족복식체계를 짧은 시기에 깨뜨리고 무武를 기반으로 하는 제국주의와 물질문화 지향적인 복식체계로 들어서게 함으로써 전통복식 문화의 정체성을 어떻게 찾을 것인가라는 문제를 남기게 되었다. 그러나 대한제국의 서구식 대례복에 전면적으로 도입된 무궁화문양은 일제 침략기에 민족정신을 결집하는 매개물로 그 역할을 하였고 해방 후 국화國花로 자리매김하게 되었다.

〈표 8-3〉 대한제국의 서구식 대례복 패러다임

| 대한제국의 서구식 대례복 패러다임 |
| --- |

19세기 후반 서세동점으로 상반된 복식 패러다임의 만남

| 전통적 복식 패러다임 | | 서구식 대례복 패러다임(유럽, 일본) | |
| --- | --- | --- | --- |
| 물질 | 정신 | 물질 | 정신 |
| 평면구성<br>견, 면, 인피 섬유<br>전통적 상징문양 | 화이론적 세계관<br>예적 질서 강화(文) | 입체구성<br>양모섬유<br>근대적 국가 상징문양 | 만국공법적 세계관<br>부국강병(武) |

개항~1900년 4월 이전　　　　　　　1900년 4월~한일합방 이전

| 조선의 전통식 대례복 제도 | | 대한제국의 서구식 대례복 제도 | |
| --- | --- | --- | --- |
| 〈조선의 서구식 대례복 인식〉<br><br>최초등장 : 서계문제<br>국외경험 : 수신사, 조사시찰단, 보빙사<br><br>〈조선의 전통 복식 개혁〉<br><br>1884년 갑신의제개혁<br>1894년 갑오의제개혁<br>1895년 을미의제개혁, 단발령<br>흑단령 대례복(전통식 내용 + 서구식 형식) | | 물질 | 유형 : 1900년 문관대례복(竪襟의 연미복형)<br>→ 1906년 ┌ 문관(立襟의 연미복형)<br>　　　　　└ 궁내부, 예식원(프록코트형)<br>의복소재 : 黑羅紗, 黑毛天鵝絨<br>문양 : 무궁화(문관)/ 오얏꽃(궁내부 외) |
| | | 정신 | 세계관 : 만국공법, 부국강병<br><br>문양을 통한 주권 국가 정체성 상징<br>국제사회 진입 |

대한제국의 주체적 도입

지금까지 고찰한 내용을 바탕으로 대한제국의 서구식 대례복 패러다임의 제정과정과 내용을 도표화하면 〈표 8-3〉과 같다. 본 연구에서 복식 패러다임은 서구식 대례복의 양식적 특징과 함께 내재된 세계관, 가치관을 포함한 개념이다. 〈표 8-3〉에서는 양식적 특징을 '물질'로서의 특징으로 표현하였고, 내재된 세계관, 가치관을 '정신'으로서의 특징으로 표현하였다.

전통적 복식 패러다임은 물질문화 측면에서 평면구성으로 제작되고, 견, 면, 인피섬유 등이 이용되었으며 동아시아에서 공유된 상징문양을 이용하였다. 정신문화 측면에서 대외적으로 화이론에 기초하여 스스로의 복식 문화에 대한 자부심이 강하였고 국내에는 예적 질서를 강화함으로써 문文을 강조하였다. 서구식 대례복 패러다임은 물질문화 측면에서 입체구성으로 제작되고, 라사, 벨벳과 같은 양모섬유와 기모직물이 이용되었으며 정신문화 측면에서 국가 간에는 만국공법적 세계관이, 국내에는 부국강병을 바탕으로 하여 무武를 강조하였다. 조선은 19세기 후반 서세동점에 의해 서구식 대례복 패러다임과 만났다.

조선은 1876년 개항을 전후하여 서계문제, 해외 파견 사절을 통해 직간접적으로 서구식 대례복을 인식하였다. 1884년 갑신의제개혁으로부터 1894년, 1895년 갑오, 을미 의제개혁, 단발령에 이르기까지 복식 개혁을 단행하였는데 형식상 대례복 체계에 내용상 전통식 관복인 흑단령을 채택하였다.

1897년 고종황제는 근대적 황제국가인 대한제국을 선포한 후 1900년부터 본격적으로 서구식 대례복을 제정하였다. 대한제국의 서구식 대례복 제도에서는 물질문화 측면에서 양모직물을 재료로, 연미복, 프록코트 형태에 문관대례복은 무궁화문양을, 궁내부와 예식원 대례복은 오얏꽃문양을 채택하였고, 정신문화 측면에서 만국공법적 세계관과 부국강병을 지향하였다. 대한제국은 서구식 대례복을 주체적으로 제정함으로써 근대적인 주권 국가로서의 정체성을 표방하고 국제 사회에 진입하고자 하였다.

맺음말

09 ———

 맺음말

　이 책에서는 1876년 개항으로부터 1910년 한일합방까지 서구식 제복이 도래하여 특히 문관대례복을 수용하는 과정을 중심으로 고찰하였다. 아울러 서구식 대례복을 받아들임으로써 국제사회에 진입하고자 한 대한제국의 노력을 재조명하고자 하였다. 이를 위해 당시 대한제국과 긴밀한 관계를 맺고 있던 일본의 서구식 대례복의 도입 과정과 양식적 특징도 일부 분석하였다. 연구방법은 문헌 검토를 기초로 하고 사진 분석, 유물 조사를 병행하였다. 연구의 결과는 다음과 같다.

　서구식 대례복 제도는 19세기 동아시아의 문명사적 전환기에 한국복식사의 패러다임을 바꾸는 중요한 의미를 지닌 관복제도이다. 관직의 등급에 따른 관복과 전면에 품계의 상징을 자수한다는 형식적인 측면을 볼 때 조선시대의 복식제도를 계승한다고 할 수 있지만, 그 내용은 조선의 복식 전통과는 완전히 다른 개념의 복식이다.

　먼저, 사상적 배경으로 조선후기의 복식관과 서구식 대례복의 함의를 살펴본 결과는 다음과 같다. 조선은 유교적 세계관을 바탕으로 한 복식제도를 정비하여 대외적으로 정통성을 인정받고 국내에서는 상하 귀천의 존비 등급을 분명히 함으로써 중앙집권을 공고히 하고자 하였다. 조선전기는 관복제도를 체계적으로 정비하여 『경국대전經國大典』에 성문화하였고 조선의 복식 체계는 이를 바탕으로 하여 운용되었다. 조선후기는 중국에서 명明과 청淸이 교체되는 국제정세의 변화와 양난 후유증의 극복이라는 고비에서 시작하였다. 이에 조선은 대내적으로는 유교적 예적 질서에 부합하는 복식

문화를 더욱 공고히 하고 대외적으로는 조선중화주의사상을 바탕으로 하여 조선의 의관문물에 대한 자부심을 강조하였다. 18세기 이후에는 북학파 학자들에 의해 전통적인 화이론적 세계관을 극복하려는 움직임이 등장하였고, 복식에 있어서도 실학적 시도가 있었다.

서양은 유럽 중심적 세계관을 바탕으로 하고 근대적 국가 개념이 투영된 복식 체계인 궁정복식[서구식 대례복]을 정하고 있었다. 서구식 대례복은 산형山形의 모자, 상의, 조끼, 바지에 검을 패용함으로써 일습이 이루어졌고 전반적인 의복 재료는 검은색 양모[黑羅紗]직물이었다.

19세기 중후반 서세동점의 시대에 서로 다른 문명의식을 지닌 동아시아의 전통 복식 체계와 서구식 대례복 체계의 충돌은 불가피하였다. 서구식 대례복을 받아들이기 위해 조선은 전통적인 복식체계와 유기적으로 결합된 사대교린 관계와 스스로의 의관문물에 대한 자부심인 조선중화사상으로부터 벗어나 유럽 중심의 만국공법적 조약 관계와 서양식 문명의식으로 복식패러다임이 변환되어야 했다. 또한 조선에 있어서는 전통적인 교린관계로부터 최초로 근대적 조약을 맺는 일본과의 새로운 관계설정이 중요한 문제로 부상하였다.

일본의 서구식 대례복 제도를 살펴보면, 유럽으로 파견된 이와쿠라 사절단岩倉使節團의 제안으로 1872년(明治 5) 문관대례복이 제정되고, 이후 1884년(明治 17)에는 시종직 및 식부직 대례복과 유작자 대례복이 발표되었으며, 1886년(明治 19)에 문관대례복이 개정됨으로써 대례복 제도가 체계적으로 완성되었다. 문관대례복은 개금開襟의 연미복형으로 산형모자, 상의, 조끼, 바지, 패검으로 일습을 이루고, 오동문양을 자수하였는데 칙임관은 오칠동五七桐을, 주임관은 오삼동五三桐을 자수하였다. 시종직 및 식부직 대례복은 프록코트형으로, 일습을 구성하는 품목은 문관대례복과 같지만, 국화문양을 채택하였다는 점에서 차이가 있다. 유작자 대례복은 입금立襟의 연미복형으로, 어깨에 견장을 달도록 규정하고 있다. 서구식 대례복의 상징문양인 동문양桐紋樣과 국화문양菊花紋樣은 전통적인 황실의 문장으로부터 일본을 대표하는 상징문양으로 의미가 확대되었다.

일본에서 서구식 대례복이 제정되고 착용된 기간은 1872년부터 1938년까지 70년이 조금 못 미치는 기간이었고, 완전히 폐지된 1955년을 기준으로 하면 그 존속기간은 80년이 넘는다. 이 기간 동안 일본은 전근대적 사회로부터 근대적인 주권국가를 수립하고 동아시아 국가 중에서는 유일하게 군국주의, 제국주의로 나아가 식민지 경영에까지 앞장섰다.

조선에서는 조일수호조약 직전인 1875년 세계문제의 매개물로 서구식 대례복이 처음 등장하였다. 스스로의 문화에 대한 자부심이 강하게 뿌리내리고 있었던 조선 후기에 조선의 의관문물은 그 자부심의 근거가 되는 것이었기 때문에 당시 교린 관계에 있던 일본의 변화된 복식제도를 인정하지 못한 채 개항을 맞이하게 되었다. 개항 이후에는 일본 파견 수신사, 미국 파견 보빙사절이 해외에서 서구식 대례복 제도를 직간접적으로 경험하였다. 본격적으로 서양 여러 국가와 조약을 맺게 되는 1882년에 파견된 수신사 박영효의 단발 양장을 통해 조선의 복식관에 변화가 일어남을 확인할 수 있었다. 1884년 윤 5월에 공복公服을 흑단령黑團領으로, 사복私服을 착수의窄袖衣(두루마기)로 하여 전통복식 체계의 간소화를 골자로 하는 갑신의제개혁甲申衣制改革이 단행되었다. 이는 조선의 개혁에 대한 지향을 지니고 있었던 군주 고종과 이를 뒷받침하고 있었던 박영효를 중심으로 하는 젊은 개화파 정치인들이 추진하여 조정 내에서 합의한 후 이루어진 것이다. 그러나 의제개혁이 발표되자 세계관의 변화를 인정할 수 없었던 국내 여론의 반대에 부딪혔고 몇 개월에 걸쳐 논란이 지속되자 급진 개화파 정치인들에 의해 10월에 갑신정변이 일어나게 되었다. 이로 인하여 복제 개혁을 둘러싼 고종의 개혁 의지는 지지세력을 잃었을 뿐만 아니라 개화파들의 배신에 대한 경험으로 추진력을 잃어버리게 되었다.

1894년의 갑오의제개혁, 1895년의 을미의제개혁은 청일전쟁에서 승리한 일본의 영향하에 진행되었다. 형식상 대군주의 칭호를 사용하는 황제국으로서 대례복 제도를 도입하지만, 내용상 이전의 갑신의제개혁을 그대로 계승하고 있다. 1895년 11월 단발령 선포와 함께 조선에서는 최초로 일상복에서 양복 착용이 허용되었다. 그러나 태양력의 채택과 함께 이루어진 단발령은 조선 내에서 합의되지 않은 채 일본에 의해 강제로 진행되었고 8월의 을미사변과 함께 백성들의 분노를 불러일으켜 을미의병의 원인이 되었다. 이에 고종은 아관파천俄館播遷으로 새로운 국면을 모색하여 단발령을 비롯한 복식제도에 대해 강요하지 않을 것을 약속함으로써 다시 한 번 복식제도가 복구되게 되었다.

대한제국의 서구식 대례복 제도는 고종이 러시아 공사관으로부터 환궁하고 대한제국을 선포한 1897년 이후 광무개혁光武改革의 일환으로 이루어졌다. 1899년(광무 3)에 대원수복을 제정함으로써 황제의 복식으로부터 시작된 서구식 복식제도는 1900년(광무 4) 칙령 제14호 문관복장규칙과 칙령 제15호 문관대례복제식이 발표됨으로써 본격화하였다. 산형의 모자, 짙은 흑감색 라사의 상의, 조끼, 바지에 패검함으로써 일습이 완성되는데, 국가 상징 문양으로 무궁화문양을 도입하였다. 문관대례복은 1906년(광무 10)을 기하여 입금立襟의 연미복형으로 개정되었다. 같은 해 문관대례복에서 궁내부 본부 및 예식원 예복이 분화 제정되어 프록코트형에 오얏문양을 금수하도록 하였다. 이로써 일본의 서구식 대례복에서 나타나는 세 가지 유형의 대례복이 대한제국에도 모두 도입되었다.

착장 사진을 통해 대한제국의 서구식 대례복은 1900년부터 1910년까지 규정에 따라 충실하게 착용되었음을 알 수 있고 유물 조사를 통해 대한제국에서 제시한 도안을 근거로 하여 해외에서 제작되었을 것으로 추측할 수 있다. 이는 서구식 대례복 제도가 새롭게 소개된 양모[羅紗]직물의 국내 생산과 양복 제작 기술의 국내 유입이 완전히 이루어지기 전에 성립되었기 때문이다. 이질적인 복식문화를 도입하는데 드는 경제적 부담에도 불구하고 대한제국이 서구식 대례복을 제정한 목적은 새로운 국제 사회에 근대적 주권 국가로서 진입하고자 한 데 있었다. 국가 상징 문양을 복식에 자수한다는 것은 조선 시대에는 없었던 개념이다. 특히 대한제국이 전통적으로 국토를 상징해 왔고 국민의 사랑을 받아온 무궁화를 문관대례복의 문양으로 채택한 것으로부터 국가 정체성을 전통과 민의民意에 두었음을 알 수 있다. 또한 무궁화 꽃잎수가 6장으로 디자인된 것은 대한제국의 서구식 대례복의 두드러진 특징이라고 할 수 있다.

대한제국의 서구식 대례복은 1910년 국권 침탈 직후 일본에 의해 작위를 받은 친일파 관료들에게 일본의 유작자 대례복을 착용하도록 함으로써 정체성을 잃게 되었다. 아울러 일본의 서구식 대례복은 2차 대전의 패전 후 역사 속으로 사라졌다. 이는 서구식 대례복 제도가 근대적 주권 국가 수립과 제국주의 세력 확장이라는 당대의 역사성을 배경으로 탄생하였기 때문이다. 대한제국은 서구식 대례복을 주체적으로 제정함으로써 근대적 주권 국가의 모습을 갖추어 서양이 주도하는 국제 사회에 진입하고자 노력하였지만 일본의 침략 야욕에 의해 좌절되었다.

전통 복식은 물질문화이면서 정신문화도 내포하여 그것이 때로는 분리되어 생각될 수도 하나로 생각될 수도 있다. 이는 이미 하나의 철학논쟁의 대상이 될 수 있는 것이다. 개항으로부터 대한제국기를 살아간 사람들은 전통 복식문화에서 무엇을 남겨서 지킬지, 서양 복식문화에서 무엇을 받아들여서 이용할지를 심각하게 고민할 수밖에 없었고 이 과정에서 동도서기東道西器, 구본신참舊本新參과 같은 구호가 등장하여 정신문화를 남기고 실용이라는 물질문화를 받아들이는 쪽으로 방향을 잡았다. 복제개혁 과정에서 나타난 '전통식 대례복'은 이러한 맥락에서 이해될 수 있다.

그런데 정신문화와 물질문화는 동전의 양면처럼 붙어 있기 때문에 남겨서 지키고자 한 것도 일부 잃을 수밖에 없고 받아들일 생각이 없었던 서양 문명의 정신도 일부 받아들일 수밖에 없다. 결국 대한제국은 서구식 대례복을 제정함으로써 전통식 복식체계를 완전히 마감하고 서양 복식체계를 본격적으로 도입하였다. 이는 물질로서의 서양 복식과 정신으로서의 근대적 국가 개념을 모두 받아들여 당대의 세계문명에 부합하는 복식체계를 수립하고자 한 것이다.

복식사적 관점에서 대한제국의 서구식 대례복은 유교적 자연주의에 근거를 두고 다져온 유구한 민족복식체계를 짧은 시기에 깨뜨리고 무武를 기반으로 하는 제국주의와 물질문화 지향적인 복식체계로 들어서게 하였다. 결과적으로, 민족의 역사를 바탕으로 하여 생성된 복식체계가 아니었기 때문에 문명사적 변혁기라는 한 시기만 착용되다가 이후 시의성時宜性을 잃었다. 그러나 고종황제의 의제개혁은 다음의 세 가지 측면에서 오늘날까지도 그 맥을 이어가고 있다. 먼저 갑신년부터 시작하여 기존 복식의 간소화를 지향하였던 의제개혁의 내용이 제도로 규정된 마지막 전통 복식체계로써 영향력을 행사하고 있다. 이는 통상예복으로 당연시 되고 있는 사복포私服袍(두루마기)를 통해 확인할 수 있다. 다음으로, 서구식 대례복과 함께 도입된 소례복과 통상예복 제도 중에서 국가 상징성이 강한 대례복은 없어졌지만 소례복과 통상예복은 유효하여 현대 남성의 예복으로 연미복이, 통상예복으로 양복 수트suit가 착용되고 있다. 마지막으로, 대한제국의 서구식 대례복에 전면적으로 도입된 무궁화문양은 일제 침략기에 민족정신을 결집하는 매개물로 그 역할을 하였고 해방 후 국화國花로 자리매김하게 되었다.

본 연구의 성과는 다음과 같다.

첫째, 지금까지 양식으로서의 양복 도입사 측면에서 이해되어 왔던 개항으로부터 대한제국기에 이르기까지의 의제개혁에 대해 '대례복'이라는 키워드를 중심으로 해석함으로써 '복식 패러다임의 변환'으로 파악할 수 있었다.

둘째, 대한제국의 서구식 대례복에 내재된 자주적 근대국가 수립 의지에 대해 재조명할 수 있었다.

셋째, 충분한 고증과 배경에 대한 이해 없이 인용되어 오던 사진 자료와 서구식 대례복 유물 자료를 통합하여 서술함으로써 문헌자료에서 부족한 내용에 대한 근거를 제시하고 체계화할 수 있었다.

이러한 성과에도 불구하고 본 연구가 가진 한계를 통해 후속 연구를 위한 제언을 하면 다음과 같다.

첫째, 조선후기의 자부심의 근원으로써 의관문물衣冠文物의 의미에 대해 더욱 심도 있게 고찰할 필요가 있다. 이는 전통 복식문화의 정체성을 이해하기 위해 시급히 연구되어야 한다.

둘째, 동시대 유럽 근대적 대례복 제도의 성립과정과 일본의 문관대례복 도입과정에 대해 더욱 풍부하게 연구되어야 한다.

셋째, 1905년(광무 9)과 1906년(광무 10)을 기하여 이루어진 서구식 대례복의 개정 배경에 대한 연구가 필요하다.

넷째, 1906년(광무 10) 제정의 궁내부 본부 및 예식원 대례복과 개정된 문관대례복 유물을 발굴하여야 한다. 서구식 대례복 제도의 완전한 실체를 파악하기 위해서는 계속하여 자료를 발굴하여야 할 것이다.

　이상의 연구문제들이 해결된다면 전통 복식체계로부터 근현대 복식체계로 이행해가는 과정을 보다 정확하게 설명할 수 있을 것으로 기대된다.

# 대한제국의 서구식 대례복 패러다임

본 연구는 1876년 개항으로부터 1910년 한일합방까지의 복식 제도 변화를 복식 패러다임의 변화로 파악하여 대한제국의 서구식 대례복 도입 과정과 양식적 특징에 대한 고찰을 목적으로 하였다. 아울러 서구식 대례복 제도를 받아들임으로써 국제사회에 진입하고자 한 대한제국의 노력을 재조명하고자 하였다. 이를 위해 당시 대한제국과 긴밀한 관계를 맺고 있던 일본의 서구식 대례복 도입과정과 양식적 특징도 함께 분석하였다. 연구방법은 문헌 검토를 기초로 하고 사진 분석, 유물 조사를 병행하였다. 연구의 결과는 다음과 같다.

조선은 유교적 세계관을 바탕으로 한 복식제도를 정비하여 대외적으로 정통성을 인정받고 국내에서는 상하 귀천의 존비 등급을 분명히 함으로써 중앙집권을 공고히 하고자 하였다. 조선전기는 관복제도를 체계적으로 정비하여『경국대전經國大典』에 성문화하였고 조선의 복식 체계는 이를 바탕으로 운용되었다. 조선후기는 중국에서 명과 청이 교체되는 국제 정세의 변화와 양난 후유증의 극복이라는 고비에서 시작하였다. 이에 조선은 유교 문화의 유일한 계승 의식을 바탕으로 하는 조선중화주의를 성립시켰고 조선의 의관문물에 대한 자부심을 뿌리깊게 갖게 되었다.

서양은 유럽 중심적 세계관을 바탕으로 하고 근대적 국가 개념이 투영된 복식 체계인 궁정복식(서구식 대례복)을 정하고 있었다. 서구식 대례복은 산형山形의 모자, 상의, 조끼, 바지에 검을 패용함으로써 일습이 이루어졌고 전반적인 의복 재료는 검은색 양모[黑羅紗]직물이었다. 이러한 관점에서 19세기 중 후반 서세동점의 시기에 서로 다른 문명의식을 지닌 동아시아의 전통 복식 체계와 서구식 대례복 체계의 충돌은 불가피하였다.

서구식 대례복을 받아들이기 위해 조선은 전통적인 복식체계와 유기적으로 결합된 사대교린 관계와 스스로의 의관문물에 대한 자부심인 조선중화사상으로부터 벗어나 유럽 중심의 만국공법적 조약 관계와 서양식 문명의식으로 패러다임이 변환되어야 했다. 또한 조선에 있어서 전통적인 교린관계로부터 최초로 근대적 조약을 맺는 일본과의 새로운 관계설정이 중요한 문제로 부상하였다.

일본은 유럽 파견 이와쿠라[岩倉] 사절단의 제안으로 1872년(메이지 5) 이후 서구식 대례복 제도를 받아들였다. 일본의 서구식 대례복의 형태는 문관 대례복은 개금[開襟]의 연미복형이었고, 시종직[侍從職] 및 식부직[式部織] 대례복은 프록코트형이었으며, 유작자[有爵者] 대례복은 입금[立襟]의 연미복형으로 분류되었다. 서구식 대례복에 표현된 문양으로 동문양[桐紋樣]과 국화문양[菊花紋樣]은 전통적인 황실의 문장[紋章]으로부터 일본을 대표하는 상징문양으로 의미가 확대되었다.

조선은 개항 직전 일본이 보내온 새로운 형식의 서계 접수 문제로 인해 서구식 대례복을 처음으로 인식하였고 1876년 개항 후에는 해외파견 외교사절들이 해외에서 이를 직간접적으로 경험하였다. 이러한 인식과 경험을 바탕으로 이루어진 1884년 갑신의제개혁에서는 전통 복식 체계를 간소화하여 공복을 흑단령으로, 사복을 착수의[窄袖衣](두루마기)로 정하였다. 갑신의제개혁은 세계관의 변화를 인정할 수 없었던 국내 여론의 반대에 부딪혔고 보다 급진적으로 개화정책을 추진하려고 하였던 갑신정변의 발발로 인해 중단되었다. 1894년의 갑오의제개혁은 청일전쟁에서 승리한 일본의 영향하에 진행되었다. 갑오의제개혁은 근대적 대례복 제도를 형식으로 하고 흑단령을 내용으로 하는 '전통식 대례복 제도'를 처음으로 도입하였다는데 의미가 있다. 1895년 태양력의 채택과 함께 이루어진 단발령은 민의에 반대하여 급진적으로 진행되었고 8월의 을미사변과 함께 백성들의 분노를 불러 일으켜 을미의병의 원인이 되었다. 이에 아관파천[俄館播遷]으로 새로운 국면이 모색되어 단발령은 철회되었다.

1897년 고종은 근대적인 황제국가를 희망하는 민의를 수렴하여 국호를 대한제국, 연호를 광무光武로 정하고 스스로 황제로 등극하였다. 대한제국은 구본신참舊本新參을 지향하여 고종황제는 전통적인 동아시아 황제의 12류면 12장복을 착용하고 등극하였고 대한제국 초기에는 전통식 대례복 제도를 계승하였다.

대한제국의 서구식 대례복 제도는 1899년 고종황제의 대원수복 착용으로부터 시작되어 1900년 문관 대례복을 개금開襟의 연미복형으로 제정함으로써 본격적으로 시작되었다. 1906년에는 문관 대례복이 입금立襟의 연미복형으로 개정되었고 궁내부宮內府 및 예식원禮式院 대례복을 프록코트형으로 분화하여 제정하였다. 이로써 대한제국도 서구식 대례복의 세 가지 형태를 모두 받아들이게 되었다.

대한제국의 서구식 대례복은 착장 사진을 통해 1900년부터 1910년까지 규정에 따라 충실하게 착용되었음을 알 수 있고 유물 조사를 통해 대한제국에서 제시한 도안을 근거로 하여 해외에서 제작되었을 것으로 추측된다. 이는 서구식 대례복 제도가 새롭게 소개된 양모(羅紗)직물의 국내 생산과 양복 제작 기술의 국내 유입이 완전히 이루어지기 전에 성립되었기 때문이다. 이질적인 복식문화를 도입하는데 드는 경제적 부담에도 불구하고 대한제국이 서구식 대례복을 제정한 이유는 새로운 국제 사회에 근대적 주권 국가로서 진입하고자 하였기 때문이다. 대한제국은 서구식 대례복의 가장 중요한 특징인 국가 상징성을 표현하기 위해 문관 대례복에는 무궁화 문양을, 궁내부와 예식원 대례복에는 오얏꽃 문양을 금사로 자수하였다. 국가 상징 문양을 복식에 자수한다는 것은 조선 시대에는 없었던 개념이다. 특히 대한제국이 전통적으로 국토를 상징해 왔고 국민의 사랑을 받아온 무궁화를 문관 대례복의 문양으로 채택한 것으로부터 국가 정체성을 전통과 민의民意에 두었음을 알 수 있다.

대한제국의 서구식 대례복은 1910년 국권 침탈 직후 일본에 의해 작위를 받은 친일파 관료들에게 일본의 유작자 대례복을 착용하도록 함으로써 정체성을 잃게 되었다. 또한 일본의 서구식 대례복은 2차 대전의 패전 후 역사 속으로 사라졌다. 이는 서구식 대례복 제도가 근대적 주권 국가 수립과 제국주의 세력 확장이라는 당대의 역사성을 배경으로 탄생하였기 때문이다.

대한제국은 서구식 대례복을 주체적으로 제정함으로써 근대적 주권 국가의 모습을 갖추어 서양이 주도하는 세계 질서에 진입하고자 노력하였지만 일본의 침략 야욕에 의해 좌절되었다. 결과적으로 서구식 대례복은 민족 복식의 역사성을 바탕으로 하여 생성된 복식체계가 아니었기 때문에 복식 패러다임의 전환기라는 한 시기에만 착용이 되고 시의성을 잃었다. 그러나 대한제국의 서구식 대례복에 전면적으로 도입된 무궁화 문양은 일제 침략기에 민족 정신을 결집하는 매개물로 그 역할을 하였고 해방 후 국화國花로 자리매김하게 되었다.

# Western-styled Court Costume Paradigm of the Korean Empire

This research aims to gain an insight into the process of introducing western-styled court costume to Korean Empire and into the features of western style, by grasping the change in the costume style from the 1876 Port Opening to the 1910 annexation of Korea to Japan through a costume paradigm change. In addition, another aim is to reilluminate the efforts by Korean Empire to join the international community by accepting the western style costume paradigm. For this purpose, detailed analysis was conducted of the introduction process of the western-styled court costume in Japan, a country that had close ties to the Korean Empire at the time. Basic research method was verifying records, along with analyzing photos, and examining relics. The following are the results of this research:

Joseon maintained a costume system based on Confucian world views. This tradition was recognized by East Asian World and domestically it was clearly classified according to the social hierarchy, in order to firmly maintain the centralized authoritarian rule. The Early Joseon Dynasty systematically consolidated an official uniform system for government officials and codified it in the 『Gyeong-gukdaejeon』(Complete Code of Law of Joseon Dynasty) and the Joseon costume system was applied according to this. The early days of the Late Joseon Dynasty were shaped by adapting to changes in international order brought by the shift in power in China where the Qing Dynasty replaced the Ming Dynasty, and overcoming the aftermath of war. Thereupon, Joseon established the Joseon-centrism, based on the boastful spirit of succession of Confucianist culture which implanted a deep-rooted pride in the civilization of the Joseon dynasty.

The western costume based on European world view and adopted court costume system that reflected a modern concept of state. The western court costume consisted of a bicorn, coat, vest, pants and a sword, and the material used overall was black wool. From this standpoint, the clash between East Asian traditional costume system and western court costume system was inevitable in this Age of Seosedongjeom(Western power spreading to the East) in the mid to late 19th century.

In order to adopt the western court costume, Joseon had to deviate from the submissive relations with neighboring nations, which were systematically intertwined with its traditional costume system, and the Joseon-centrism, which was the pride in its own civilization. A shift in paradigm was necessary towards the European treaty based relations applying a common law for all nations, and towards the western civilization.

As proposed by the Iwakura Mission in Europe, Japan adopted western court costume system since 1872(5th year of Meiji). Japan' western court costume was classified into V neckline style standing collar swallow tail coat for civil servants, frock coat type for Sijong(Chamberlain) and Sikbu(Ceremonial officers), and standing collar tail coat for noble rank. Patterns in western court costume included paulownia emblem and chrysanthemum emblem. The meaning of these patterns was expanded from merely traditional Imperial Family Crest to a symbol of Japan.

Just before reform, Joseon first became aware of western-styled court costume due to problems receiving the credential that the Japanese had sent in new style, and after the port opening of 1876, foreign diplomatic missions came to direct and indirect contact. Based on this awareness and experience, in the 1884 Costume Reform, traditional costume system was simplified. The Heukdallyeong(a sort of traditional black public clothing of the late Joseon Dynasty) would be the public uniform, and Durumagi(traditional Korean man's overcoat) would be the private uniform. The 1884 Costume Reform faced opposition from the public opinion as people refused to accept the changes in world views, and it came to an end with the outbreak of the Gapsinjeongbyeon(1884 Coup), a more drastic reform movement. The 1894 Costume Reform was conducted under the influence of Japan, which had just won the Sino-Japanese War. The 1894 Costume Reform adopted modern court costume system and is meaningful in that it implemented for the first time the 'raditional court costume system' of Heukdallyeong(a sort of traditional black public clothing of the late Joseon Dynasty). The Danballyeong, which got accomplished along with the adoption of the solar calendar in 1895, went against the will of the people and was rapidly implemented, and together with the Eulmi Sabyeon(Brutal Assissnation of Queen Myeongseong in 1895) in August, it enraged the people, and caused the Eulmi Uibyeong(Movement of Righteous Army in 1895). Thereupon, the Danballyeong was abolished as a new phase was explored.

In 1897 Emperor Gojong of the Korean Empire following the will of the people to form a modern empire nation, changed the country to Korean Empire, named the chronicle era Gwangmu(Martial Brilliance), and declared himself Emperor. The Korean Empire aimed for Gubunsincham(Accepting the New based on the good parts of the Old). Emperor Gojong wore the Sibiryumyeon(Imperial crown) Sibijangbok(12-emblem garments) worn by traditional East Asian Emperors for his coronation, and in the early days of the Korean Empire traditional court system' of Heukdallyeong was maintained.

The use of western court costume in the Korean Empire was started by Emperor Gojong when he wore the Commander in Chief uniform in 1899, and was implemented in full scale in 1900 the court costume of Mungwan(Civil officials) was changed to V neckline style standing collar swallow tail coat. In 1906 the court costume of Mungwan(Civil officials) was reformed to a standing collar swallow tail coat, and the court costume for Gungnaebu(Department of the Royal Household) and Yesikwon(Bureau of Ritual) was differentiated with frock coat style. Thus, the Korean Empire adopted all three types of western court costume.

Photo archives show that the court costume code of the Korean Empire was strictly followed from 1900 to 1910. And artifact studies suggest that they were manufactured overseas based on designs drawn in the Korean Empire. This is because the western court costume system was introduced before the newly introduced sheep wool textiles and western suit production facilities were established in Korea. The reason why the Korean Empire adopted western court costume system despite the economic burden of introducing this totally foreign costume was in order to enter the new international community as a modern sovereign state, the Korean Empire. In order to show the national symbol, the most important feature in western court costume, a pattern was embroidered in golden thread: a rose of Sharon for the Mungwan(Civil officials) pattern, and a plum flower for the Gungnaebu(Department of the Royal Household) and Yesikwon(Bureau of Ritual). Embroidering a national symbol into a costume was an unknown concept in the Joseon Dynasty. In particular, the fact that Korean Empire chose the rose of Sharon, which was a traditional symbol of the national territory and was well loved by the people, shows that the national identity was closely linked to tradition and the will of the people.

The western court costume of the Korean Empire lost its identity when pro-Japanese group of bureaucrats who were given rank of nobility were made to wear Japanese nobility costumes after Japan forcefully stripped Korea of its sovereignty in 1910. Moreover, Japan' western-styled court costume disappeared in history after they lost the World War II. This was because the western court costume system was born from the historical background at the time of establishing a modern sovereign state and imperialistic expansion. By independently implementing the western court costume, the Korean Empire it attempted to establish itself as a sovereign state and enter the new world order led by the western powers at the time, but this plan was frustrated by the Japanese invasion. Ultimately, because the western court costume was not a costume system based on historical costume system, it was only used in a short transition period of costume paradigm. However, the rose of Sharon pattern introduced in the Korean Empire' western court costume played a role of medium that concentrated the national spirit at the time of Japanese occupation, and after liberation it has consolidated its place as the national flower.

# 大韓帝国の西欧式大礼服のパラダイム

　本研究は、1876年の開港から1910年の韓日合邦(韓国併合)までの韓国の服飾制度の変化を服飾パラダイムの変化としてとらえ、大韓帝国の西欧式大礼服の導入過程と、様式的特長に対する考察を目的とした。あわせて、西欧式大礼服パラダイムを受け入れながら、国際社会に進出しようとした大韓帝国の努力を照らし出すことを試みた。そのために、当時大韓帝国と緊密な関係にあった日本の西欧式大礼服導入過程と、様式的特長をあわせて分析した。研究方法は文献検討を基礎にし、写真分析、遺物調査を並行して行った。研究の結果は以下のとおりである。

　朝鮮時代、朝鮮は儒教的世界観に基づく服飾制度の整備を通して、対外的には国家の正統性を認められることを目指し、対内的には上下貴賎の尊卑等級を明確にして、中央集権を強固にしようとした。朝鮮時代前期は冠服制度を体系的に整備して『経国大典』に成文化し、朝鮮の服飾体系はこれをもとに運用された。朝鮮時代後期は中国において明が滅び清がおこるという国際情勢の変化と、壬辰倭乱(文禄・慶長の役)の後遺症の克服という難局から始まった。このため朝鮮は、儒教文化の唯一の継承意識をもとにする朝鮮中華主義を成立させ、朝鮮の衣冠文物に対する自負心を強く持つようになった。

　西洋はヨーロッパ中心的世界観をもとに、近代的国家概念が投影された服飾体系である宮廷服飾(西欧式大礼服)を定めていた。西欧式大礼服は山型の帽子、上着、ベスト、ズボンに剣を佩用して一式となり、全般的な衣服材料は黒色の毛織物(黒ラシャ)であった。19世紀半

ばから後半にかけて、西勢東漸の時期に、それぞれ異なる文明意識を持つ東アジアの伝統服飾体系と西欧式大礼服体系の衝突は避けられないものであった。

　西欧式大礼服を受け入れるため、朝鮮は伝統的な服飾体系と有機的に結合した事大交隣関係と、自らの衣冠文物に対する自負心である朝鮮中華思想から抜け出し、ヨーロッパ中心の万国公法的な条約関係と西洋式文明意識へと、パラダイムの転換を余儀なくされた。また、朝鮮において伝統的な交隣関係ではない、最初の近代的条約を結んだ日本との新しい関係設定が重要な問題として浮上した。

　日本はヨーロッパ派遣岩倉使節団の提案により、1872年(明治　5)以降西欧式大礼服制度を受け入れた。日本の西欧式大礼服の形態は、文官大礼服は「開襟」(Vネックラインを形成するスタンドカラー、分類上筆者定義)の燕尾服型であり、侍従職と式部職の大礼服はフロックコート型、有爵者の大礼服は「立襟」の燕尾服型であった。西欧式大礼服に表現された桐紋様と菊花紋様は伝統的な皇室の紋章であったが、日本を代表する象徴紋様としてその意味が拡大した。

　朝鮮は、開港直前に日本が送ってきた新しい形式の書契受け取り問題によって西欧式大礼服を初めて認識し、1876年開港後は海外派遣外交使節が海外でこれを直接・間接的に経験した。このような認識と経験を土台にしておこなわれた1884年甲申衣制改革では、伝統服飾体系を簡素化して公服を黒団領に、私服を窄袖衣(トゥルマギ)に改めた。甲申衣制改革は世界観の変化を認識できなかった国内世論の反対にぶつかり、より急進的に開化政策を推し進めようとした甲申の変の勃発によって中断された。1894年の甲午衣制改革は、日清戦争で勝利した日本の影響の下で進められた。甲午衣制改革は近代的大礼服制度を形式として、黒団領を内容とする「伝統式大礼服制度」を初めて取り入れた点に意義がある。1895年太陽暦の採択とともに行われた断髪令は、民意とは反対に急進的に進められ、8月の乙未事変(明成皇后暗殺事件)とともに民衆の怒りを買い、乙巳義兵の原因になった。これに加えて俄館播遷(高宗と太子がロシア公使館に移御した事件)によって新しい局面が模索されることとなり、断髪令は撤回された。

　1897年、高宗は近代的な皇帝国家を希望する民意を取り集めて、国号を大韓帝国、年

号を光武とあらため、自ら皇帝に即位した。大韓帝国は「旧本新参(古いものを根本とし、新しいものを参照する)」を志向して、高宗皇帝は伝統的な東アジア皇帝の12旒冕12章服を着用して即位し、大韓帝国初期には伝統式大礼服制度を継承した。

　大韓帝国の西欧式大礼服制度は、1899年高宗皇帝の大元帥服着用を嚆矢に、1900年に文官大礼服を「開襟」の燕尾服型に制定することによって本格的に始まった。1906年には文官大礼服が「立襟」の燕尾服型に改定され、宮内府及び礼式院大礼服はフロックコート型に制定された。これによって大韓帝国も西欧式大礼服の三種の形態をすべて受け入れることとなった。

　大韓帝国の西欧式大礼服は、着装写真資料により　1900年から　1910年まで規定通り忠実に着用されたことが分かる。また、遺物の調査を通して、大韓帝国で提示した図案を根拠に海外で製作されたと推測される。このことは西欧式大礼服制度が、羊毛(ラシャ)織物の国内生産と洋服製作技術の国内導入が本格的に始まる前に定められたからである。異質な服飾文化を取り入れるのにかかる経済的負担にもかかわらず、大韓帝国が西欧式大礼服を制定した理由は、新しい国際社会に、近代的主権国家として進出しようとしていたためである。大韓帝国は、西欧式大礼服の最も重要な特徴である国家象徴性を表すために、文官大礼服にはムクゲ紋様を、宮内府と礼式院大礼服には李花紋様を金糸で刺繍した。国家象徴文様を服飾に刺繍するということは、朝鮮時代にはなかった概念である。特に大韓帝国が、伝統的に国土の象徴とされ国民に愛されてきたムクゲを文官大礼服の紋様に採択したことから、国家アイデンティティを伝統と民意においていたことが分かる。

　大韓帝国の西欧式大礼服は1910年の国権侵奪ののち、日本から爵位を受けた親日派官僚らが日本の有爵者大礼服を着用するようになり、アイデンティティを失うこととなった。また日本の西欧式大礼服は第二次世界大戦での敗戦後、歴史の中に消えた。これは西欧式大礼服制度が近代的主権国家樹立と帝国主義勢力拡張という、当時の歴史性を背景にして誕生したものであったためである。

　大韓帝国は西欧式大礼服を主体的に制定することで、近代的主権国家の容貌を備えて西洋が主導する世界秩序に進出しようと努力したが、日本の侵略の野望により挫折した。結

果的に西欧式大礼服は、民族服飾の歴史性を土台にして生まれた服飾体系ではなかったために、服飾パラダイムの転換期という一時期にのみ着用され、のちに時宜性を失った。しかし、大韓帝国の西欧式大礼服に全面的に導入されたムクゲ文様は、日帝侵略期に民族精神を結集する媒介物としてその役割を果たし、解放後は国花と位置づけられるようになった。

## 1. 1910년 이전의 자료

_ 한국

『居家雜服攷』,『經國大典』,『高宗大禮儀軌』,『官報』,『官服章圖案』,『大韓禮典』,『獨立新聞』,『梅泉野錄』,『朴珪壽全集』,『法規類編』,『上京日記』(박기종 저, 부산근대역사관 편, 2005),『西遊見聞』,『續陰晴史』,『修信使記錄』,『承政院日記』,『五洲衍文長箋散稿』,『龍湖閒錄』,『日省錄』,『日槎集略』,『林下筆記』,『朝士視察團關係資料集』,『朝鮮常識』,『勅令十八』(규 17706),『勅令存案』,『漢城旬報』, CD-Rom 朝鮮王朝實錄, 高宗純宗實錄.

_ 일본, 서양

『欧美回覧実記』,『大韓政策關係雜纂 朝鮮交際錄』,『明治天皇紀』,『法令全書』,『保古飛呂比』,『本朝公信, 大使公信』(宮內省式部療理事功程),『新聞集成明治編年史』,『倭漢三才圖會』,『後は昔の記』.

Holmes, E. Burton, *THE BURTON HOLMES LECTURES With Illustrations from Photographs By the Author*, Little Preston, 1901.

Trilingual Press, *The Korean Repository* V.3, 1896년 11월호.

## 2. 단행본

_ 한국

강상규,『19세기 동아시아의 패러다임 변환과 제국 일본』, 서울 : 논형, 2007.

_____,『19세기 동아시아의 패러다임 변환과 한반도』, 서울 : 논형, 2008.

고광림,『韓國의 冠服』, 서울 : 和成社, 1990.

고구려사연구재단,『한중 외교관계와 조공책봉』, 서울 : 고구려연구재단, 2005.

국사편찬위원회 편,『고종시대사』, 서울 : 국사편찬위원회, 1967~1970.

_____,『옷차림과 치장의 변천』, 서울 : 두산동아, 2006.

金道泰,『徐載弼 博士 自敍傳』, 乙酉文化社, 1972.

김득중,『실천예절개론』, 서울 : 교문사, 1997.

김민자 외,『현대 패션 100년 : Fashion 1900~2000』, 현대패션100년편찬위원회 편, 서울 : 교문사, 2002.

김상태 편역, 윤치호 저, 『윤치호 일기 1916~1943』, 역사비평사, 2001.

김영숙·손경자 공편저, 『韓國服飾史資料選集』 朝鮮編 Ⅰ·Ⅱ·Ⅲ, 서울 : 교문사, 1982.

김용구, 『세계관 충돌의 국제정치학 - 동양 禮와 서양 공법』, 서울 : 나남출판, 1997.

_____, 『세계관 충돌과 한말외교사, 1866~1882』, 서울 : 문학과지성사, 2001.

_____, 『외교사란 무엇인가』, 인천 : 원, 2002.

_____, 『임오군란과 갑신정변 : 사대질서의 변형과 한국 외교사』, 인천 : 원, 2004.

김용덕·미야지마 히로시 공편, 『근대 교류사와 상호인식』 Ⅰ, 서울 : 高麗大學校 亞細亞問題研究所, 2001.

김정호·이미석, 『우리옷 만들기』, 대전 : 한남대학교 출판부, 2002.

김진식, 『한국양복100년사』, 한국복장기술경영협회 편찬감수, 서울 : 미리내, 1990.

남윤자·이형숙, 『남성복 패턴 메이킹』, 서울 : 교학연구사, 2005.

다카시 후지타니 지음, 한석정 옮김, 『화려한 군주』, 서울 : 이산, 2003.

류달영 외 편저, 『조용한 아침의 나라 무궁화 꽃은 활짝 피고』, 서울 : 한누리, 1993.

리처드 러트 저, 황준성 간행, 『풍류 한국』, 서울 : 신태양출판사, 1965.

명승희, 『韓國無窮花運動史』, 서울 : 月刊 무궁화 출판사업부, 1998.

문화관광부, 『우리옷 이천년』, 한국복식문화 2000년 조직위원회 편, 2001.

민영환 지음, 조재곤 편역, 『海天秋帆 - 1896년 민영환의 세계일주』, 서울 : 도서출판 책과함께, 2003.

박은식, 『한국통사』, 천안 : 독립기념관 한국독립운동사연구소, 1998.

박지원 저, 박용구 역, 『허생전』, 서울 : 을유문화사, 1965.

백영자, 『한국의 복식』, 서울 : 경춘사, 1993.

손세창, 『殉國烈士李漢應先生遺事』, 순국열사이한응선생추모회, 대구 : 문예홍보사, 단기4290년.

송재용, 『구한말 최초의 순국열사 이한응』, 서울 : 제이앤씨, 2007.

신용하, 『韓國近代民族主義의 形成과 展開』, 서울 : 서울대학교 출판부, 1987.

심연옥, 『한국직물오천년』, 서울 : 고대직물연구소 편, 2002.

유송옥, 『韓國服飾史』, 서울 : 수학사, 1998.

유송옥·이은영·황선진, 『복식문화』, 서울 : 교문사, 1996.

유희경, 『한국복식사연구』, 서울 : 이화여자대학교 출판부, 1975.

윤치호 지음, 김상태 편역, 『윤치호 일기, 1916~1943 : 한 지식인의 내면세계를 통해 본 식민지시기』, 서울 : 역사비평사, 2001.

이강칠, 『대한제국시대 훈장제도』, 서울 : 白山出版社, 1999.

이광린, 『開化期의 人物』, 서울 : 연세대학교 출판부, 1993.

이경미·정 민·김동준 외, 『한국학 그림과 만나다』, 파주: 태학사, 2011.

이민식, 『근대 한미관계 연구』, 백산자료원, 1998.

이범준, 『朝鮮時代 禮學研究』, 국학자료원, 2004.

이태진, 『고종시대의 재조명』, 서울 : 태학사, 2000.

_____, 『서울대 이태진 교수의 동경대생들에게 들려준 한국사 - 메이지 일본의 한국침략사』, 서울 : 태학

사, 2005.

임원자, 『의복구성학』, 서울 : 敎文社, 1996.

정옥자, 『조선후기 역사의 이해』, 서울 : 일지사, 1993.

_____, 『조선중화사상연구』, 서울 : 일지사, 1998.

정혜경, 『심의(深衣)』, 마산 : 경남대학교 출판부, 1998.

정흥숙, 『서양복식문화사』, 서울 : 교문사, 1998.

민족문화추진회 편, 최익현 저, 『國譯勉菴集』 Ⅰ, 서울 : 민족문화추진회, 1977.

최인진, 『한국사진사』, 서울 : 홍진프로세스, 1999.

토마스 S. 쿤 지음, 조은문화사 편집부 영한대 역, 『과학 혁명의 구조』, 서울 : 조은문화사, 1995.

한국사특강편찬위원회 편, 『한국사특강』, 서울 : 서울대학교출판부, 2007.

한영우, 『명성황후, 제국을 일으키다』, 경기도 : 효형출판, 1994.

한영우 외, 『대한제국은 근대국가인가』, 한림대학교 한국학연구소 편, 서울 : 도서출판 푸른역사, 2006.

허동현, 『近代韓日關係史研究』, 국학자료원, 2000.

황 현 저, 김준 역, 『梅泉野錄』, 서울 : 교문사, 1994.

황 현 지음, 임형택 외 역, 『梅泉野錄』 上·下, 서울 : 문학과 지성사, 2005.

후쿠자와 유키지 저, 정명환 옮김, 『文明論의 槪略』, 서울 : 광일문화사, 1989.

E. B. 비숍 지음, 이인화 역, 『한국과 그 이웃나라들』, 서울 : 살림, 1994.


_ 일본

多木浩二, 『天皇の肖像』, 東京 : 岩波新書, 1988.

大阪 洋服商同業組合 編纂 兼 發行, 『日本洋服沿革史』, 1930.

藤澤衛彦, 『明治風俗史』, 東京 : 常磐印刷所, 1929.

武田佐知子, 『古代國家の形成と衣服制』 袴と貫頭衣, 吉川弘文館, 1984.

山根章弘, 『羊毛の語る日本史』, 東洋印刷株式会社, 1983.

沼田賴輔, 『日本文章學』, 東京 : 人物往來社, 1968.

小川安郎, 『服飾變遷の原則』, 東京 : 大口製本印刷, 1981.

_____, 『世界民族服飾集成』, 東京 : 文化出版局, 1991.

小泉和子, 『洋裁の時代 - 日本人の衣服革命』, 東京 : OM出版式會社, 2004.

昭和女子大學被服學研究室 編, 『近代日本洋裝史』, 東京 : 大文堂, 1971.

岩波講座, 『日本通史』 第17卷 近代2, 東京 : 精興社, 1994.

彦衛衛澤, 『明治風俗史』, 東京 : 春陽堂, 1929.

永井永次郎 등편, 『洋服辭典』, 東京 : 洋裝界社, 1910.

原田環, 『朝鮮の開國と近代化』, 廣島 : 溪水社, 1997.

劉香織, 『斷髮 - 近代東アジア文化衝突』, 東京 : 朝日新聞社, 1990.

日本洋服史 刊行委員會 編, 『日本洋服史 - 一世紀の歩みと未來展望 -』, 古屋屋 : 荒川印刷, 1976.

田中彰, 『岩倉使節団』, 東京 : 講談社, 1977.

佐野惠, 『皇室の御紋章』, 東京 : 三省堂, 1933.

_____, 『治維新西岩と西洋文明 - 岩倉使節團は何を見たか』, 東京 : 岩波書店, 2003.

泉三郎, 『堂々たる日本人』, 東京 : 祥伝社, 2001.

_____, 『岩倉使節団という冒険』, 東京 : 文藝春秋, 2004.

浜本隆志, 『紋章が語るヨーロッパ史』, 東京 : 白水社, 1998.


_ 외국서 : 洋書

Katell le Bourhis 편, *The Age Of Napoleon-Costume From Revolution to Empire 1789~1815*, The Metropolitan Museum of Art, New York, 1989.

Naomi Tarrant, *The Development of Costume*, National Museums of Scotland, and Routledge, 1994.

Michael and Ariane Batterberry, *FASHION-THE MIRROR OF HISTORY*, New York : Greenwich House, 1977.

Philip Mansel, *Dressed to rule : royal and court costume from Louis XIV to Elizabeth II*, New Haven : Yale University Press, 2005.


3. 연구 논문
_ 한국

강상규, 「근대 일본의 「萬國公法」 수용에 관한 연구」, 『진단학보』 vol.87, 1999.

_____, 「고종의 대내외 정세인식과 대한제국 외교의 배경」, 『동양정치사상사』 vol.4(2), 2005.

_____, 「명성왕후와 대원군의 정치적 관계 연구 : 왕실내 정치적 긴장관계의 구조와 과정」, 『한국정치학회보』 40(2), 2006.

고영진, 「16세기 말 四禮書의 성립과 禮學의 발달」, 『한국문화』 12.

권행가, 『高宗 皇帝의 肖像 - 近代 시각매체의 流入과 御眞의 변용 과정 - 』, 홍익대학교 박사학위 논문, 2006.

권혜영, 「한국 여성 양장의 변천에 관한 연구」, 이화여자대학교 석사학위 논문, 1982.

권혜영・이경자, 「한국 여성 양복의 변천에 관한 연구」, 『복식』 7호, 1983.

김경희, 「한국 개화기 여성복식의 변천 요인 - 집단복식 중심」, 명지대학교 석사학위 논문, 1994.

김문식, 「장지연이 편찬한 『대한예전』」, 『문헌과 해석』 통권 35호, 2006.

김미자, 「開化期 文官服에 對한 연구」, 이화여자대학교 석사학위 논문, 1974.

김민자・임원자・이은영・구미지・김윤희, 「한국 복식 변천과 사회 변천 양상에 관한 연구 - 갑오경장 이후 서양패션의 수용과 변화를 중심으로」, 『복식』 17(2), 1993.

김민정, 「개화기 이후의 남성 머리양식의 변천과 재현에 관한 연구」, 한성대학교 석사학위 논문, 2003.

김세민, 「19세기말 開化派의 萬國公法 認識」, 『강원사학』 vol.15, 2000.

_____, 「衛正斥邪派의 萬國公法 認識」, 『강원사학』 vol.17, 2002.

김수암, 『韓國의 近代外交制度 硏究 - 外交官署와 常駐使節을 중심으로』, 서울대학교 박사학위 논문,

2000.

김수암, 「1870년대 조선의 대일관-교린질서와 만국공법질서의 충돌」, 『한국정치외교사논총』 25(1), 2003.

김어진, 「문명 표준(文明 標準)으로서의 두발 양식(頭髮 樣式)-1895년 조선 단발령의국제정치」, 서울대학교 석사학위 논문, 2003.

김영희, 「개화기의 양복도입과 수용과정에 관한 연구」, 성균관대학교 석사학위 논문, 1988.

김용구, 「朝鮮에 있어서 萬國公法의 受容과 適用」, 『서울정치』 vol.23(1), 1999.

김원모, 「朝鮮 報聘使의 美國使行(1883) 研究(上)」, 『동방학지』 vol.49, No.0, 1985.

김은정, 「朝鮮時代 高宗代의 衣制改革에 따른 官服의 變遷」, 전남대학교 석사학위 논문, 1997.

김현경, 「개화기 여성복식에 관한 연구」, 원광대학교 석사학위 논문, 1996.

남윤숙, 「한일 여성복의 양장화에 관한 비교 연구」, 『한국복식학회지』 19, 1992.

류재운, 「朝鮮 建國初 對明關係와 冠服制定에 관한 研究」, 2006년도 동아대학교 박사학위 논문.

목수현, 「대한제국기의 국가이미지 만들기-상징과 문양을 중심으로」, 『근대미술연구』, 2004.

_____, 『한국 근대 전환기 국가 시각 상징물』, 서울대학교 박사학위 논문, 2008.

박미애, 「개화기 일본 의복의 양장화에 관한 고찰」, 세종대학교 석사학위 논문, 1994.

박현정, 『중국 이민족 왕조의 복식정책 비교-북위와 청을 중심으로』, 2000년도 서울대학교 박사학위 논문.

成希眞, 『근대 이후 한국과 중국의 문화접변에 따른 전통복식 변화에 관한 연구』, 성균관대학교 박사학위 논문, 2001.

손정숙, 「한국 최초 미국 외교사절 보빙사의 견문과 그 영향」, 『한국 사상사학회』 Vol.29, 2007.

안현주, 「朝鮮時代 卽位儀禮 研究-高宗皇帝 登極儀禮 再現을 中心으로」, 단국대학교 석사학위 논문, 2003.

양숙향·김용서, 「조선후기 여자 일상복의 변천에 관한 연구-실학자의 복식관과 풍속화를 중심으로-」, 『복식』 39호, 1998.

오영섭, 「개항후 만국공법 인식의 추이」, 『동방학지』 vol.124, 2004.

왕지연, 「한국 개화기 남성복에 영향을 미친 일본, 서양의 남성복」, 성균관대학교 석사학위 논문, 2002.

유수경, 『한국 여성양장의 변천에 관한 연구』, 이화여자대학교 박사학위 논문, 1989.

은영자, 「개화기 일본의 복식변천에 관한 고찰」, 『계명대 과학논집』 7(1), 1981.

이광린, 「韓國에 있어서의 萬國公法의 受容과 그 影響」, 『동아연구』 Vol.1, 1982.

이경미, 「19세기 開港以後 韓日 服飾制度 比較」, 서울대학교 석사학위 논문, 1999.

_____, 「19세기 開港以後 韓日 服飾制度 比較」, 『한국복식학회지』 50(8), 2000.

_____, 「남녀유별 禮의식[內外法]이 복식생활에 미친 영향-조선후기 남녀 복식생활을 중심으로-」, 『한국복식학회지』 57(1), 2007.

_____, 「갑신의제개혁(1884년) 이전 일본 파견 수신사와 조사시찰단의 복식 및 복식관」, 『한국의류학회지』 33권 1호, 2009.

_____, 「19세기말 서구식 대례복 제도에 대한 조선의 최초 시각-서계(書契) 접수 문제를 통해」, 『한국

의류학회지』 33권 5호, 2009.

이경미, 「대한제국 1900년[光武4] 문관대례복 제도와 무궁화 문양의 상징성」, 『복식』 60권 3호, 2010.

_____, 「일본 메이지기[明治期] 문관대례복의 성립과 형태적 특징」, 『복식』 60권 5호, 2010.

_____, 「사진에 나타난 대한제국기 황제의 군복형 양복에 대한 연구」, 『한국문화』 50, 2010.

_____, 「조선후기 類書類에 나타난 服飾觀－『芝峯類說』『星湖僿說』『松南雜識』를 중심으로」, 『역사민속학』 제33호, 2010.

_____, 「『松南雜識』의 민속문화 자료」, 『역사민속학』 35호, 2011.

_____, 「대한제국기 서구식 문관대례복 제도의 개정과 정체성 상실」, 『복식』 61권 4호, 2011.

_____, 「대한제국기 외국공사 접견례의 복식 고증에 관한 연구」, 『한국문화』 53호 2011.

이경민, 「사진아카이브의 현황과 필요성 고찰－한국근대사 관련 사진자료를 중심으로－」, 『역사민속학회』 제14호, 2002.

이경민, 「주의(周衣) 보편화의 과정과 요인 연구」, 이화여자대학교 석사학위 논문, 2005.

李根寬, 「동아시아에서의 유럽 국제법의 수용에 관한 고찰－『만국공법』의 번역을 중심으로－」, 『서울국제법연구』 vol. 9(2), 2002.

이미나, 「大韓帝國時代 陸軍將兵 服裝製式과 大元帥 禮, 常服에 대하여」, 『학예지』 4집, 1995.

이민원, 「상투와 단발령」, 『사학지』 제31집, 진단사학회, 1998.

이선재·양경애, 「조선조 실학사상에 나타난 복식관」, 『생활과학연구지』 7, 숙명여대 생활과학연구소, 1992.

이송희, 「개화기 복식의 변천과 그 요인」, 이화여자대학교 석사학위 논문, 1984.

이유경·김진구, 「우리나라 양복 수용 과정의 복식변천에 대한 연구－문화전파이론을 중심으로」, 『복식』, 1995.

이은주, 「조선시대 백관의 시복과 상복제도 변천」, 『복식』 55권 6호, 2005.

이은주 외, 『길짐승흉배와 함께 하는 17세기의 무관 옷 이야기』, 서울 : 민속원, 2005.

이일지, 『조선후기 실학사상에 나타난 복식관 연구』, 세종대학교 박사학위 논문, 2000.

이정희, 『개항기 근대식 궁정연회의 성립과 공연문화사적 의의』, 서울대학교 박사학위논문, 2010.

이주영, 「星湖 李瀷의 實學的 服飾觀」, 경남대학교 석사학위 논문, 1997.

이진민, 『한일 여성복식의 현대화에 나타난 미적 특성』, 서울대학교 박사학위 논문, 2005.

이춘식, 「중화세계질서 이념의 탄생에 대하여」, 『중국학논총』 vol.11, 1998.

임형택, 「19세기말 20세기 초 동아시아 세계관적 전환과 지식인의 동아시아 인식」, 『대동문화연구』 vol.50, 2005.

장양이, 「개화기 우리나라와 일본의 복식 변천 고찰」, 계명대학교 석사학위 논문, 1978.

장윤정, 「개화기 복식의 변천에 관한 고찰」, 경남대학교 석사학위 논문, 1996.

전혜숙, 「〈燕行日記〉의 服飾觀을 통해 본 大淸認識－金昌業의 〈燕行日記〉를 중심으로－」, 『한복문화』 제7권 1호, 2004.

_____, 「18세기 초 〈燕行錄〉에 기록된 朝鮮知識人의 服飾觀－金昌業, 崔德中의 燕行錄을 중심으로－」, 『한복문화』 제8권 1호, 2005.

전혜숙, 「서유문의 〈무오연행록〉에 나타난 복식문화」, 『한복문화』 제9권 2호, 2006.

정옥자, 「17세기 전반 禮書의 성립과정 － 金長生을 중심으로」, 『동양문화』 11, 1990.

정용화, 「사대 중화질서 관념의 해체과정 － 박규수를 중심으로」, 『국제정치논총』 44(1), 2004.

鄭一均, 「≪朱子家禮≫와 '禮의 精神'」, 『韓國學報』 104호.

_____, 「유교 사회의 문화체 연구와 경학 － 한국 사회사 연구를 위한 방법론 일고」, 『사회와 역사』 제51
　　　집, 1997년 봄호.

정혜경, 「한말 爲政斥邪사상기의 복식문화 소고」, 『복식』 24호, 1995.

_____, 「조선시대 초기 실학파의 복식관 － 한백겸, 유형원, 이익을 중심으로」, 『복식』 20(5), 1996.

조효순, 「朝鮮朝 後期 女性服飾과 改良論議」, 『복식』 제4호, 1981.

조효순, 「거가잡복고를 통해본 박규수의 복식관」, 『복식』 7호, 단국대 석주선 박물관, 1989.

_____, 「『居家雜服攷』에 나타난 朴珪壽의 服飾觀(Ⅱ) － 外服攷를 中心으로」, 『한복문화』 제4권 3호,
　　　2001.

차용희, 「일본 근대복식과 우리 복식」, 『전주교대 논문집』, 1974.

최규순, 「藏書閣 소장 『官服章圖案』 연구」, 『藏書閣』 19, 2008.

_____, 「『大韓禮典』의 복식제도 연구」, 『아세아연구』 제53권 1호, 2009.

최인진, 「고종 고종황제의 어사진(御寫眞)」, 『근대미술연구』, 2004.

홍수경, 「甲申年期 甲午更張期 服制 改革 研究」, 단국대학교 석사학위 논문, 1999.

황의숙, 『한국 여성 전통복식의 양식변화에 관한 연구 － 개화기 이후의 복식을 중심으로 －』, 세종대학교
　　　박사학위 논문.

황정윤, 「일본 여성복식의 양장화에 관한 고찰」, 경성대학교 석사학위 논문, 2002.

황지아, 「開化期 韓國 服飾의 變遷 － 朝鮮王朝 國末부터 1945년까지」, 숙명여자대학교 석사학위 논문,
　　　2000.

허동현, 「朝士視察團(1881)의 日本見聞紀錄總攬」, 『史叢』 제48집, 1998.


_ 일본

角山幸洋, 「近代羊毛業の成立課程」, 『服裝文化』 164號, 1979.

横川公子, 「衣生活の近代化のなかで毛織物の持つ味わいが果した役割」, 『纖維機械學會誌』, 2001.6.

形部芳則, 「岩倉遣欧使節と文官大礼服について」, 『風俗史学』 19号, 2002 春.

河鰭実英, 「明治以降の礼服」, 『被服文化』 57号, 1959.

太田臨一郎, 「明治初期の軍人・官員の制服」, 『被服文化』 164号, 1974.

植木淑子, 「明治初期における文官大礼服」, 『日本服飾學會誌』 13号, 1994.

梅谷知世, 「幕末における洋行者の服飾」, 『服飾美學』 第32号, 2001.

_____, 「明治前期における洋行者の服飾」, 『服飾美學』 第34号, 2002.

岩崎雅美, 「奈良女高師の教員の服装 － 大礼服と教授服」, 『奈良女子大學大學院 人間文化研究科 学術連
　　　구교류センター活動年報』 Vol.5, 2004.

中山千代, 「洋服業の成立」 『被服文化』 164号, 1974.

篠崎文子,「紳士服の形態研究 – 明治初期の洋服仕立に関する一考察」,『日本服飾學会誌』16, 1997.

_____,「紳士服の形態研究 – 文官大礼服の仕立に関する一考察」,『日本服飾學會誌』18, 1999.


4. 도록 및 보고서
_ 한국
가현문화재단・한미사진미술관,『대한제국 황실의 초상 : 1880~1989』, (주)그래픽코리아, 2012.

경기도박물관 편,『실로 잣는 꿈 : 황홀한 우리 자수』, 서울 : 오리엔탈이미지, 2004.

경운박물관 편,『대한제국 남성예복 새로운 물결 주체적 수용』, 서울 : 디자인이즈, 2012.

국립고궁박물관,『하정웅 기증 순종황제의 서북순행과 영친왕・왕비의 일생』, 서울 : 디자인공방, 2011.

국립민속박물관,『독일인 헤르만 산더의 여행』, 서울 : 시월, 2006.

국립현대미술관,『한국미술 100년』 1, 경기 : 한길사, 2006.

고려대학교 박물관 편,『서울의 추억』, 서울 : 도서출판 삼도, 2006.

독립기념관,『독립기념관 전시품 도록』, 삼성종합인쇄, 2006.

동아일보사 발행,『사진으로 보는 한국 백년』, 서울 : 동아일보사, 1981.

_____,『사진으로 보는 한국 백년』(1), 서울 : 동아일보사, 1996.

부산근대역사관,『사진엽서로 떠나는 근대 기행』, 부산 : 한글그라픽스, 2003.

_____,『근대외교의 발자취 1876~1905』, 부산 : 영신애드, 2005.

서문당 발행,『사진으로 보는 독립운동』上, 서울 : 삼광인쇄사, 1987.

서울역사박물관,『흥선대원군과 운현궁 사람들』, 서울 : (주)씨티파트너, 2007.

연세대학교 박물관 보고(역사 유물1),『윤웅렬, 이씨부인, 윤치호 유품전 도록』, 1976.

_____,『연세대학교 박물관 전시품 도록』, 1988.

한국사진사연구소 발행,『한국사진역사전 도록』, 서울 : 도서출판 연우, 1998.

한국자수박물관 편,『대한제국시대 문물전 도록』, 1991.

한미사진미술관,『우리 사진의 역사를 열다』, 서울 : 한스그래픽, 2006.


_ 일본, 서양
江戸東京博物館,『ロシア皇帝の室寶展』, スリーライト, 2007.

丹波恒夫,『キョッソーネと日本畵里帰り展』, ブンユー社, 1990.

東京日日新聞, 1881.2.1. 雜報

明治神宮 編,『明治宮庭の洋裝』, 2002.

文化學院服飾博物館,『近代の洋裝 – 日本, 西洋』, 1983.

_____,『洋裝への道』, 1998.

_____,『世界の刺繡』, 東京 : 公和印刷株式會社, 2007.

杉市郎平 編,『倂合記念 朝鮮寫眞帖』, 東京 : 元元堂, 1910.

野野上慶一 編,『文明開化錦繪集』, 東京: 精興社, 1967.

統監府編纂, 『日韓併合記念 大日本帝國朝鮮寫眞帖』, 東京 : 小川一眞出版部, 1910.

William Brouard, *KENSINGTON PALACE*, Crown, 1984.


## 5. 사전 및 기타자료

김영숙, 『한국복식문화사전』, 서울 : 미술문화, 1998.

(주)두산동아 사서편집국 편, 『동아새국어사전』, 서울 : ㈜두산동아, 2003.

文化出版局 발행, 『增補版服裝大百科事典』, 1984.

민중서림 편, 『엣센스 국어사전』, 서울 : 민중서림, 2003.

『大辞泉』.

大沼淳 발행, 복장문화협회 편, 『服裝大百科事典』 上, 東京 : 文化出版局, 1983.

田中千代, 『新服飾事典』, 東京 : 同立書院, 1991.

『조선일보』, 1972년 3월 15일 생활혁명 어제 - 오늘 - 내일을 엮는 長期 시리즈 〈世相 달라졌다〉.

Yarwood, Doreen, *The Encyclopedia of World Costume*, MCMLXXⅧ

Valerie Steele, editor in chief, *Encyclopedia of clothing and fashion*, Farmington Hills, MI : Charles Scribner's Sons, 2005.

KBS TV 역사저널 1998년 9월 15일 방영 〈상투전쟁 - 단발령〉.

http://kr.yahoo.com/, 두산세계대백과 EnCyber.

http://kr.yahoo.com/, 한자사전.

http://www.vam.ac.uk, 영국 빅토리아 & 알버트 뮤지엄.

http://www.wikipedia.org/ 위키피디아.

http://www.koreanhistory.or.kr/, 한국역사정보통합시스템.

〈그림 1-1〉 프록코트, 연미복, 모닝코트

　　　　文化服飾博物館 編, 『近代 洋裝－日本　西洋－』, 東京：壯光舍印刷株式會社, 1983, 12面.

〈그림 3-1〉 이와쿠라(岩倉)사절단 수뇌

　　　　泉三郎, 『堂々たる日本人』, 東京：祥伝社, 2001, 17面.

〈그림 3-2〉 이와쿠라(岩倉) 사절단의 미국 대통령 회견

　　　　泉三郎, 『堂々たる日本人』, 東京：祥伝社, 2001, 36面.

〈그림 3-3〉 이와쿠라(岩倉) 사절단의 프랑스 대통령 회견

　　　　泉三郎, 『堂々たる日本人』, 東京：祥伝社, 2001, 93面.

〈그림 3-4〉 덴마크에서 이와쿠라(岩倉)

　　　　泉三郎, 『堂々たる日本人』, 東京：祥伝社, 2001, 117面.

〈그림 3-5〉 키요소네 그림, 이와쿠라(岩倉), 기도 타카요시(木戸孝允), 오오쿠보 토시미치(大久保利通)

　　　　毎日新聞社, 『キョッソーネと近世日本画里帰り展』, ブンユー社, 1990.

〈그림 3-6〉 內國勸業博覽會開場式圖(橋本直義畵, 1877)

　　　　丹波恒夫, 『錦絵にみる明治天皇と明治時代』, 朝日新聞社, 1966, 45面.

〈그림 3-7〉 征韓論之圖(楊洲周延畵, 1877)

　　　　丹波恒夫, 『錦絵にみる明治天皇と明治時代』, 朝日新聞社, 1966, 118面.

〈그림 3-8〉 비역유위 대례복 4위 이상

　　　　明治神宮 編, 『明治宮庭の洋裝』, 2002.

〈그림 3-9〉 비역유위 대례복 5위 이하

　　　　文化學院服飾博物館, 『洋裝への道』, 1998, 42面.

〈그림 3-10〉문관 칙임관 대례복

　　　　明治神宮 編, 『明治宮庭の洋裝』, 2002.

〈그림 3-11〉문관 칙임관 대례복 확대

　　　　文化服飾博物館 編, 『近代 洋裝－日本　西洋－』, 東京：壯光舍印刷株式會社, 1983, 8面.

〈그림 3-12〉문관 주임관 대례복

　　　　文化學院服飾博物館, 『洋裝への道』 1998년 가을전시회 도록, 41面.

〈그림 3-13〉미야기 초고로(宮城長五郎) 대례복 상표

나라여자대학 소장, 연구자 촬영

〈그림 3-14〉 무라이 쿠라마츠(村井倉松) 대례복의 상표
독립기념관 소장, 연구자 촬영

〈그림 3-15〉 일본 황족 칙임관 대례복
明治神宮 編, 『明治宮庭の洋裝』, 2002.

〈그림 3-16〉 일본 유작자 대례복, 왼쪽부터 백작, 자작, 남작 대례복
文化學院服飾博物館, 『洋裝への道』 1998년 가을전시회 도록, 44面.

〈그림 3-17〉 러시아 궁정6등관 예복
江戸東京博物館, 『ロシア皇帝の室寶展』, スリーライト, 2007, 202面.

〈그림 3-18〉 일본의 시종직 및 식부직 칙임관 대례복
明治神宮 編, 『明治宮庭の洋裝』, 2002.

〈그림 3-19〉 일본의 시종직 및 식부직 주임관 대례복
文化服飾博物館 編, 『近代 洋裝-日本 西洋-』, 東京：壯光舍, 印刷株式會社, 1983, 8面.

〈그림 3-20〉 황로염포의 桐竹鳳凰紋
沼田賴輔, 『日本紋章學』, 東京：人物往來社, 1968, 359面.

〈그림 3-21〉 일본 太閤桐의 종류
沼田賴輔, 『日本紋章學』, 東京：人物往來社, 1968, 369面.

〈그림 3-22〉 시종직 및 식부직 대례복의 국화문양
明治神宮 編, 『明治宮庭の洋裝』, 2002.

〈그림 4-1〉 最敬禮
『法令全書』 태정관 제18호 1875년 2월 9일.

〈그림 4-2〉 森山茂
『倂合記念 朝鮮寫眞帖』(서울대학교 도서관 소장).

〈그림 4-3〉 강화도조약 회담장면
서문당 발행, 『사진으로 보는 독립운동 上』, 서울：삼광인쇄사, 1987, 21쪽.

〈그림 4-4〉 入京하는 김기수 일행
부산근대역사관, 『근대외교의 발자취』, 부산：영신애드, 2005, 23쪽.

〈그림 4-5〉 수신사 김기수
한국사진사연구소 발행, 『한국사진역사전 도록』, 서울：도서출판 연우, 1998, 36쪽.

〈그림 4-6〉 인력거를 탄 수신사일행
東京國立博物館編, 東京國立博物館所藏 幕末明治寫眞資料目錄1, 東京：(株)國書刊行會, 1999, 386面.

〈그림 4-7〉 숙소에서 김기수 일행
東京國立博物館編, 東京國立博物館所藏 幕末明治寫眞資料目錄1, 東京：(株)國書刊行會, 1999, 386面.

〈그림 4-8〉 수신사 김홍집

한국사진사연구소 발행, 『한국사진역사전 도록』, 서울 : 도서출판 연우, 1998, 37쪽.

〈그림 4-9〉 귀국하는 배 안에서 김홍집 일행
　　　　　조선일보 1996년 10월 15일자.

〈그림 4-10〉 조사 엄세영
　　　　　한국사진사연구소 발행, 『한국사진역사전 도록』, 서울 : 도서출판 연우, 1998, 37쪽.

〈그림 4-11〉 조사 이헌영
　　　　　한국사진사연구소 발행, 『한국사진역사전 도록』, 서울 : 도서출판 연우, 1998, 37쪽.

〈그림 4-12〉 수행조사 엄석주·이필영·이종빈·이상재
　　　　　한국사진사연구소 발행, 『한국사진역사전 도록』, 서울 : 도서출판 연우, 1998, 38-39쪽.

〈그림 4-13〉 수신사 박영효의 사진
　　　　　한국사진사연구소 발행, 『한국사진역사전 도록』, 서울 : 도서출판 연우, 1998, 40쪽.

〈그림 4-14〉 1907년 발급된 대한제국 황실 초대장
　　　　　국립민속박물관, 『독일인 헤르만 산더의 여행』, 서울 : 시월, 2006, 132쪽(국립민속박물관
　　　　　소장).

〈그림 4-15〉 후쿠자와 연구센터 소장 유길준 민영익 외 단체사진
　　　　　게이오대학 후쿠자와 연구센터(慶應大學福澤研究センター) 소장.

〈그림 4-16〉 1884년 개화파 단체사진
　　　　　한국사진사연구소 발행, 『한국사진역사전 도록』, 서울 : 도서출판 연우, 1998, 41쪽.

〈그림 4-17〉 갑신정변의 주역들
　　　　　부산근대역사관, 『근대외교의 발자취』, 부산 : 영신애드, 2005, 83쪽.

〈그림 4-18〉 견미사절단(1883)
　　　　　고려대학교 박물관 소장.

〈그림 4-19〉 아더 대통령을 알현하는 보빙사절
　　　　　서문당 발행, 『사진으로 보는 독립운동 上』, 서울 : 삼광인쇄사, 1987, 23쪽.

〈그림 5-1〉 대한협회 창립2주년 기념사진(1909)
　　　　　한미사진미술관, 『우리 사진의 역사를 열다』, 서울 : 한스그래픽, 2006, 89쪽(한미사진미술관
　　　　　소장).

〈그림 5-2〉 〈그림 5-1〉의 부분 확대

〈그림 6-1〉 휴벗보스作 고종 어진
　　　　　국립현대미술관 편, 『한국미술 100년 1』, 경기 : 한길사, 2006, 45쪽.

〈그림 6-2〉 황룡포 착용 고종 어진 1
　　　　　국립중앙박물관 소장.

〈그림 6-3〉 황룡포 착용 고종 어진 2
　　　　　서울역사박물관 『흥선대원군과 운현궁 사람들』, 2007, 69쪽(원광대학교박물관 소장).

〈그림 6-4〉 통천관 착용 고종 어진 3
　　　　　서울역사박물관 『흥선대원군과 운현궁 사람들』, 2007, 75쪽(국립고궁박물관 소장).

<그림 7-6〉 김봉선 대례복의 상표

연구자 촬영(광주시립민속박물관 소장).

〈그림 7-7〉 이완용

『倂合記念 朝鮮寫眞帖』(서울대학교 도서관 소장).

〈그림 7-8〉 송병준

『倂合記念 朝鮮寫眞帖』(서울대학교 도서관 소장).

〈그림 7-9〉 1907년 일본 황태자 방한 사진

『日韓倂合記念 大日本帝國朝鮮寫眞帖』(일본 나라여자대학교 도서관 소장).

〈그림 7-10〉 1907년 영친왕과 내각 사진

동아일보사 발행, 『사진으로 보는 한국 백년』 1, 서울 : 동아일보사, 1996, 119쪽(한미사진미

술관 소장).

〈그림 7-11〉 1907년 영친왕을 중심으로 한 내각사진 2와 부분 확대

이강칠, 『대한제국시대 훈장제도』, 서울 : 白山 出版社, 1999, 59쪽.

〈그림 7-12〉 1909년 순행을 마치고 인정전에서 기념촬영한 순종황제 내각과 부분 확대

국립고궁박물관, 『하정웅 기증 순종황제의 서북순행과 영친왕·왕비의 일생』, 서울 : 디자인

공방, 2011, 38쪽(국립고궁박물관 소장).

〈그림 7-13〉 1909년 순종황제의 순행을 수행한 궁내부 및 예식원 관료들

국립고궁박물관, 『하정웅 기증 순종황제의 서북순행과 영친왕·왕비의 일생』, 서울 : 디자인

공방, 2011, 29쪽(국립고궁박물관 소장).

〈그림 7-14〉 이완용 사망기사의 사진과 소매부분 확대

『每日申報』 제6523호(2), 1926년 2월 13일.

〈그림 8-1〉 남자 저고리 구성법

김정호·이미석, 『우리옷 만들기』, 대전 : 한남대학교 출판부, 2002, 171쪽.

〈그림 8-2〉 남자 클래식 자켓 패턴

남윤자·이형숙, 『남성복 패턴 메이킹』, 서울 : 교학연구사, 2005, 100~101쪽.

〈그림 8-3〉 남자 한복 바지 패턴

김정호·이미석, 『우리옷 만들기』, 대전 : 한남대학교 출판부, 2002, 176쪽.

〈그림 8-4〉 양복 바지 패턴

남윤자·이형숙, 『남성복 패턴 메이킹』, 서울 : 교학연구사, 2005, 163~164쪽.

〈그림 8-5〉 倭漢三才圖會 羅紗

寺島良安 編, 『倭漢三才圖會』, 東京美術, 1970.

〈그림 8-6〉 倭漢三才圖會 天鵝絨

寺島良安 編, 『倭漢三才圖會』, 東京美術, 1970.

〈그림 8-7〉 자웅대수장과 무궁화문양 부분 확대

이강칠, 『대한제국시대 훈장제도』, 서울 : 白山 出版社, 1999, 45쪽.

〈그림 8-8〉 1902년 훈장증서와 무궁화문양 부분 확대

고려대학교 박물관 편, 『서울의 추억』, 서울 : 도서출판 삼도, 2006, 163쪽.
〈그림 8-9〉 일제시대 무궁화 자수 지도
　　　　독립기념관, 『독립기념관 전시품 도록』, 삼성종합인쇄, 2006, 143쪽(독립기념관 소장).
〈그림 8-10〉 박기준 유물 궁내부 및 예식원 대례복의 오얏꽃문양 ① 앞길의 문양 ② 소매의 문양
　　　　한국자수박물관 편, 『대한제국시대 물물전 도록』, 1991(한국자수박물관 소장).
〈그림 8-11〉 한일합방 후 이왕가 문양
　　　　佐野惠, 『皇室の御紋章』, 東京 : 三省堂, 1933, 94面.


### 사진자료 협조

| | | |
|---|---|---|
| 고려대학교 박물관 | 광주시립민속박물관 | 교학연구사 |
| 국립고궁박물관 | 국립민속박물관 | 국립중앙도서관 |
| 국립중앙박물관 | 국사편찬위원회 | 김자동 |
| 독립기념관 | 부산박물관 | 서울대학교 규장각한국학연구원 |
| 서울대학교 도서관 | 연세대학교 박물관 | 원광대학교 박물관 |
| 한국금융사박물관 | 한국자수박물관 | 한국학중앙연구원 장서각 |
| 한남대학교 출판부 | 한미사진미술관 | |

# 가

# 자

# 차